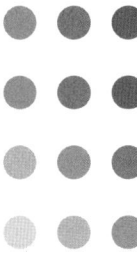

日米比較文化論

「統合主義」的理論化

平尾 透

法律文化社

まえがき

本書の元になる構想がスタートしたのは、前世紀末、即ち一九九〇年代の終わり頃である。それは、「統合主義」の歴史論（一九九六年の『統合史観――自由の歴史哲学』）に続いて、「統合主義」の体系化をめざしたものであり、政治論と文化論から成っていた。つまり、歴史と政治と文化を「統合主義」の立場から統一的に理解しようとしたのである。ところが、研究が進み原稿が膨らむにつれて、二つを分けたほうがよいということになり、政治論が二〇〇九年に『統合主義――政治の基本原則』として公刊された。本書は、残された文化論の部分に当たる。こういうわけで、本書の副題が「〝統合主義〟的理論化」とされているのである。

まず本書に関して、一つ釈明しておかねばならないことがある。それは――「日米比較文化論」の研究に必要な文献、即ち、日本とアメリカの文化に関する文献は、人々の関心の高さを反映して、大変な数に上る。しかも、新しい文献が今も次々と公刊されている。しかし、諸々の制約により、その一部しか参照することができなかった（前著から五年も経過しているのに……どうしてなんだろう?・）。また、主要あるいは基本的な文献に限っても、一応カバーしたとは言い難い。更に、アメリカ文化に関するアメリカ人自身による研究は、本来欠くべからざるものでありながら、全く取り上げる余裕がなかった。従って、本書を本格的な学術書・研究書であると称する自信はない。それはむしろ評論またはエッセーと言うべきかもしれない。

しかし、形式的要件を欠くからと言って、研究上の成果が乏しいとは必ずしも言えまい。逆に、本書には学術的な意義が大いにあると、私は考えている。それは、本書の基本的な主張・趣旨・アイディア自体は正しいと信じているからである。確かに、その検証、従って基礎づけは不十分だが、その作業を更に継続していったとしても、結論は変わらないと推測されうる。だからこそ、この段階で出版可能と判断したのである。

その検証に関してだが、お読みになれば直ちに看取されるように、本書は引用文の占める割合が非常に大きい。数も多いし、長文も稀ではない。この点、私自身何となく「引け目」とか「後めたさ」のようなものを感ずる。できれば、避けたいと思っている。だがまた、引用に関してどれくらいの分量が適切なのかということも、一概には決められないであろう。結局は、ケース・バイ・ケースではないのか。即ち、引用文の適切な割合を決めるのは、テーマの内容であり本の目的であろう。そうだとすれば、本書の場合、引用文が幅を利かせているのは、止むをえないことであり、それが目的合理的であると思われる。というのも、本書の論述の大半は命題の検証によって占められているが、その検証にとって引用は、具体的な事例や現象の指摘と並んで有力な手段だからである。それによって、論述の説得力を増すことができるからである。そしてまた、そのようにそのまま引用するのと、「○○参照」という形で文献名と頁のみを註記したり、私が元の文章を要約したりするのとでは、インパクトが全く違うであろう。ともあれ、本書が確かにそうした目論見通りになっているか否か、それはむろん読者諸賢の判定に委ねるほかない。

そこで次に、本書を読み進める上で留意願いたい「凡例」等について記しておく。

(イ) 引用文におけるルビ（振り仮名）は、単なる読み方以上の何か特別の意味がある場合を除いて、全て削除した。

(ロ) 引用文にあったかぎ（括弧）は、引用文全体のそれと重なる場合、区別するためにダブルミニットに代えさせていただいた。また、後者の中に更にかぎのあるときは、それをギュメ（括弧）に書き換えた。

(ハ) 引用文中の亀甲（括弧）は筆者による補註である。

(ニ) 引用文において、勝手ながら筆者の判断で、段落を変更したりスラッシュ（斜線）に変えたりしたケースがある（それは新聞や新書など、一段落の文章が短い場合である）。

(ホ) 引用文の中のリーダー（点線）は、筆者による省略を示す。もともと原文にそれがあるときは、前者を亀甲に入れて区別した。

(ヘ)芳賀綏氏の『日本人らしさの構造——言語文化論講義』には、種々の傍線が大量に使用されているが、全て傍点(丸型)に変えさせていただいた。

(ト)出典については、註の形で章末毎や節末毎、或いは巻末にまとめて記すのではなく、そのつどパーレン(括弧)をつけて本文の中に組み込む形をとった。そのほうが読み易いからである。ただそのため、著者とタイトルだけ(副題も除く)の略記に止めることになった。詳しくは、巻末の「引用・参照文献」を御覧いただきたい。そしてそうした簡略化の一環として、二回目以降の記載においては、著者名は(同姓の人物がおられる場合を除き)姓だけにし、且つ書名ないし論文名は省略した。また、同一の文献あるいは著者が続くときは、「同」とか「同右」とした。但し、同じ著者の複数の文献が既に挙げられている場合は、どれかわからないので、いちいちタイトル名を記した。

(チ)「引用・参照文献」において、タイトルのすぐ後のパーレンに年が記されている場合、それは最初の出版年を表す。

(リ)文中の氏名に関しては、存命の日本人の場合は敬称をつけるとともに、言及に際しては敬語を使用したが、それ以外、即ち外国人および逝去した日本人の場合は、敬称・敬語ともに用いなかった。しかし、このことにより存命(出版年月日現在)の確認という(困難なこともある)問題が生じ、知らずに、方針と異なる書き方をしていることがあるかもしれない。非礼の節は御寛恕を請いたい。

(ヌ)日付に関して、西暦の千九百および二千は省略し、例えば九六(年)とか〇五(年)のように表記した。なお、新聞記事については、日付等の不明のケースがかなりある。私がメモを怠ったためである。重大な欠陥ないし根本的な問題ではないと考えて調査を断念したが、弁解の余地はない。

最後になったが、謝辞を二件申し述べておきたい。

まず一つ——本書の出版に当たっては、「奈良学園大学法学会」(旧・奈良産業大学法学会)から多大の助成を受けた。本来なら、本書は「奈良産業大学法学会研究叢書」第四巻となるはずのものであった。ところが、校名変更が行われたため、それが適わなくなり、かと言って、「奈良学園大学法学会研究叢書」第四巻とか、「奈良産業大学(現・奈良学園大学）……」又は「奈良学園大学（旧・奈良産業大学）……」とするわけにもいかず、法学会内での協議の結果、「叢書」を名のらないことになったのである。ともあれ、助成をお認め下さったことにつき、法学会に対して深く感謝申し上げる。思えば、私は第一巻も書かせていただき、大変な恩恵に浴している。新興の大学で早い段階からこうした制度があることは、アカデミズムの観点から誇りうることであろう。

次にもう一つ——本書の出版決定と編集作業に関しては、法律文化社顧問（元社長）の秋山泰氏に御世話になった。実は、氏は私の「叢書」第一巻（一九九二年）の際にも御担当下さったのであり、今回二十数年ぶりにお目にかかったわけである。当時、叢書刊行契約案の作成と拙著の刊行の両方についていろいろ話し合ったことが、懐しく思い出された。私の細かい（芸術的な？）注文に対する誠実な御対応ぶりが印象に残っていたが、此度も全く変わりがなかった。氏に対して、また実務的な（面倒この上ない）作業を御担当いただいた小栢靖子さんに対して、厚く御礼申し上げる。

二〇一五年　清明

著　者

目次

日米比較文化論

——「統合主義」的理論化

序説

本書のテーマは、一言でいえば、いわゆる「日本論」又は「日本人論」、或いは社会的行動パターンという意味における「日本文化論」である。そのように呼ばれている議論は、周知の如く、日本人に特有の社会的性格、即ち、日本人の社会的な意識および行動の一般的且つ伝統的な特質について論ずるものである。例えば、よく言われているのは、日本人は世間体を気にするとか、集団主義的であるとか、気配りがきくといった類の議論である。本書はこうした分野の諸説・諸論に対して新たな知見を加えようとする。しかも、独自の視点からの根本的な再構築により、この学問分野全体の深化・発展を期するものである。

ところで、このようなテーマは我々にとってたいへん馴染み深いものであり、学界や出版界・読書界における一つの主要なジャンルおよび流れをなしている。それは明治以来の伝統と言ってもよく、「ことに第二次世界大戦後は、数え切れないほど出版されている。」（船曳建夫『「日本人論」再考』二一頁。鈴木孝夫『閉された言語・日本語の世界』一三七頁参照）しかも、「その中のかなりの数はその時々のベストセラーとなっており、さらにいく点かは、数十年の長きにわたる、ロングセラーとなっている。これほど常に人気のあるテーマは他にあまりない。」（船曳・二一頁）

では、何故そうなのか。こうした現象、特異とも見られる現象は、何に起因するのか。これについては、いろいろな見方がある。いくつか紹介しておくと、

「日本人論」とは、近代の中に生きる日本人のアイデンティティの不安を、日本人とは何かを説明することで取り除こうとする性格を持つ。不安を持つのは、日本が近代のなかで、特殊な歴史的存在であること、すなわち、「近代」を生み出した西

洋の地域的歴史に属さない社会であった、ということに由来する。その、日本がいわゆる「西洋」近代に対して外部のものであることは歴史的な規定であり、時間をさかのぼっては変えることはできないから、不安は、繰り返しやってくる。よって、「不安」が高まるときには、その不安の個別性に添って説明する「日本人論」が書かれる。しかし、このアイデンティティの不安は根元的で、解消されないものだから、常に新たな「不安」が生まれ、そのつど新たな「日本人論」がベストセラーとなる。なお、この「不安」とは、決して、「日本」が危機となったときにだけ増大するのではなく、国運が好調のときもまた、その「成功」に確信が持てないため「不安」が生まれる。それゆえ、国力が低まったときも高まったときも、不安とそれに対する日本人論が現れることになる。*（鈴木・二五五－六頁）

これはなかなか説得力のある合理的な見解であるように思われる。

＊　次の見解もこれと軌を一にしている。「日本人は〝日本人論〟が好きだ、とはよく言われることである。これはしばしば揶揄的にも述べられる。しかし、日本人が日本文化に対して特別に意識するのは、むしろ当然のことと私は思っている。現在、先進国と言われている国で、日本のみが非キリスト教文化圏に属する事実を考えるだけでも、それが納得されるだろう。」（河合隼雄『日本文化のゆくえ』二六〇頁）

また、別の見方もある。

なぜ、日本人は日本人論がこんなに好きなのか。自分のことを知りたがるのは、要するに、自分のことがよくわかっていないからでしょう。そして、どうして日本人が日本人のことをわからないと思うのかというと、それは、自分たちの社会の根本を規定しているドクトリン（原理原則）が存在しないからです。日本人とは何かという、アイデンティティを教えてくれるテキストが存在しない。（橋爪大三郎『政治の教室』九九頁）

これも一理（もっと？）ありそうである。そして、この「ドクトリンが存在しない」というのは、「一貫したドクトリンが存在しない」「ドクトリンがしばしば変わる」と言い換えてもよいから、それは次のような見解と通底している。

ご存じのように、「日本文化論」は大量に書かれています。世界的に見ても、自国文化論の類がこれほど大量に書かれ、読まれている国は例外的でしょう。「こんなに日本文化論が好きなのは日本人だけである」とよく言われます。それは本当です。その理由は実は簡単なんです。私たちはどれほどすぐれた日本文化論を読んでも、すぐに忘れて、次の日本文化論に飛びついてしまうからです。日本文化論が積層して、そのクオリティがしだいに高まってゆくということが起こらない。それは、〔日本は「辺境」だから〕日本についてほんとうの知は「どこかほかのところ」で作られていて、自分が日本について知っていることは「なんとなくおとっている」と思っているからです。（内田樹『日本辺境論』*二二頁）

但し内田氏は、変化すること自体にアイデンティティ、従ってまたドクトリンを認めておられるが。

私たちが日本文化とは何か、日本人とはどういう集団なのかについての洞察を組織的に失念するのは、日本文化論に「決定版」を与えず、同一の主題に繰り返し回帰することこそが日本人の宿命だからです。……日本文化そのものはめまぐるしく変化するのだけれど、変化する仕方は変化しないということなのです。……もっぱら外来の思想や方法の影響を一方的に受容することしかできない集団が、その集団の同一性を保持しようとしたら、アイデンティティの次数を一つ繰り上げるしかない。私たちがふらふらして、きょろきょろして、自分が自分であることにまったく自信が持てず、つねに新しいものにキャッチアップしようと浮き足立つのは、そういうことをするのが日本人であるというふうにナショナル・アイデンティティを規定したからです。（内田・二三、二六、二九－三〇頁）

＊　なお私は、内田氏の「日本辺境論」は基本的に当たっていると思う。

このように、「日本論」の伝統的な隆盛、その波動的なブームについては、いくつかの見方があり、それぞれ何程かの妥当性をもっているように思われる。従って、私がこれから本書で展開しようとする「日本論」も、誰もが「時代の子」である以上、そういった要因の規定性の下にあるかもしれない。しかしながら、現在の日本の社会および日本人の精神が「日本論」形成との関係で如何なる状態にあれ、私の執筆はそういう客観情況に触発されたわけではない。少なくとも、主観的・直接的な動機はそこにはない。何故なら、本書を貫いているのは、私自身のオリジナルな社会哲学の理論的必然性だからである。オリジナルな社会哲学――それは「統合主義」である。私はこれまでその根本思想を人間・倫理・歴史・政治の各分野に適用し、理論展開を計ってきた。そしてその結果、人間観として「根源的エゴイズム」を（正確には、逆にそれが「統合主義」の出発点であり基礎であるが）、倫理学として「功利性原理」を、歴史観として「統合史観」を、また政治哲学として「政治の基本原則」を、それぞれ導き出した。従って今や、その全体が（広義の）「統合主義」と言えるが、今回はそれを更に文化領域に適用しようとするのである。それ故、本論稿は「統合主義」の一つの帰結、その、一つの「系」であり、「統合主義」の体系構築の一環なのである。

こういうわけであるから、本書の学術的・学説史的な意義もまさにそこにある。即ち、「日本論」の理論化・体系化・統一化である。本書で述べられている日本（並びに米国）の（社会的行動ないし社会性に関る）国民文化の個別的・具体的な内容自体は、知見としてそれほど目新しくはない。もちろん、新しい指摘も随処に披露したつもりであるが、具体的内容のかなりの、又は多くの部分が、個別的には既に語られてきたものであり、言い古されてきたものでさえある。日本の行動文化の具体的な特質自体に関しては、長年にわたる内外の研究により、もはや殆ど出尽くしているからである。従って、本書の意義はそうした具体的内容の指摘にではなく、その理論化にあるというのである。それと言うのも、従来の諸研究においては、その多くが現象的事実の部分的・断片的な指摘に止まっていたし、諸々の事実の原因の解明に関しても、不十分なままに終わっていたからである。また、何らかの理論の存在が認められる場合も、それは限定的なものでしかなかったからである。それに対して本書は、国民文化の特質全体を普遍的・統一的な根本原理（「統合主義」）から導出し、また逆に、国民文化のさまざまの事象によってその根本原理を実証する――このことによって、この演繹と帰納の複合によって、「日本論」のより完全な理論を確立せんとする。これが従来の「日本論」との相違点であり、従って、それが本書の基本的な意義なのである。

このようにして、演繹と帰納、演繹的推論と帰納的検証ということが打ち出された。本書の課題とするものはこれであり、以下本文で展開されるが、当然のこと、帰納的部分の分量のほうが圧倒的に多い。できるだけ多くの事実に当たって仮説を検証し、その妥当性のレベル、換言すれば、説得力のレベルを上げるということに、多くの頁が割かれるであろう。そして、こうした演繹と帰納の結びつき、および帰納の拡充を求めてゆけば、それによって証明される結論は、科学的と見ることができるのではないか。高野陽太郎氏は従来の諸説・諸解釈の非科学性を叫弾しておられるが（『「集団主義」という錯覚』二九‐三〇頁）、本書がそれを免れているか否か――それは読者の判定を俟つほかない。ともあれ、本書の試みによって「統合主義」的文化論が一定の妥当性（合理的説得力）を認められるならば、それはまた逆に、「統合主義」という社会哲学ないし社会理論の基礎づけに寄与することになるであろう。

以上、始めに、本書のテーマである「日本論」又は「日本人論」ないしは「日本文化論」が、日本において歴史的・社会的にどのような意味や性格をもってきたのかということについて述べ、次に、私の研究における本書の位置、そして更に、本書の意義および方法について語ってきた。そこで引き続いて、「日米比較文化論」というタイトルについて説明しておく必要があろう。

そのうちまず、「比較」ということについてであるが、それは一つの方法論を示している。そしてその「比較」という方法は、諸々の社会現象を解明しそれを深く認識する上で、たいへん有効である。それによって対象の特徴がより鮮明になり、更に、その基盤についても（少なくともかなり）明らかにされうるからである。本書では、テーマである日本――その比較の対象としてアメリカを選択した。その理由は主に三つある。第一に、日本とアメリカは「統合」の観点からしてまことに対照的、更には対極的な存在である。従って、日本にとってアメリカは、比較の対象として理想的である。第二に、日本にとっての親近性であり、関係の強さ・広さ・深さにおいてアメリカに優る国はない。*
そして第三に、世界に対する影響力や存在感に関してナンバー・ワンであり、さまざまな点で重要な基準を提供している。

＊「日本近代史百五十年余というのは最初から最後まで、ペリー来航からグローバリゼーションまで、みごとに一貫して〝対米関係〟を基軸に推移してきたのだ……。日本のナショナル・アイデンティティとはこの百五十年間、〝アメリカにとって自分は何者であるのか？〟という問いをめぐって構築されてきた。その問いにほとんど〝取り憑かれて〟きたと言ってよい。……日本人は千年来の〝ロール・モデル〟であった清を見限り、〝私たちが『それではない』ことをアイデンティティの基礎づけとする他者〟として、太平洋の彼方の国を選んだ。」（内田樹『街場のアメリカ論』九-一〇、一五頁）

こういうわけで本書では、アメリカと比較しつつ日本文化の特質を探求しようとする。従ってまた、「日米比較」とあるが、日米は同等ではない。関心の的あるいは焦点は日本にあり、米国はその分析・解明のための比較対象、一つの効果的なモノサシという位置づけである。目的は日本にあり、米国は手段であるとも言いうる。そして、「統合」の点で対照的な日米が文化の点でもそうであることが（相当程度以上）実証されるならば、それは「統合主義」的文化論の、更には（先に言及したが）「統合主義」そのものの、妥当性を高めることになるであろう。

次にもう一つ、「比較文化論」と言う場合の「文化論」という言葉も、注釈を要するであろう。これまでも折りに触れ言及してきたように、この場合の「文化」は、もちろん文化全体を指すわけではない。文化の概念はまことに広大無辺である。そもそも「文化」とは、およそ人間の創出する一切のものをカバーしており、人為的・人工的なもの（何らかの程度において）、逆に言えば、自然的なもの以外は、全て文化である。従ってそこには、例えば、宗教・学問・技術・芸術・芸能などはもとより、種々の社会制度や生活様式、それに行動規範なども含まれる。本書で取り扱う文化とは、あくまでその中の一部分であり、その部分とは或る社会の一般的な実践的傾向または或る国の国民の一般的な性格（即ちいわゆる国民性＊）である。より具体的に言えば、或る社会・国民における人間関係の基本的・伝統的な在り方であり、更に言い換えれば、社会意識および社会的行動様式に関する諸性質である。従来の「日本論」もそうした意味で「文化」という語を使用してきた。本書もそれを継承して、単に「文化」としているわけである。

＊ 日本の場合はほぼ又は相対的にヨリ単一民族的であるので、「民族性」と言い換えてもよい。（芳賀綏『日本人らしさの構造』二四－五頁参照）

「日米比較文化論」というタイトルについての注釈はこれくらいにして、その日米文化の比較ということによって得られるであろう結論の性格について、少し説明しておかねばならない。それは二点ある。

第一に、本書において両国の文化として指摘される事柄は、あくまで「特徴」や「性向」であって、「固有性」とか「独自性」、或は「ユニーク」といったものではない。そのようなものとして主張されているわけではない。ここでこのような釈明をしておくのは、よく知られているように、そうした捉え方が「日本論」においてしばしば見られる傾向、ないしは一つの伝統ですらあり、その誤りや病理や弊害が既に明らかにされているからである。言うまでもなく、同じ人間であり、基本的人間性を共有している以上、文化の相違と言っても、被規定的および相対的なものなのである。

第二に、本書においてそのような「特徴」「性向」は、相当の「昔」（こうした抽象的な言い方しかできない）から現代に至る伝統的なものとして語られている。むろん、時代情況による強弱や濃淡はあれ、常に変わらぬ本質的・超歴史的なものとされている。何故なら、それは「統合主義」という普遍的な根本原理から導き出されているからである。日米の文化のそれぞれの特徴は、「統合」の諸要因に大きな変化のない限り、これまでと同様、今後もそのまま存続していくであろう。

ここまで、「日本論」としての本書、および「比較文化論」としての本書について、いろいろ説明してきた。しかし既述のように、本書の基礎には「統合主義」があり、それに基づいて「第一部」（日本）と「第二部」（アメリカ）の文化論が展開される。従って、本論に先立って、まず「統合主義」の何たるかについて明らかにしておかねばならない。そこで以下、「序説」の後半部分では、その課題に取り組むことにしよう。但し、それが「統合主義」に関する、必要な限りでの概説に止まることは、言うまでもない。

「統合主義」とは人間と社会についての、従ってまた社会の基本構造についての、根本思想である。そしてそれは、もともと、歴史発展（又は歴史変化）のメカニズム、即ち歴史法則についての一般理論という意味における歴史観ないし歴史哲学として形成された（「統合史観」）。社会の基本構造と歴史法則が、唯物史観の示す如く連関している以上、そこには必然性があろう。このように、「統合主義」は「統合史観」の前提または土台であり、その構成要素であるが、その具体的な概念内容は如何に規定されているのか。これに関しては、拙著（『統合主義——政治の基本原則』）にまとまった記述があるので、その箇処を引用しておきたい。

第一に、言うまでもなく、社会生活または社会的共存は人間存在そのものの絶対的な基礎である。前者なくして人間は生活できないし、そもそも人間が人間たりえない。即ち一言でいえば、人間は確かに最も深遠な意味においていわゆる「社会的存在」なのである。そして、その人間社会が成立するための必須の条件は「統合」の存在である。社会は一定の統合力を必要とする。即ち、互いに他の成員を一定の仲間として認めようとする、従って、基本的に他人や社会全体のことをも考慮しようとする意志およびその実践の存在することが必要である。それなくして社会はありえない。社会は、それに基づく或る程度のまとまり、つまり平和や安全、秩序や安定がなければ、成り立たないからである。かくして、人間‐社会‐「統合」は内在的・必然的に連関していると言えよう。

第二に、そうであるならば、「統合」の水準および状態がそれぞれの社会や国家の諸相、即ちそのさまざまの事実・現象を、最も根源的・本質的に規定していると考えられるであろう。「統合」の如何が社会現象・国家現象の根底に存在しているのである。それ故、「統合」の観点からする認識が最も深いと言うことができる。「統合主義」的な見方は社会認識の基礎なのである。

第三に、そうした「統合」には、それを可能にするさまざまの種類の手段または要因がある。それは左記の如く列挙され分類されるであろう。* それらに基づいて、「統合」が形成され実現されるのである。

- 統合の手段（要因）
  - 自然的＝非政治的
    - 経済的……経済活動・経済体制
    - 非経済的
      - 内的
        - 身体的……人種
        - 精神的……宗教・道徳・価値観・気質
      - 外的
        - 自然的……地理・風土
        - 文化的……言語・伝統・慣習・歴史
  - 人為的＝政治的
    - 物理的……権力
    - 精神的……権威・法意識・政治意識・イデオロギー

このように、「統合」は大きく「自然的統合」（＝人間の目的合理的努力なしに日常生活そのものの中に自ら存在している「統合」）と「人為的統合」（＝それを究極の目的とする或る特別の活動に基づく「統合」）に分かれ、後者は（狭義の）政治を意味する。また、前者のうち「非経済的」な要因とは、「身体的」「精神的」「自然的」「文化的」各要素における共通性のことである（例えば、宗教や言語が同じであるとか）。即ち、共通性は当然に親近感や同類意識を生むから、その度合いと統合力とは正比例の関係にある。そして、それらと「経済的」手段（経済はその内在的本質からして人間同士を直接的且つ間接的に結びつける）との根本的な相違点は、それら「非経済的」要因が（少なくとも、或る特定の時間・空間においては）不変的、言わば定数であるのに対し（例えば、人種や地理は人間の力で変えようがない）、「経済的」手段は可変的、言わば変数であるというところにある。つまり、後者に関しては、人間の努力（経済活動）によって、即ちそれによる経済発展によって、変更（強化）可能なのである。但し、むろんそれはまた、逆に経済の衰退や崩壊によって自然的統合が低下したり消滅したりする可能性があるということでもある。

＊　この分類（一覧表）について一つコメントしておかなければならないことがある。どういうことかと言えば——その中に「非

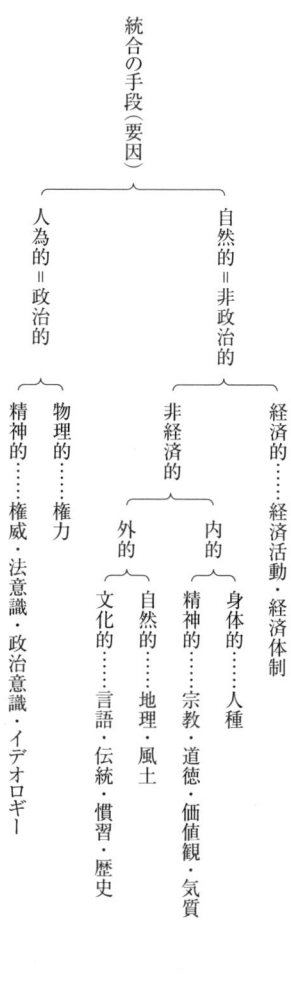

経済的」という項目があり、それは最終的に、つまり最も細かい分類レベルにあっては、「人種」「宗教」「道徳」「価値観」「気質」「地理」「風土」「言語」「伝統」「慣習」「歴史」の各要素から構成されているが、従来私は、それらにおける共通性の如何あるいは程度にのみ注目してきた。例えば「人種」に関して言えば、国民が同じ人種であるか、それとも複数の人種から構成されているか、またその間の差別の状態はどうか、或は、例えば「宗教」に関しても、その国の宗教がほぼ単一であるか、それとも複数ないし数多く存在し互いに対立しているか否か……という点にポイントを置いてきた。そして当然、そうした共通性の度合いと「自然的統合」のそれとは比例するとした。しかし実際には、それだけでは十分ではない。と言うのも、そうした共通性という形式的な側面だけに統合の機能があるのではなく、それぞれの要素の個別的・具体的な内容、その何らか特定の性質も大いに影響するだろうからである。従って、例えば次のようなタイプの議論も（その妥当性はともかくとして）成り立つ。

> 神の摂理を人間が理性を通して発見し、それを自然法則として、人間社会に活用したのが、彼らが科学技術を正当化する精神の本質になったとみられる。科学技術の背景になるのはキリスト教の神である。神の摂理は真理だという信仰が科学の根拠にあるということだ。……
>
> 神の摂理（＝真理）を理性によって探求する過程で、発見された自然法則が技術に転用されれば、それが神の摂理に裏打ちされた力となる。善をもって悪を懲らしめることは神の正義の名のもとに行うべき正当な力の行使になる。真理と技術が結びつき、それが絶対神に裏打ちされているとなれば、そのような文明が「力の文明」になるのは道理であろう。キリスト教文明が力の特質を備えているのはこのためである。（川勝平太・安田喜憲『敵を作る文明　和をなす文明』三〇－一頁（川勝））
>
> 仏の慈悲への信心からは攻撃型の心は育ちにくい。むしろ受容型の心になる。怒り、いきり立つ父権的な英雄心ではなく、寛容な母性的な慈悲心にかたむくのである。日本の神仏は、憐れむ仏であり、清める神である。仏の慈悲にすがり、仏に憐れまれ、神に心が清められ、心は浄化される。浄化され、清められたところにたちのぼる価値は、善や真理というより、美としかいいようがない。西洋の神が「力」の体現者なら、日本の神仏は「美」の体現者である。
>
> 美の対極にあるのは人命の殺傷や環境の破壊などの醜行である。日本の神は鎮守の森と一体であることによって自然破壊をいましめ、仏は生命あるものの輪廻転生を説くことによって一切の殺生をいましめる。
>
> 輪廻転生で生きとし生けるものが相通じているから、互いに慈しまなければならないという心情が生じる。これが殺傷や破壊を拒み、あらゆるものに神が宿るという汎神論的な信仰を生む。「美の文明」においては攻撃的な性格はもちにくい。

……自然を信頼する人々は人間をも信頼した。人と人とが信頼し合いお互い助け合って生きる「慈悲の文明」が生まれた。それは優しさに満ちた文明である。これに対し、自然を力で支配しコントロールしようとする人々は、自然への信頼を欠如し、人間をも力ずくでコントロールしようとした。そこでは万人が万人を疑う社会が構築された。（川勝・安田・三二、四五頁〔安田〕）

これら二つの議論は共に、宗教的な共通性の如何（一体的か対立的か）ではなく、或る特定の宗教そのものの内容や性質が（それを基盤とする生活様式または文明の在り方が）「自然的統合」を規定することが、説かれている。ところがこうした観点は、前述のように、「統合主義」ではオミットされている。それは、「社会的統合」にとって「共通性」のほうが基本的であり、より決定的であると（例えば、或る社会の優勢な宗教がキリスト教であるか仏教であるかということよりも、その社会に宗教的な対立があるかどうかのほうが、「統合」にとってはるかに重要であると）考えているためであり、また、人間または人間性というものは、先に述べた、「非経済的」に分類された（宗教・風土・伝統といった）諸要素における相違や多様性にもかかわらず、根本的には同じである、或は大して変わらないと考えているからである。しかしなるほど、それら諸要素自体が「統合」に対して或る程度の影響を与えていることも、確かであろう。従って、二次的な考察、より個別的な分析においては、そうした面にも留意すべきであると思う。

因に、「生態史観」（梅棹忠夫）「海洋史観」（川勝平太）「環境史観」（安田喜憲）といった見方について一言しておくと、それらはたいへん斬新であり魅力的である。そして、一定の合理性、従って妥当性をもっていると思われる。しかし、私の考えでは、歴史全体の基本的・一般的なモノサシという点では、「統合史観」に遠く及ばないであろう。その何よりの（顕著な）証拠は、第一に、それらは歴史発展（単なる変化でも趨勢でもよい）のメカニズム、その意味での歴史法則についての説明を欠いているというところ、従ってまた第二に、それらは通史に関る時代区分をなすことができないというところにある。それ故、それらは洞察として鋭いけれども、トータルな歴史理論としては部分的・限定的・特殊的なのである。

第四に、人為的・政治的統合手段（または要因）の中心を成すものは、政治の普遍的基礎たる（言い換えれば、それなくして政治がありえない）権力であるが、それは、意図的に行使されるものであるから、任意に操作・調整することが基本的に可能である。他方、社会は一定の統合力を必要とする〔第一点〕。これらのことから、或る社会・国家における人為的統合力（主に権力）の必要量は、そこにおける（その時点においては所与である）現実の自然的統合力に反比例する、ということが導き出される。自然的統合力の不足を補うのが人為的統合力であり、それらの和が社会の全体的な統合力となるからである。「反比例」とは、わかり易く言うと、自然的統合が強ければ強いほど権力は弱くて済み、逆に自然的統合が弱ければ弱いほど、それを補完するために強い権力が必要とされるということである。そうであるならば、自由に関して次のように言うことができるであろう。自由と権力（そのもの）は対立関係にあるから、（或る社会・国家における）自由の可能性は（そこに存在している）自然的統合力に比例する、と。権力が小さいほど自由は大きくなるのであり、そして権力の縮小をもたらすものは自然的統合力なのである。

第五に、「統合」の全ての手段・要因（第三点）に対してその効力ないし効率に影響を与える基本的要素、つまりそれらとは次元を異にする普遍的な規定要素として、政治的空間（典型的・代表的には国家）の規模というものがある。国の広さと国としてのまとまりが密接に関係していることは、見易い道理であろう。あらゆる「統合」はその「規模」によってかなり決定的な影響を受けるのである。如何にしてか。むろん——空間の大きさと「統合」の難度は比例する、という仕方によってである。政治的空間の規模が小さければ小さいほど「統合」は容易であり、規模が大きくなるほど「統合」が困難になるということは、明らかであろう。

第六に、第四点および第五点からして、自由の可能性は政治的空間の規模に反比例するということになる。政治的空間の規模は直接的に、また自然的統合の強さを介して間接的に、権力の大きさに影響を与え、それが自由の可能性を規定するのである。言うまでもなく、規模が大きいほど自由の可能性は小さくなり、規模が小さいほど自由は大きくなり易い。自由にとっては、より小さな規模ほど望ましいのである。

最後に第七だが、上述の議論から、自由を実現および拡大するための人為的方策は基本的に二つあることになる。一つは（自然的統合の手段の中で唯一可変的な）経済発展であり、もう一つは（これももちろん可変的な）政治的空間の小規模化である。いずれも自然的統合を強化することによって権力の必要量を低下せしめるのである。自由の基礎は自然的統合にあり、十分な自然的統合なくして（実現可能な）自由はありえない。その自然的統合を人間の努力や決断によって高めようとする場合、上記二つの方法が可能性として考えられるのである。（一一-五頁）

以上が「統合主義」の概要である。それは普遍的な人間哲学・社会哲学を標榜しており、従ってそれによれば、或る国民の日常生活を支配している基本的な意識傾向および行動様式の基盤は何か、或る国の（その意味での）国民文化を根本的に規定している要因は何か、という問いに対する最も究極的かつ包括的な答えも、「統合主義」によってのみ与えられる。そしてその答え、即ち「基盤」ないし「要因」とは、「自然的統合」であり、その在り方または水準（レベル）だというのである。国民文化の根底には「自然的統合」があり、後者の如何が前者に反映されるというわけである。

しかし、先に紹介した、「統合の手段（要因）」の一覧表の示す如く、文化（国民性）それ自体その「自然的統合」の一つの要因である。それ故、文化を規定しているのは、それ以外の要因、即ち非文化的な自然的要因だということになる。文化的なものと非文化的なものの具体的な内容については、一覧表に従って、次のようにまとめることができよう。

文化的な要因とは、概略的に言えば、「非経済的‐内的‐精神的」なそれのうちの「道徳・価値観・気質」と、「非経済的‐外的‐文化的」なそれのうちの「伝統・慣習・歴史」とに該当するから、非文化的な要因とは、前者の残りの「宗教」と後者の残りの「言語」（これらはむろん、一般的な意味における文化であれば、逆にそうした文化の一つの、それどころか中核的な要素である）、「経済的」な要因（経済活動・経済体制）、「非経済的‐内的‐身体的」なそれ（人種）および「非経済的‐外的‐自然的」なそれ（地理・風土）である。それぞれの国家・社会のこれら自然的・非文化的な要因がその国民文化を規定し形成しているのである。

第一部　日本——「祭りの文化」

第一章　概　説――「仲間社会」

第一節　日本社会の統合

(一) 総　説

「序説」に記したように、国民文化の根底には、一定の「統合」情況がある。そして、後者を根本的に規定するのは、「自然的統合」の如何である。それでは、日本の「自然的統合」に関して何が言えるのであろうか。その特徴は何処にあるのであろうか。

これについては、旧著『統合史観――自由の歴史哲学』において既に言及しておいた。そこで略説したように、その統合レベルは極めて高い。異例と言ってもよいくらい高い。そしてそれは、先に列挙した、「自然的統合」の諸々の手段・要因全てに由来している。ここに、その説明箇処を引用しておこう。

私の見方によれば、自然的統合に関して日本ほど恵まれた国は（少なくともおよそ近代的国民国家と呼びうるような国の中では）他にない。それは、世界中を見渡しても全く群を抜いている。極端に言えば、その強さは人為的統合、即ち政治を不要にするほどである。日本では、統合（少なくとも基本的な統合）は殆ど所与の事実、従って政治の前提であり、（他の国では）政治によって解決すべき最も基本的な課題が政治以前に既に解決されているのである。おそらくこのことが、日本においては本格的な政治、政治らしい政治が存在しないことの（日本の政治は世界一簡単だ！）、それ故また政治の（行政のではない）ウェイトと政治家のレベルの低さ（日本ほど政治家を信頼せず小馬鹿にしている国が他にあろうか！）、それに外交べたの、根本原因であると思われるが、それはともかく、我々は社会的共存に関して政治に頼っていないし、また頼る必要がない。それほど自然的統合が（既述の如く、あまり強すぎるのも問題だが）強固なのである。

では、何故そのように言えるのであろうか。その要因は何処に存するのであろうか。それについては、次の如き諸々の事実が指摘されうる。

自然的統合の要因のうち、まず非経済的なものを挙げると、第一に、島国ということがある。それは外部世界を遮断することによって内部的なまとまりを容易にする。第二は、それと類似しているが、日本が位置している極東という場所である。それは世界の政治的中心、興亡の舞台から隔たっており（即ち「周辺」）、列強による諸々の圧力や影響力を免れることができる。第三に、ほぼ単一民族だということ、第四に、（よりいっそう完全な意味で特に）単一言語だということであり、それらは共に統合にとって極めて有効に機能する。第五に、第一および第二の要因とも関連するが、外国による侵略と（敵対的・収奪的な）支配を受けた経験がないという稀有の歴史である。それは固有の伝統や安定した秩序の形成を促す。第六に、歴史的に農耕社会（但し基本的に）であったということである。定住と共同作業という農業の特質、及び忍耐・穏和・従順という農民の性格は、自《おの》ずから統合を志向するであろう。第七に、宗教的な要因がある。即ち、無宗教ないし宗教的無節操、又は多神教的宗教意識の故に、宗教的に寛容だということ、或は少なくとも、激しい宗教的対立がないということである。そして第八に、儒教の影響（？）などによる国民の勤労・勉学意欲、順法精神、秩序意識の高さが指摘されうるのである。

次に、もう一方の経済的要因であるが、この点については全く歴然としている。つまり、その世界屈指の経済力は統合の確固たる基盤を成しているのである。しかも、その経済は単に規模だけでなくその在り方においても有効である。というのは（これは先の非経済的要因に属するが）、所得格差が諸外国に比べて少なく、且つまた意識の上ではオール中流階級であり、従ってそこに基本生活上の共通性・同質性が存在しているからである。

このように見てくると、そこには自然的統合のあらゆる要因が（既に再三述べたように、それらは長所であると同時に、短所でもあるが）見事に出揃っていること、しかもその一つ一つが極めて高い水準にあることが判るであろう。日本には、極限的と言ってもよいくらいの自然的統合が存在しているのである。そうであるならば、前述の如く、人為的統合が殆ど必要ではなく、従って、前節の「法則」からして、自由の可能性が非常に大きいということになる。完璧に近い自然的統合が甚大な自由の可能性を生み出しているのである。

そして、実はそればかりではない。後者の基礎は、上述の諸点に基づく前者だけではない。日本には、もう一つの決定的な好条件がある。それは、本節で取り上げた政治的空間の規模に関してであり、その規模が小さい（世界的に見て小国とは言えないが）ということである。日本の現実の国土は社会生活上可能なそれよりもかなり狭い。そうした事実は自然的統合を助勢すると同時に、人為的統合をも容易にする。それ故、本節の「法則」によれば、それは必要な統合力を引き下げ、それによって日本における自由の可能性を更にいっそう拡大せしめているのである。以上の如く、私の分析によれば、日本には極めて大きな自由の可能性が存在していることになる。それは世界最大と言えるのではあるまいか。日本はその国民（住民）に最大限の自由を認めたとしても、一つの社会および国家として立派に存続していくことがおそらく可能なのである。*（四四 - 六頁）

＊　以上の説明は現在（当時）の観点からなされており、従って、「経済的要因」として、現代日本の世界的経済力などを指摘している。しかしむろん、日本の伝統、通時的な国民性を問題にする場合には、それは当てはまらない。そこで本書においては、それを削除すべきであろう。また、一箇所、語を修正した。

日本の「自然的統合」の情況ないし在り方、即ちその程度や要因について、私はかつてこのように指摘した。*それからおよそ二〇年が経過したが、今もその考えに変わりはない。と言うより、その妥当性に対する確信は、更に高まっている。そこで以下、拙論を補強すべく、いくつか他の議論や傍証を呈示しておきたい。

＊　日本の「自然的統合」のこうした状況の原因であると同時に結果でもあるもの、従って、そうした情況を統括する一つの概念とそれに関る一つの客観的事実が、存在している。その「概念」とは文明であり、またその「客観的事実」とは唯一の単一文明だということである。即ち、日本文明は世界の主要な文明の一つであると同時に、それだけが一つの国で一つの文明をなしているのであるが（中西輝政『日本人の本質』一〇 - 三頁参照）、このような事実は、高度（最高度）の「自然的統合」社会たる日本というものとパラレルなのである。統合なくして独自文明は形成されないし、また逆に、独自文明は統合を推進するからである。

旧著刊行後、私と基本的認識を同じくする種々の論稿に出合うことができたが、その中から（鯖田豊之のそれについては、既に前著において言及したので）次の三つを紹介しておく。一つは、中根千枝女史のものである。

現在、世界で一つの国（すなわち「社会」）として、これほど強い単一性をもっている例は、ちょっとないのではないかと思われる。

とにかく、現在の学問の水準でさかのぼれる限り、日本列島は圧倒的多数の同一民族によって占められ、基本的な文化を共有してきたことが明白である。日本列島だけをみれば、よくいわれるように、関東・関西、また東北・西南日本などという設定をはじめ、その他、地域差というものがクローズ・アップされるが、この地域差にもまして、全国的な共通性は驚くほど強い。実際、他の国との比較においてこれをみると、日本における地域差といわれるものは、同質社会のなかの相対的差の問題にしかすぎず、むしろ共通性のほうが重要なウェイトをもっていることがわかるのである。（中根千枝『タテ社会の人間関係』一八七－八頁）

二つ目は、清水幾太郎のものである。彼に、日本の、従ってまた諸外国の統合に関する私と全く同じ思想が見られることを発見して、私は些か驚くとともに、たいへん心強く感じた。彼については、前著においても少し参照・引用したが、共感する点が少なくない。

大陸から海で距てられた幾つかの島に住み、人種的には大体同質で、みな同じ言語を用い、古代以来の天皇という精神的権威を戴いている私たちは、放っておいても、いや、かなり手荒なことをしても、日本社会の統合は崩れないという甘えた感情——何時まで、それが通用するでしょうか——を持っているのです。……日本社会の統合への甘えを基礎にして、諸外国の事情を評価し批判したら、それこそ飛んでもないことになるでしょう。なぜなら、多くの国々は、隣国と境を接し、相接するAB二国の関係は、通常、A国が強くなっただけでB国が弱くなり、A国が弱くなっただけでB国が強くなるような関係です。国内に多くの人種、言語、宗教を含み、それらが事ある毎に遠心的な作用を営みます。天皇に比較出来るような自然的な統一の原理を欠いているところから、それを真似て、スターリン崇拝、毛沢東崇拝、エンクルマ崇拝などを人工的に作り出しているのです。つまり、多くの国々が現に保っている統合は、辛くも作り上げた脆いものなのです。（清水幾太郎『戦後を疑う』九〇‐一頁）

生れつき丈夫な人間が健康に無関心であるように、私たちは日本社会の統合という問題に無関心で来た。多くの人種、多くの言語、多くの宗教……という遠心的な諸力を抱え込み、しかも他国と地続きの諸外国では、片時も統合の問題から眼を離すことが出来ないのに、一つの人種、一つの言語、一つの無宗教、島国という恵まれた条件の下で、私たちは、統合は天然現象であるかのように考えて来た。（同二二一‐二頁。同二二六頁参照）

更に三人目は、鈴木孝夫氏である。氏は日本人の肉体と精神の、または外面と内面の両面にわたる等質性を強調しておられる。

日本の社会、そして日本人がいかに等質か……。……人種のルツボであるアメリカのニューヨークやトルコのイスタンブールなどに住む人々に見られる個人差と、日本人が持つ外見的特徴や肉体的な個人差を比べると、日本人はお互いにあまりにも類似しているのである。……日本では、すべての人が日本語を、そして日本語だけを話しているのだ。……

身体的特徴が均一的であるとか、話す言語が一種しかないといった、主として外面に表われる等質性……。……私たち日本人が宗教的に等質である……。……日本社会が宗教的な見地からは単一の価値体系に基づいて動いている……。……世界にたぐい稀な均一社会である日本……。（鈴木孝夫『閉された言語・日本語の世界』一三八‐四〇、一四九頁）

理想的な島国に単一民族の住む我が国は、有史以来絶えず外国文化の強大な影響にさらされながらも、国内に於て他の文明社会にその比を見ない程の、純度の高い等質文化を形成することが出来たのである。……〔むろん、多様な面もあるが〕一神教的世界観と多神教的宗教観との妥協を許さぬ対立とか、遊牧民的生活様式と農耕民的定着性のはげしい拮抗状態といったような、人間の基本的な価値を正負、陰陽の両極に分化対比させるような緊張が全くないということは否定し得ぬ事実である。（同一八八‐九頁）

但し、氏はこのような指摘自体、即ち、「日本社会の特質」に関する「単一等質性、国際的孤立性（島国性）」という概念自体は、「陳腐きわまる」ものと見ておられ（同一七四頁）、従って氏の分析の重点は、それのもたらす様々の現象や事実にある。

以上が私の目に留まった三人であり、その論稿はいずれも、日本・日本人・日本社会に関して特別に高度な「自然的統合」の存在を認めている。* それは、私の日本論にとって頼もしい援軍となるであろう。

＊　同種の見解を更にいくつか紹介しておく。

王雲海氏が「権力社会」中国と「文化社会」日本という捉え方をされているが、その場合の「権力」は「人為的統合」と、また「文化」は「自然的統合」と、ほぼ同じ概念である。

社会の原点が何かという点から見ると、日本社会の原点は文化であって、文化こそが日本社会における第一次的なもの（原理・力・領域）である。いい換えれば、日本社会においては、社会現象を最も多く決定し、個々の国民の行動や生活に最も大きな影響をおよぼすのは、権力でもなければ法律でもなく、むしろ、それら以外の「非権力的で非法律的」な常識、慣習、慣行などの、公式化されていない、民間に存在している文化的なものである。……

日本の権力は、本質的には文化の延長線上にあるものであって、「国家権力」という最も明白な形で顕在化、公式化された文化である。日本社会では、政治が変わっても社会があまり変わらないことや、権力が混乱しても社会が混乱しないことは、まさに、日本において権力が「脇役」であることを物語っており、日本の権力は文化あっての権力であることを示している。（王雲海『「権力社会」中国と「文化社会」日本』三一－二頁）

次のように魅力的な(?)論述にも出会った。

東日本大震災は私が日本を称賛してきたすべての面を思い出させた。一般の日本人の危機への対処方法は世界でも独特なものだ。いったん危機が起きると、すべての人々が期待通りに行動した。日本社会の力強さは魅力的だ。

マルクスが墓場から戻り「社会が強力であるために国家がなくなった共産主義社会を見たい」と思えば、日本に行くだろう、と時々考える。大組織が何をすればいいのか分からないところで、人々は魅力的に対応した。日本が持つ巨大なソーシャルキャピタル（社会的資本）の例だ。（ロバート・クーパー（欧州対外活動庁顧問）、「日経」一二・四・二）

日本は、「国家の死滅」後に出現する共産主義的理想社会に（一面）準えられているのである。その社会とはむろん、「人為的統合」を全く必要としない、「自然的統合」のみで成り立つそれを意味している。

その他にも、いろいろな言い方で指摘されている。

（日本は）……実際に訪れると地球上で最も一体感があり進化した社会だと気づく。（ナイアル・ファーガソン、「日経」一三・五・一二）

日本が世界に誇れるのは、アカセキレイだ。鳥の話ではない。長い外国暮らしから戻ってきて、つくづくいいなと思うのは、安全、確実、清潔、規律、礼節というソフト面である。これらの頭文字をならべてみたらアカセキレイになる。ちなみにセキレイに黄や白はいるが、赤はいない。（藤崎一郎（元駐米大使）、「日経」一三・八・二二）

(二)　政治の貧困

前項の冒頭、日本の「自然的統合」に関する、旧著からの引用文が掲載されたが、その中に、日本の政治について言及している部分（第一段落）があった。そこでは、「自然的統合」と政治との相関性の理論に基づき、日本政治の比較的な不要性・弱体性・劣悪性が説かれていた。ところが、それについての説明、そうしたことの具体的な事実や様相についての説明は、旧著においても前項においてもなされていない。それは、どちらにおいても、そのテーマそのものは議論の本筋から外れていたからである。しかし、日本政治のそうした在り様は日本の統合情況と根本的に結びついているのであるから、後者の分析・解明にとって、前者の説明は重要である。そこで、以下本項において、日本政治の機能不全（「貧困」）という現実について具体的に論ずることにしよう。

その前提となるのは、今も言及した、「自然的統合」と政治との相関性という基本的命題であるが、それについて一言しておかねばならないことがある。と言うのも、それと実質的に同じ内容の見解が、既に（一九九六年の旧著刊行以前に）存在していたからである（私はそれを見つけて、些か驚いた）。

人びとに和す用意がある社会は、優れた支配者ないし指導者を必要としない。……支配者としての優れた素質をもつ者の支配は、史上、永続きした例はない。有能な支配者が、社会全体の危機を指導よろしきをえて克服したとき、人びとはその者を追放する準備を始める。……

和の社会は支配者を求めない。和の社会が期待する指導者は、あくまで能力的には平均的な被支配者のレベルにあり、人びとが僅かながらの不正な手段で現実的利益を得る妨げとならないような程度の者である。あまりにも有能であったり、正義感の強い者は好ましくない。長期にわたってその地位にあることは許されない。無能で邪魔にならない者は別である。支配能力ないし指導能力ははじめから期待されていない。しかも、人びとは和す故に、とりあえず統治しやすくみえる。実際に、誰でも、その場にあれば、その役を果たすことができる。それ故に、支配ないし指導することの重要性が真剣に考えられず、結果として、われわれは優れた指導者層を形成しえないのである。*（高際弘夫『日本人にとって和とはなにか』五六－七頁。土居健郎『「甘え」の構造』七八頁、河合隼雄『中空構造日本の深層』六〇頁参照）

＊　次の談話も基本的に同じことを説いている。

日本は社会がしっかりしているから、政治が貧困なままでいられる。日本の政治家は国民に甘えている。（ジェラルド・カーティス、「朝日」一一・五・一九）

また、左の見解の第三の「要因」も同じ趣旨である（実は、第一と第二もそれにつながっている）。

世界の中で「リーダーが弱い」というのは、もはや日本の特異性の一つに数えられます。その理由を探っていくと三つの要因に突き当たります。第一に、セクショナリズムが横行する国家の運営制度、第二にそれぞれの指導者の実力不足、最後にそもそも国民世論がそうした強いリーダーを求めていないことです。（北岡伸一、「日経」一三・二・六）

それはさておき、このように、政治および政治家の在り方やレベルは、国民の「自然的統合」の如何によって基本的に規定されており、両者は言わば反比例の関係にある、と考えられる。ところで、そうであるならば、以下のような疑問は直ちに氷解するであろう。

海外メディアは、東日本大震災で全く違う二つの日本像を伝えた。一つは誠実な国民。親族が亡くなるなど悲劇を抱えながら秩序立って行動し、献身的に貢献していく。高速道路やガス、水道の復旧も早かった。日本国民のまじめさ、勤勉さを多くの国が称賛した。もう一つは無能なリーダー像。原発対応や稚拙なコミュニケーション能力、会議ばかりでまとまらない復興ビジョン、世論に迎合するリーダーの姿だ。

海外では二つの日本を理解できない。勤勉誠実で一生懸命に復旧活動している国民の一方で、リーダーたちはなぜ機能しないのか、多くの海外の人たちが疑問に思っている。……誠実で有能な国民から無能なリーダーがなぜ生まれるのかを考えなければいけない。*（堀義人〔グロービス経営大学院学長〕、「日経」一一・一〇・三一）

こうした「全く違う二つの日本像」は、まさに「相関性」ないし「反比例」そのものである。それは（堀氏の問題意識にもかかわらず）理論通りの自然な現象なのである。

＊「二つの日本」を指摘する議論は、珍しくない。定説と言ってもよいであろう。

海外の友人たちからは、極限状況での日本の「現場力」に対する、驚嘆と称賛の声が多く聞かれる。被災地の復旧現場、生活現場（コミュニティー）、生産現場等の秩序・互助・対策・実行の水準の高さと、対照的な一部企業や政府の中枢のもたつき。官民双方における、日本の「強い現場・弱い本部」症候群が、全世界により再認識された形だ。（藤本隆宏、「日経」一一・三・

二九。同、「朝日」一一・五・一六参照）

社会の土台や現場を支える一般ないし中堅の人々のこうした行動に比べ、指導力を発揮し責任を負うべき「幹部」たち（政治家、官僚、電力会社のトップ）の対応には疑問符がつけられた。予想を超える緊急の事態とはいえ、いや、まさにそういうときだからこそ、指導的立場にある人々の「底」が見えたのである。

日本の組織はトップダウンの指導力で動いているのではない。平均的な人材の質の高さを前提に、現場の集団的・協同的な力によって機能を発揮する。（刈谷剛彦、「日経」一一・四・二〇）

ところが、ここにもう一つ、対処しておくべき議論がある。それは、今取り上げた「疑問」と共通する、或いはその基礎にある、次のような認識である。

少し考えてみれば明らかだが、民主主義の下で政治の質を決めるのは、われわれ国民の質である。国民の質が低下すれば、必然的に政治の質は低下する。（「日経」一一・六・二二）

これは世間一般によく言われている常識的な見方であろう。一見「相関性」の考え方と反対のように思われるが、果たしてそうであろうか。

そうした常識は間違っていない。基本的にその通りである。例えば、タレント議員（又は首長）の出現やバラマキ政策といった低レベルの政治は、国民の質の低さを反映しているであろうし、また逆に、例えば、（悪しき）既得権益の打破や弱者・少数者の保護・尊重を推進する高レベルの政治は、質の高い国民でないと受容されないであろう。しかし、「統合主義」がこのことと矛盾しているわけではない。何故なら、「統合主義」が問題にしているのは「統合（力）」であるが、「質」はそれによって規定されるからである。即ち、前者の強弱と後者の高低は一般に対応している。従って、政治の「質」が低い場合、その原因が国民の「質」の低さにのみあるとは限らないし、また逆に、政治の「質」

が高い場合、それは必ずしも国民の「質」の高さにのみ由来するわけではない。かくして、「統合主義」の説くように、国民の側における強い「統合（力）」は、よほど国民の「質」が高くない限り、政治の側において、その「統合（力）」（政治力）の弱さを通してその「質」の低さをもたらすのである。

「質」の問題についてはこれくらいにして、本題である日本政治の貧困に関する議論に戻ろう。まず、日本政治の歴史的・伝統的な特徴として二点指摘しておく。それらはいずれも日本社会の超高水準の「自然的統合」に起因し、或いはそれを反映しているのである。

その一つは、日本の歴史においては、独裁者または独裁的・専断的な支配者は極めて稀にしか出現しなかったということである。独裁政治はあくまで例外なのである。しかもまた、それらは、織豊政権に見る如く、短命であった。こうしたことは、少なくとも永い歴史をもつ国家または民族にあっては、他に例を見ない現象であろう。

日本では、組織上ないし制度上、権力が集中していても、それは単に外見的・形式的なものである。独裁者はせいぜい転換期・混乱期に限られ、平時においては、一人の強力なリーダーの存在さえ珍しかった。日本の政治は殆ど常に幹部または腹臣・側近などによる公式・非公式の協議および調整に立脚してきたのであり、「合議制」や「集団指導体制」が日本政治の伝統なのである。例えば、最も武断的な支配力を誇った江戸幕府も、老中・若年寄・側用人ら幕閣によるそれであったし、史上初めてほぼ完全な中央集権国家を構築した明治政府も、藩閥政治家や元老たちによるそれであった。

そうした伝統はむろん現代においても受け継がれている。

日本政治（ないし自民党政治）においては、権力が著しく分散している……。／日本の首相の任期が短いのも、権力の分散の結果である。（北岡伸一、「日経」〇一・二・二六）

大臣や党三役という政権の戦略チームのメンバーが首相の足を引っ張ることが許されるのは日本独特の問題ですね。(ジェラルド・カーティス、「日経」〇三・七・二五)

日本の首相には、欧州やアジア諸国の首相のような政治的権能は事実上ないのだ。* (カレル・ヴァン・ウォルフレン、新聞記事)

＊ 因に、以上のようなことに関して、非常に興味深い事実がある。日本の場合、首相の交代や連立の組換えに、金融市場は反応しないのである。

米銀勤務時代、社会党の村山富市さんが首相になった。びっくりしたニューヨーク本社は、慌てて「フジマキだけは出張を取りやめろ」と指示してきたことがある。／北京での幹部会議に出席する予定だったのだ。私は「マーケットは動かない」と主張したが通らなかった。……結局、出張は中止、村山政権は誕生、そして、マーケットは動かなかった。(藤巻健史、「朝日」一〇・六・二六)

しかも、政権内部のこうした分権性は、閣僚や党幹部の間におけるだけではない。政治家と官僚の間におけるそれでもある。力関係に変動はあれ(「政高党低」と「党高政低」)、官僚が常に相当の実権ないし主導権を握っているのである。

〔閣僚は〕自ら長であっても、官庁からすれば一時的な「お客様」である。外国人がよく誤解するのはその点である。閣僚たちが特別扱いされているように見えるが、特別扱いは政策の実権をもたない代償のようなものだ。(カレル・ヴァン・ウォルフレン、新聞記事)

そして、このような、トップ・リーダーおよびリーダー層の権力の弱さ、従って、リーダーシップの不全ということは、何も政治の世界に限らない。それが「統合」に起因している以上、それは日本社会のさまざまの組織・団体・集団に当てはまる一般的現象なのである。

日本と中国、韓国の経営者を対象とした意識調査で、その中に、各国の経営者が企業の競争力の源泉についてどう考えているかというものがあった。／中国、韓国においては、四割以上の経営者が「経営者の資質」こそが企業競争力の源泉であると考え、トップを占めていた。これに対して日本の経営者で「経営者の資質」をあげたのは、わずか一割ほど。上位には「製品の品質」や「コスト」が並んでいた。（「朝日」日付不明）

日本を長く見てきた私からすると、このような〔東日本大震災の〕極めて深刻な事態であるにもかかわらず、判断主体と責任の所在がよくわからない。政府や企業、そして専門家、知識人のリーダーシップが見えてこない。（崔相龍〔韓国元駐日大使〕、「朝日」一一・四・二一）

主たる役割は組織の調和を保つことであるというリーダーの役割に対する日本の一般的な考え方（E・アンソニー・ザルーム〔外国法事務弁護士〕、『書斎の窓』二〇〇三年四月号）

日本政治のもう一つの伝統的特徴は、一つ目と密接に関連しているが、権力または支配力の二元性ないし二重性という点である。日本〔史〕においては、権力〔者〕と権威〔者〕の分離、および制度上の正式・正統な支配者に対する事実上の最高実力者〔「黒幕」「闇将軍」「影の実力者」〕の存在という現象が、広く一般に見られるのである。

その〔帝位の簒奪の〕かわり、藤原氏は、黒幕となって傀儡を背後から操るという、以後の日本人の典型的支配形態に先鞭をつけた。日本の歴史を通じて、名目上の支配者かグループが、実は、ほかの人間かグループに踊らされているというケースは、例外ではなくむしろ通例なのである。（E・O・ライシャワー『ライシャワーの日本史』六四頁。同七二頁参照）

前者〔権力と権威の分離〕に関しては、豪族・摂政・関白・太政大臣・上皇・法皇・将軍といった各時代の統治権力者に対して、〔最高の〕権威は天皇が一貫して担い続けたという事実が、よく知られている。また後者〔別の実力者の存在〕に関して言えば、鎌倉幕府・室町幕府・江戸幕府における、各将軍に対するそれぞれ執権〔北条氏〕・管領・幕閣とか、明治政府以降における、天皇に対する藩閥や元老などである。そして当然、この前者と後者は結合し、或は重なり合って存在している。それは二つの形態をとりうるであろう。即ち、権威者＝名目的・形式的統治者と権力者＝実質的最高実力者という二元の場合と、第一の権威者と名目的権力者（第二の権威者）と実質的権力者（実力者）という三元の場合である。二元というのは、例えば、天皇と藤原氏とか、天皇と将軍であり、また三元というのは、例えば、天皇と将軍と執権とか、天皇と将軍と幕閣である。

このように日本政治には、権力（権威も含む支配力）の二元性・二重性および三元性・三重性が認められるが、[*]そうした現象または事実の根底には、「自然的統合」があろう。それは何故か。第一に、強力な「人為的統合」を必要としないわけであるから、権力と権威の結合した圧倒的な支配力がなくてもよい。また第二に、権力と権威が分離し且つ共存しうるということは、政治的諸勢力の間で平和共存が成り立っているということである。そして第三に、高水準の「自然的統合」は既存の権威を保全し持続せしめる傾向をもつとともに、権力に対する嫌悪感や敵対心を生みがちであり、それが力の分化と隠蔽化をもたらすのである。

＊　二元性・三元性ということは、詳しく調べてみると、政治の各所、更には社会生活においても、広汎に見られる。

日本というのは相対の国ですね。たとえば明治維新で絶対君主制をとり入れたけれども、なかなか身につかなくて、庶民の世界では天皇について猥雑なことをいっていたわけです。結局は八十年ほどでその絶対制が剥げちょろけてしまって、いまはもとの日本古来の相対的世界に立ち戻っている。

日本人というのは、絶対的権力・権威を一つのものに与えるのを嫌がるんですな。同じものが二つか三つないとどうも力学的に落着かないところがある。朝日新聞があれば毎日新聞、東大があれば京大、早稲田があれば慶応、美術の方にしても梅原に対して安井、光琳に対しては宗達……最澄が居れば空海。平安朝からずっと朝廷での祈禱は天台と真言のバランスの上に立っておこなわれていました。そういうふうに必ず対になっている。

徳川幕府の老中にしても、同じ役目で何人もいる。絶対的な権力をもった最終の責任者というのがない。井伊直弼なんかむりやりに絶対権力を握ろうとしたが、とたんに殺されちゃった。つまり絶対権力というのは日本では力学的に心理的に安定を欠くんです。必ず二、三人で、だれに権力と責任があるのかわからん形でやっている。たとえば安政仮条約の批准で咸臨丸がいったときもそうですけれども、いつの外交でも正使、副使、お目付の最低三人でいく。……なにかそういう（相対的な）心理があるらしい。それが政治にも社会生活にも現われる。日本では二つの権威が成立するんですね。これは長い間の不思議な民族心理ですな。（司馬遼太郎対談集『日本人を考える』四〇‐一頁〔司馬〕）

以上、日本政治の伝統や歴史について述べてきたが、続いて現代または現在の政治情況に関して、同じ観点からいくつか指摘しておこう。それらは、日本政治の貧困・機能不全に関る現代に特徴的な諸点であるが、「統合主義」からして、程度の差はあれ通時的な妥当性をもっているに違いない。

まず第一に、先の引用文にあったように、私は日本の政治について、「本格的な政治、政治らしい政治」ではなく「世界一簡単である」と断じたが、だとすれば、それは、政治家たちが常日頃から十分に鍛えられていないということを意味する。つまり、共通の基盤を欠く根本的な対立に直面し、その困難な妥協とギリギリの決着に努力するという経験に乏しいということである。それは（これも既に「外交べた」として言及してあったが）必然的に対外的交渉能力を低下せしめるであろう。

「日本人は一般に交渉や駆け引きが不得手で、ナイーブと言われる」が、それは特に政治家や官僚による「海千山千の相手に対する外交交渉」（萩野弘巳、「朝日」〇二・一一・一二）において顕著である。（黄文雄他『帰化日本人だから解る日本人の美点・弱点』一〇五頁〔石平〕、中西・二三六‐七頁、齋藤孝『日本人は、なぜ世界一押しが弱いのか？』四〇頁参照）

島国で民族、言語、宗教などの摩擦が少ないので他国との交渉に慣れていない。必要なのは特に経済、外交面の人材でしょうね。（兼高かおる、「朝日」一〇・六・一七）

第二に、日本の政治の容易さ、簡単さということから、「政治」が「行政」のレベルに堕してしまうということがある。本来、政治というものは、実務的な行政（手段合理性）を超えた次元（目的合理性、従って価値・イデオロギー）を含む総合的な領域であるはずだが、日本では、後者が問題になるのは特別の場合である。だからこそ、例えば次のような馬鹿々々しい珍現象が常態化しているのである。

「全国のほとんどの自治体議会は八百長です」。前鳥取県知事の片山善博氏が昨年、そんな発言をした。議員と行政当局が事前に答弁をすり合わせ、できた原稿を読んでいることを批判する内容だった。*（杉崎慎弥・山田理恵・記者、「朝日」〇八・一・二四）

＊　「八百長」とは、具体的には次のようなことである。

パラッ、パラッ……。道議会の議場に紙をめくる音が響く。ある議員が質問二二項目を四一分四三秒にわたって展開した。続いて知事や教育長が一時間一六分四九秒かけて答弁。議員の再質問は一九分二九秒、知事らの再答弁は二三分三〇秒だった。どの声にも抑揚がない。白熱しない。なぜか。シナリオはすべて議会前日に刷り上がる一〇〇頁近い「答弁書」に書かれているからだ。

昨年九月の地方分権改革推進委員会で片山氏は言った。「一番ひどいのは北海道議会ですね。」これに道庁と道議会が反発。「意見交換はするが、一字一句まではすりあわせていない。」意見交換って？　議会前、議員が道職員に質問事項を伝えると、職員は答弁書を書いて持ってくる。議員が「もっといい回答にしてくれ」と突き返せば、職員は可能な限り書き直す。職員が「こんな質問にしてくれれば、いい回答しますよ」と言うこともある。ある道職員は言う。「議論をぶつけ合うなんて、あり得ない。議会が空転してしまう」。釣部勲議長は「議会が延びたら電気代も弁当代もかかるでしょう」。（同）

スゴイ！　強烈やねー！　信じられないでしょ。

地方自治体の政治は国民ないし住民にとって身近であり、彼らと直接的に接触・交流する度合いが強い。従って、地方政治は国民の政治意識をより鮮明に反映しているが、その政治にしてこうなのである。これが実態なのである。

ここには、政治らしい政治はおろか、政治そのものが殆ど存在していないと言えよう。

続いて第三点として、先の引用文で一言指摘したことだが、政治家のレベルの低さ、*お粗末さということが挙げられる。一国の政治家および政治のレベル（直接的または厳密には、その統合力に関するレベル、しかし同時にまた、一般にそれに相応して、質的なレベル）というものは、その国の「自然的統合力」の、従ってまた、それに規定された国民意識の、関数である。前述の如く、日本は「自然的統合」にあまりにも恵まれているため、日常生活においてそれほど政治を必要としていない。それ故、政治的に鍛えられておらず、政治的に未熟である。日本国民の政治意識は低く、そのキャラクターにおいて非政治的（非政治的人間）なのである。そうである以上、日本の政治家がそれを反映して、つまり、彼がそうした国民の一員であり、またその仕事が大して期待されない類のものであることから、低レベルであるのは当然である。そしてそのような、政治家と国民双方の政治的なナイーブさをおそらく最も端的に象徴しているのは、日本独特のあのお馴染みの（絶望的なまでに滑稽な）選挙風景であろう。即ち、時代がかった絶叫調の演説であり、選挙カーの虚しい連呼と哀願である。

＊　宮台真司氏に全く同じ表現があった（『日本の難点』一五六頁）。

ところで、ここ五年ほどの間に（民主党内閣までの時点）、六人の首相が政権交代を挟んでクルクル代わったことから、政治家の資質の低下、政治の劣化ということが喧伝されている（当時されていた）。そこから、政治家の低レベルということは、特殊な事情による近年に特有の現象であると思われるかもしれないが、決してそうではない。「統合主義」が示しているように、それは日本社会そのものの体質に根ざす内在的、従って伝統的な傾向である。旧日本軍に関して言われた、「兵は優秀だが指揮官は無能」ということは、他の多くの組織に関しても妥当する。それ故、例えば、「五十五年体制」頃の自民党内閣は真っ当であったと一般に考えられているが、それは時代が良かったから、つまり、高度経済成長に基づく順調な発展によってバックアップされカバーされていただけである。当時の首相や領袖たちも、総じて大したことはなかったのである。むろん、歴史を逆上れば、日本にも有能なリーダーは何人もいた。しかし、それはたいてい非常時や転換期においてであり（この傾向自体は世界共通だが）、従って、例外的・散発的な出現なのである。

それはともかく、日本の政治家の劣悪さ・無能ぶりは顕著である。これについては、（先述の如く）ここでは現代に関してであるが、その具体的実例をいくらでも（！）挙げることができる。

現代の日本政治と言えば、ほぼ自民党政治と言うことができる。そこでまず、その自民党政治（家）の基本的・一般的な欠点を挙げてみよう。それは次の諸点である。派閥力学の支配、指導力に欠ける（もともと制度的に制約されているとはいえ）調整重視の首相、派閥順送りの素人大臣、族議員が跋扈する党と内閣の二元政治、当選回数に基づく年功制、一年程度の猫の目人事、多数の世襲議員とその優位など。これらは政治のシステムとしてまことに不合理であり、政治力ないし統治力を弱めるものである。

次に具体例だが、この十四、五年の間に私が気づいて唖然とした「事件」（！）や、私が知って「さもありなん」と思った事実について、いくつか記しておく。始めに、首相・閣僚・党幹部・自治体首長クラスに関してこんなことがあった。

（A）　橋本龍太郎首相は自らの外遊中の首相臨時代理に関して交代制を打ち出した。何人かの長老・大物閣僚に公平に華を持たせようとの算段であろうが、そのような考え、そしてそれがマスコミ等で何ら問題とされなかったことに、私は驚愕した。首相とはその程度のものなのだ！

（B）　同様の例だが――森首相の退陣表明があって、自民党内で後継総裁の選出を巡り、幹部の間でいろいろな意見が出たが、その中の有力な見解に暫定総裁論があった。即ち、今回は繰り上げ選挙であり、九月にもう一度選び直す必要があるから、次の政権は九月までの暫定的なものでよいというのである。何たることか。国家の最高責任者が半年間暫定とは。しかも当時、経済的非常事態のさなかにあった。

（C）首相の重みと言えば、日本には、首相が突然（急死などで）職務遂行不能に陥った場合に直ちに対応できる法律上の規定がない（橋爪大三郎『政治の教室』一四八頁参照）。いてもいなくても、大して変りないということだ！　事実、例えば、安倍晋三首相（第一次）は辞職前の二週間入院したが、その間臨時代理を置かず、（政府は否定したが）「権力の空白」が生じた。因に、その際こんなことがあった。

海外メディアからは「日本は首相なしでもやっている」（二〇日付の英紙フィナンシャル・タイムズ）と皮肉な見方も出ている（「朝日」〇七・九・二三）

（D）「閣議が二十分で終わる政府は、政府ではない。前日の各省庁事務次官会議で決まった書類に判を押すだけ。閣議経験者に聞くと、判を押す書類を間違える閣僚さえいる。国の利益は何かを把握し、政府の優先度を変え得る、省庁を超えて全体を統御する機構がない。」（カレル・ヴァン・ウォルフレン、「朝日」〇〇・一一・一七）

（E）「ロンドンでのサミット準備会合後の記者会見だ。議長役である英国のクック外相とブラウン蔵相は、ひとりのお付きもなく二人だけで会場に現れた。記者の質問に自ら指さし、会見を進めた。もちろん一〇〇パーセント自分の言葉で語った。

一方で、小渕外相と松永蔵相の記者会見には大勢のお付きがついている。驚いたことに、会見の席には二人ではなく四人が並んでいる。外務審議官と財務官が両わきを固めるように座っているのをみて、黒澤明監督の〝影武者〟を思い出してしまった。会見はあらかじめ用意されたメモを読み上げることから始まった。質問にも、さっと差しだされるメモを読み上げる場面がほとんどだった。

日本には leader（指導者）はいなくて、reader（読む人）しかいないといわれるが、残念ながら当たっているようだ。」（「朝日」（「天声人語」）日付不明）

（F）（余計な出しゃばりで尖閣問題を惹き起こし、国民に甚大な損害・迷惑を与えた）石原慎太郎氏は有力な政治家であるとともに、高名な作家でもあるが、東京都知事の四選後、こう言い放った。「過去３回の当選とは違うよ。くたびれてるよ、こっちは年取って。またかって感じだよ」（「朝日」一一・四・一一）「またか」だって！

言うまでもなく、政治とは国家・国民の命運（生活・人生のみならず生命そのものまで）を左右する重大・厳粛・神聖な営みであり、強い使命感と責任感を要するものであるが、彼には全くその自覚がないようである。そして驚くべきは、彼のこうした不謹慎な発言が全く問題にならないこの国の国民感覚である。そもそも、彼は政治（しかも行政も含む）に携わりながら、旺盛な作家活動（小説・評論・審査員等々）を政界入り後も一貫して続けている。そのためであろう、彼は週に二・三日しか登庁しない（！）とのことだ。彼にとって政治は片手間であり、国民または都民はそれを受け容れてきたのである。

では、一般の議員ないし政治家に関してはどうであろうか。そのレベルの低さはどのような言動に示されているであろうか。最も直接的な現れは、議会（国会）の様子であろう。政治の表舞台であり、彼らの最大の武器たる言葉が交錯する議会を見れば、その器量は一目瞭然である。そしてこれについては、さまざまな国民による観察体験（傍聴等）が最も直截に物語っている。以下は、新聞の投書欄からのいくつかのピックアップであるが、同じ趣旨の投書はコンスタントに見られる。

議場では議員の居眠り、やじ、私語が繰り広げられて、空席も目立ちました。生徒たちは「自分たちの授業態度や、生徒総会のほうがずっと立派だ」と話していました。（中学校教員、「朝日」〇七・六・四）

随分と次元の低い話に汲々としているものだ。……国民生活から遊離した論議そのものに愛想が尽きる。……ただ失言・失態糾弾のヤジ、怒号が続くだけ。（六四才無職、「朝日」一〇・一一・二七）

選挙で選ばれた国民の代表者が小学生でもわかるようなマナーをわきまえていないとは、あきれる。……揚げ足取りのような稚拙な討議に白熱するよりも、重要議案についてしっかりと協議して欲しい。（大学生、「朝日」一一・一・八）

これまで政治家の低レベルということに関して説明してきたが、ここで、（それを最も鮮明に露呈したが故に）言わば最後のトドメとして或る一点につき言及しておきたい。

それは、周知の事実である、あの「東日本大震災」の際の劣悪なリーダーシップについてである。それによって、日本の政治家の劣等性、無能さ加減が改めて浮き彫りになったと言えよう。あれほどの事態を前にしてなお、己が使命を顧ず、政局に現を抜かす*という醜態を、平気で見せつけたのである。今度ばかりは誰の目にも、日本の政治家のお粗末ぶりが明らかになったであろう。それは、各界からの口を極めた罵倒が明白に物語っている。例えば、「給料泥棒」（経団連会長）、「犯罪的／おままごと政治」（浜矩子）、「強い憤り／無責任／あぜんとさせられる／非常識にもほどがある」（「朝日」「社説」）一一・六・二）、「無節操もきわまった」（同一一・八・三〇）、「あきれ果てている／国民として恥ずかしい」「もういい加減にしろ」（新聞投書）等々。また外国からも、例えば（むろん罵倒ではないが）、「〔オックスフォード大学日産日本問題研究所長のイアン・〕ニアリーは、震災の傷が生々しい昨年六月、自民党や公明党と小沢が、菅内閣の打倒を画策したことが信じられない。〝日本は『和の国』でしょう。なぜ、危機の時に政治は協力できないのか不思議だ。〟」（伊東和貴・記者、「朝日」一二・七・一八）

＊　この政局中心・政局優先ということは、日本政治の体質、そのレベルに関る問題であるので、ここで若干コメントしておきたい。野党というものの在るべき姿、その正しい行動原理とは何か。この点に関して、日本の野党、のみならず言論界や学界を始め広く一般に、大いなる誤解が存在している。それは、野党の目標は内閣打倒・政権交代であり、従って、野党は政府に対して原則的・基本的に対決姿勢をとるべきだという認識であるが、それは間違っている。野党がめざすべきは、それではなく、あくまで良い統治であり最善の政策である。そしてその規準は、言うまでもなく国民の幸福、全体の利益であり、その点で政府・与党のそれと変わらない。これは政治の目的からして当り前のことである。むろん、与党と野党では、その立場・役割は異なる。野党が政府の政策を批判し、その修正を求め、ケースにより全面的に反対することがあるのは、当然である。しかしその根底には、常に国民生活の如何がなければならず、その意味で政府との共同作業なのである。またなるほど、自分たちの党の政策を完全に、又は十分に、或いはかなり

実行しようとするためには、政権をとらねばならないが、それまでは何もしない、できないという態度および仕方は、正しくない。野党の間も、何とか妥協を探り何パーセントかは実現しようと、絶えず努力すべきなのである。

日本においては、野党に関するこうした認識が欠けている。それ故、野党の政治家たちには、国民のための政治という点で与党とともに、しかしむろん与党とは違った形において、重大な役割と責任を分担しているという自覚、従ってそれに伴う野党としての使命感やプライドがない。野党の連中の頭の中は常に「政局」によって占められており、その行動原理は、政府の政策に反対することはおろか、その粗を捜し足を引っ張ることである。そのため、政治の中核たるべき議会討論は、常に追及・詰問・非難・糾弾に終始することになる。そうすると、政府側もそれに対応して身構え、弁解・言い逃れ・はぐらかしに専心するから、合理的・建設的・相互啓発的な議論ないし相談ではなくて、言い合い・喧嘩になってしまう。彼らは愚かにも、そうした威勢のよい攻撃性・戦闘性のアピールが、政権奪取の早道であり唯一の方策であると思い込んでいるのである。

決してそうではない。野党が選挙に勝つための最善の方法は、政府との討論を通して共に問題を解決しようとすることにある。従って、全体的・総合的かつ現実的・具体的な代案を常に提示することは、当然であり絶対条件である。それによって国民の信頼をかち得る、即ち、政権担当能力を認知されねばならないのである。たとえ、それが結果的に政府を助けることになっても、そして補完勢力と見なされようとも、気にすることはない。逆に評価されるであろう。日本の政党政治が、戦前から続く与野党間の泥試合、「まるで駄々っ子どうしのけんかのような幼稚さ」(「朝日」(「社説」)一二・八・二八)から少しでも脱却するためには、「野党哲学」の根本的な転換が求められるのである。

最後に第四点だが、日本人の、政治そのものと政治家に対する消極的・否定的評価ということがある。既述の如く、日本人は根本的なところで政治に頼る必要がないから、政治に殆ど期待していない。それが政治の軽視を生むのである。「地域であれ国であれ、多くの日本人が政治や行政を〝他人事《ひとごと》〟だと考えているのではないだろうか。投票率が低いのもそのあらわれだろう。〝他人事度〟の高さは世界有数かもしれない」(加藤秀樹、「日経」一四・七・三)そして、軽視は容易に蔑視へと進む。我々は一般的に政治そのものに対して良い印象をもっていない、というより悪い感情を抱いており、政治を胡散臭いもの、汚らわしいもの、醜いものと見てしまう。それはまた必然的に、そうした政治に従事する政治家を、政治家という職業そのものを、冷めた眼差しと警戒心をもって見つめさせることになる。我々の抱く政治家像は世話役やエージェントであって、我々は彼らを決してリーダーとは見ていない。これは第三点として述べた、政治家の低レベルということの原因であり結果でもあるが、日本人にとって政治および政治家は、尊敬や信頼の対象ではなく嫌悪や不信のそれなのである。（橋爪・四－五、二〇、一九三頁参照）

このような点に関して、以下若干の例証を提出しておこう。

（A）日本人の、政治と政治家に対する悪いイメージは、各種のアンケート調査が常に証明しているところである。朝日新聞が行った意識調査（二〇年以上前）によると、国民が「一番信用している」ものの中で、政治家と答えた人は占いと同じ三％であった（因にトップは、隔世の感があるが、銀行で五二％）。また、同じ朝日の定期調査で、政治家を「信用している」人の割合は、最近に至るまで一貫して二〇％前後、しかも殆ど「ある程度は」という留保つきであり（日本経済新聞の二〇〇六年のインターネット調査でも一六％）、「政治家のイメージ」に関しても、（一九九三年四月の調査で）「ずるい」「いばっている」など、マイナス・イメージが八五％を占めた。更に、ランドセルの或る素材メーカーの調査（やはり二〇年以上前）であるが、小学校に入学する子供の親たちが「将来子供に就いてほしい職業」をいろいろ挙げている中で、男の子の親の場合、「政治家」はレスキュー隊員などと並んで三〇位（〇・四％）であり、女の子の親の場合はゼロであった。

（B）（先に石原慎太郎氏に関して述べたことと同じ趣旨だが）柔道の谷亮子選手が二〇一〇年の参院選への立候補を表明した際、現役を続行すると、なお且つロンドン五輪を目指すと、のたもうた。これには仰天したが、マスコミ等の無反応にはもっと驚いた。この国では、政治家は一流アスリートの厳しいトレーニングの合間に勤まるというわけである。こういう国民意識であるから、この件は道徳的には殆ど物議を醸さなかったのである。

（C）或る記者の中国レポートの一節である。

「どうして日本の高校生は、首相の名前や国土の広さを答えられないんですか?」。北京の中学校を訪ねると、生徒から……質問攻めにあった。（「朝日」〇一・一二・二四）

どんなに政治意識が低くても、自国の首相の名前くらいは、知っていて当然であろう（「国土の広さ」のほうは国家意識の強弱に関係するが、後者の基礎には「自然的統合」の如何があるから、「首相の名前」と同じ性格をもっている）。誰がやっても同じと考えられているが故に、「答えられない」のである。

（D）「〝小泉家のおやじ〟というマンガが『小学五年生』（小学館）で連載中だ。支持率を上げるためならひんしゅくを買うこともいとわぬ〝ジュンイチロー〟氏を描く。／評論家の南信長氏はこのギャグマンガを〝脱力と苦笑を誘う。一国の宰相がこんなに軽く描かれて違和感がないのは、ある意味すごい〟と評した。」（「朝日」〔「社説」〕〇三・四・二五）

（E）週刊誌や一部の論壇誌に、首相や党首を中心に、政治家を非難し告発する記事がしょっちゅう載せられているが、その言葉遣いが尋常でない。即ち、毒々しい・侮蔑的な・エゲツナイ言葉のオンパレードである。しかも、その標的は、政策や言動を通り越して彼らの人格や人間性にも及んでおり、正否はともかく一方的な思い込みから、それらをどぎつい表現によって攻撃し全否定しているのである。自国の、民主的に選出され合法的に活動している政治家たちをここまで貶める――それが何事もなく受け容れられている国は、他にないであろう。

例証はこれくらいにして――既に明らかなように、日本人の政治に対する評価、従って関心や期待度は、著しく低い。そうであるならば必然的に、日本人は政治参加に関して消極的ないし不熱心であり、それを非日常的なことと見ている、と推測されるであろう。自ら政治に関与しようとする人は、少数派であるに違いなかろう。そして、確かにその通りなのである。

政党の党員になっている日本人は多くはありません。公表された数字によると、自民党の党員は一〇〇万人超、民主党の党員・サポーターは三〇万人に届かない。公明党、共産党の党員はともに約四〇万人。社民党は二万人足らずで、国民新党は約二五万人。有権者が一億人以上いるのを考えると、いかにも少数派です。

根底にあるのは、政治とは忌避するべきものという日本人に根強い感覚です。事実、世論調査で政治への意識を聞くと、「かかわりたくない」という声が強い。私たち研究者グループが昨年の衆院選後におこなった世論調査で、過去五年間に経験した政治的な行為を問うたところ、「選挙の投票」が九割を超える反面、「請願書への署名」「献金やカンパ」「集会への参加」

などは一割強しかいない。「政治参加は投票だけ」という実態が鮮明で、党員が少ないのも納得できます。都市対農村や雇用者対労働者など様々な亀裂に沿う形で社会集団ができ、それに根ざした政党が生まれた欧州と比べ、日本では政党と人びとの関係が希薄です。（平野浩、「朝日」一〇・三・二六。松山幸雄『自由と節度』一七六－七頁参照）

政治参加（広義の又は一般的な、もしくは弱い政治参加）についてさえこうなのであるから、政治家（狭義の又は特殊な、もしくは強い政治参加）になろうという人は、更に少ない。述べてきたように、日本では、政治家に対する評価は非常に低いから、政治家という職業を選択する人は極めて珍しいのである。現に日本の諸政党（共産党と公明党は別だが）は、候補者のリクルートにたいへん苦労している。そのためまた、リクルート源ないし出身分野が限られたものになっている。即ち、家族（世襲）、秘書、系列地方議員といった、言わば身内の人間に頼るケースが多いのである。

㈢「自然的統合」の例証

本節において「日本社会の統合」について論ずべく、まず㈠の「総説」で、概括的説明のために旧著からの引用文が示された。次いで、それと立場を同じくする中根千枝・清水幾太郎（故人）・鈴木孝夫の三氏らによる考察が紹介された後、㈡の「政治の貧困」では、最初の引用文にある日本政治に関する見解について、具体的な説明がなされた。それに続いて本項では、その引用文の基本的趣旨である、日本社会の最高水準の「自然的統合」ということに関して、同じく具体的に説明しておこう。それは前項と同様に、日本社会の統合情況を物語るさまざまの事実を指摘するという仕方でなされる。即ち「例証」である。

始めに、その「例証」の全体的構成について一言しておくと、それは六つの項目に大別される。そして各項目の下で、それに該当するいくつかの具体的事例が挙げられ、それぞれ説明が加えられるであろう。

まず第一は、伝統的・歴史的な平等性や親近性である。日本においては古来より、日本人同士は同じ人間であると見られてきた。地位・家柄・身分などに関りなく、人間としては同類であり平等であるという意識、つまり、社会的・制度的には不平等であるが、抽象的な人間そのものとして平等であるという意識が、存在してきた。同じメンバーである限りは仲間であり、その意味で対等なのである。こうした平等性・親近性は統合の確固たる基盤を成すであろう。

日本というのは歴史的に見ても、非常に社会的な対流のいい国ですね。絶対的な支配階級もないし、下積みでどうにもならないといった階級もない。なんとかなる国なんですね。（司馬・一二頁〔司馬〕）

（A）　八世紀終りに編纂された「万葉集」について考えてみなければならない。周知のように、これは約四五〇〇首もの和歌を収めた一大歌集であるが、その作者は、天皇を始めとする貴族等の上流階級のみならず、下層階級も、また女性も含んでいる。即ち、農民はおろか、遊女や乞食までもが登場する。それは各界各層の国民を網羅した、文字通りの国民歌集なのである。この古代という時代にあって、民主主義のミの字もない身分制の社会にあって、これはまことに驚くべきこと、全く信じられない事績であろう。こうした「万葉集」の存在は、日本が既に古代国家の段階から広汎な平等性・親近性を、従って強固な国民的一体性を達成していたことを、雄弁に物語っているのである。

（B）　今「女性も含んでいる」と述べたが、それどころか、日本では古来より一種の男女平等が存在した。その有力な証拠として、例えば、卑弥呼を始めとする少なからぬ女帝の即位、紫式部や清少納言に代表される女流文学の伝統、北条政子・日野富子・淀君といった権力者の出現などが挙げられる。また、家庭内の事実だが、妻および母が家政に関して実質的にかなりの主導権を握ってきたことも、指摘できよう。*

＊　現代の日本において、女性の社会的進出が世界的に見て大変立ち遅れているという事実があるが、これは女性蔑視や女性差別によるものではあるまい。それは男女の分業という伝統の強さの所為であり、更にその根底には、逆に女性の（今や誤った）尊重・愛護の意識があろう。

（C）　このような古代からの日本社会の一体性、人間としての平等性・親近性は、神話の世界にも現れている。即ち、日本神話においては、神々の間の関係は日本社会のそうした性格を反映して平等的である。そこには、厳格な上下関係が見られないのである。

日本は神代の時代から神様たちが分業をしているんですね。最高の神様とされる天照大神も、マルチなゼネラリストではなくて、機織りを専門にしている。それぞれ分業しながら、同じ一つのパンテオンのなかで共同に暮らしている。……一番偉い神様からして共同作業をやっている。つまり、相互依存でやっていく古くからの文化が、日本の伝統の中心にあるんですね。（黄文雄他『帰化日本人』一五八頁〔黄〕）

（D）日本人は血縁の有無を殆ど問題にしない。それは養子制度の活用、その驚くべき積極性に現れている（ライシャワー・一二〇―一頁、岩井克人『資本主義を語る』八七―八頁、梅棹忠夫『近代世界における日本文明』一六八、二一一―二、二四四―七頁参照）。

日本にみられる婿養子制などというものはヒンドゥ社会には存在しない。ヨーロッパにおいても同様である〔。〕……まったく血のつながりのない他人を後継者、相続者として迎えるばかりでなく、奉公人や番頭が「家」成員を堂々と構成し、家長の家族成員同様の取り扱いを受ける場合が非常に多かったのである。（中根・三三頁）

おそらく日本のイエはただ皇室を唯一の例外としてほとんどすべてが養子制度によって血のつながりを切断されているといってよいであろう。中国人を驚倒させるのは、自分の娘に異姓の婿をとって家を相続させるのはともかくとして、取り子、取り嫁という異姓の夫妻を養子とする風習があることである。とりわけかつて大阪地方の商家においては実子がいるにもかかわらず、それに商才が見られない場合は実子を分家するなり、隠居させて、娘に長年見守ってきた番頭を選んで婿とすることは珍しいことではなかった。（湯浅赳男『日本を開く歴史学的想像力』八三頁）

日本以外の東アジアの国々においては、血縁を基にする「家族」が、各人のアイデンティティのよりどころになっている。……これに比して日本は、血縁をそれほど重要視しない……。（河合隼雄『日本文化のゆくえ』八〇頁）

こうした養子制度に見るように、日本においては、家族と赤の他人との間に絶対的な壁ないし溝がなく、それほどまでに人間関係が濃密なのである。

（E）日本の歴史においては、平等性・親近性の故に、低い出自の人物がリーダーとして活躍するケースが珍しくなかった。その典型が豊臣秀吉であることは、言うまでもない。彼は武士でさえなかったのに、天下人にまで上り詰めたのである。むろん、戦国時代という時代の追い風があったに違いないが、殆ど最下層からトップへというのは、実力以外に、それを受け容れる素地なくしてはありえないであろう。そして、そうした素地の存在により、日本では平時においても、（支配階級の中では）低い出自のリーダーがしばしば容認されてきたのである。例えば、江戸幕府の行政を担った幕閣たちや、幕末の藩政改革の旗手たちは、概してそういう人々であった。

（F）身分や地位を超えた平等性・親近性を最も劇的かつ象徴的に表す出来事の一つは、かの赤穂浪士の一件であろう。上は城代家老の大石内蔵助から、下は足軽の寺坂吉右衛門まで、互いに協力して大事業を成し遂げたが、それは強固なチームワークがあったればこそである。また、当時の封建社会にあって、それが「仮名手本忠臣蔵」の物語として広汎な人気を呼び、国民的な文化財になったという事実は、その物語の内容が社会的現実に根ざしていることを示しているのである。

第二は、日本人における小児性または幼児性の存在およびその肯定である。

（A）日本では一般に、子供に甘く、子供は甘やかされて育つ。何かにつけ過保護であり、厳しく躾る家庭は少ない。しかも、その期間も長期にわたる。つまり、青年になっても、親がいろいろと世話を焼き、なかなか自立しないのである。

幼い子供であるには、日本はすばらしい場所である。……日本の母親は息子を独立させることに関心がなく、いつどこでも好き勝手が許されるわけではないことを子供に教えようともしない。それどころか、彼女の努力は息子の幸福な幼年時代を長くしてやることに集中される。彼女はことさら彼に幼児語を使わせ——例えば、幼児はサ、シ、ス、セ、ソの発音ができないと広く信じられているので、チャ、チ、チュ、チェ、チョといわせたりする——子供は学齢に達するまで、それを毎日使いつづけることもある。（ドナルド・キーン『果てしなく美しい日本』八二－三頁）

日本ほど大きな愛情で子供をつつんでいる国は、この地上ではあまり見当たらない。……日本の子供は、われわれの観点からすれば信じ難いほど甘やかされている。子供に泣く口実を与えまいとひたすら努めている、といえる。（V・オフチンニコフ『一枝の桜』一一六、一四八頁）

何故そういうことになるのか。それは「自然的統合力」に起因する。即ち、日本社会全体が基本的に平和的・友好的だからである。日本人はお互いに優しい。従って、日本社会には、社会的な適応力や競争力が十分でなくてもそれなりに何とかやっていけるという雰囲気がある。社会が甘いので、必然的に子供に甘くなるのである。*

＊　内田樹氏にも、キーン氏らと同様の指摘がある（「江戸時代まで」というのは解せないが）。

総じて江戸時代までの日本人は子どもに甘かったようである……。（内田樹『こんな日本でよかったね』一八五頁）

日本は世界でも例外的に子供を甘やかす国として知られています。これはほんとうの話。中世末期に日本にやってきたポルトガルの宣教師ルイス・フロイス（Luis Froise, 1532-97）をはじめとするヨーロッパ人たちが日本に来ていちばん驚いたことのひとつは親が子供たちを甘やかす風景でした……。（内田樹『街場のアメリカ論』一四三頁）

但し、内田氏はその原因については、愚見とは全く異なった考えをもっておられる。ごく簡単に紹介しておくと――子供というものに一種の「神聖性」「無垢性」（その反対は「野性」）を認めるか否か、どの程度認めるかということが、子供に対する態度・取扱いを決めるのであり、その結果、欧米は日本とは逆に「子供嫌いの文化」の伝統をもつ、とおっしゃるのである。（同右、一四五‐五六頁。なお、與那覇潤『日本人はなぜ存在するか』一二三‐五頁に、欧米の子供観についての別の見解の紹介がある）

（B）日本人は外国人に較べて一般に子供っぽい。精神的に幼稚なところがある。或いは、お人良し、ナイーブであり、意地悪、したたかではない。世慣れ、世間擦れしていない。（鷲田清一他『大人のいない国』一五‐六頁参照。但し、両氏は日本人の幼稚化・幼児化を最近のこと〔一九七〇年代〕と見ておられる〔三四頁〕。最近更にひどくなったということは、あるかもしれない。）

日本人ほどしたたかでない人たちは世界でも珍しい……。（黄他・一〇五頁〔石平〕）

この年齢〔大学生〕で、恥じらって顔を赤くする女性は日本でしか見つからない。ほかの国にはいない。（アッバス・キアロスタミ〔イラン人映画監督〕、「日経」一二・一・一七）

このような事実は明らかに高度な「自然的統合」の存在を示している。前者の根本原因は後者にある。「自然的統合」が強ければ、即ち、相互扶助的で親密な社会であるならば、各個人が独立化・強靭化する必要がないからである。生存のためにお互い戦わなくてもよい、逆に依存し合っていけばよいからである。*

* 鷲田・内田両氏にも類似の指摘があり、鷲田氏は「成熟した社会」「平和なシステム」、内田氏は「きわめて練れたシステム」「安全で堅牢な社会」と表現しておられる（鷲田他・一五‐六、一九、三四頁）。但し、おわかりのように、私の視点はもっと根本的なところにある。即ち、日本社会そのものの本質的な事実を問題にしているのである。

第三は、日本社会の安定性・継続性・連続性と、それに基づく長期性である。

（A）日本においては、生活の基礎である財産権の、そのまた基礎である、土地の所有権というものが、非常に安定しており、古来より連綿と継承されてきた。

日本の場合、いまある土地の所有権がいつ発生したのか、よくわからないぐらい古い。たとえば明治時代に、土地の所有権を設定して、地租という税金をかけました。そこで新しく登記させはしたものの、それは単なる手続きで、所有権自体は江戸時代からあったものを踏襲した。……では、その江戸時代の所有権はいつ決まったかというと、太閤検地までさかのぼることができる。それ以前にも何回も検地があって、そこで作成された文書が蓄積されていた。そのまえには、沽券《こけん》と言って、土地所有権を証明する証文が鎌倉、平安時代からずっと伝わっている。……そうやって、土地の所有権がずっと連続しているわけです。土地の所有権をすべてチャラにして再配分するような政変がなかった。（橋爪・一〇六 - 七頁）

これは日本の特殊事情かもしれませんが、日本の農耕社会では自分の土地が暴力によってではなく文書によって保証されています。ですから文書をもっていないと、権利を確保できません。歴代日本政府のおおきな機能のひとつは、庶民のもっている文書が本物かどうかを鑑定することでした。政府の役目は安堵状の発行で、つぎつぎと政府がかわっても、庶民は自分の権利をまもりつづけることができました。（梅棹・一二〇頁）

日本には、世界的にも珍しく、中世・近世の土地所有の証文である「地方文書《ちかた》」が大量に残されている。それは、それらが社会的に有効であったこと、即ち、民間の契約や権利関係が公平な客観的ルールに依拠しており、従って、それに関る紛争が平和的に処理されてきたことを、示している。このような事実、土地所有権という最も重要な権利が超歴史的に保護されてきたという驚異的・奇跡的な事実は、日本社会の「自然的統合」の異例の高さを雄弁に物語っているであろう。

（B）多くの日本人は、目先のことより先々のことを考えながら、つまり長期的観点に立って、判断し行動してきた。将来に備えていろいろ手を打つ、例えば、貯蓄に励んだり木を植えたり食料を確保したりすることは、日本人の習性になっていると も言えるであろう（それは反面、心配症や不安シンドロームというマイナス要素も伴っているのであるが）。

日本人はかなり先のことを念頭に置いて行動している。会社でも当面の利益より、将来の発展を重視する。損して得せよ、の精神が生きている……年功序列の賃金体系が維持できたのも、将来それが約束されている、と先を見ていたからだ。（柴田治呂『もうアメリカ人になろうとするな』九二頁）

社会の秩序が乱れ不安定であれば、（会社に限らず）人々は当面の利益の確保にこだわろうとする。将来の見通しが立たないときは、現在の利益の最大化を計ることが合理的だからである。しかしその逆の場合には、将来のことを考えて、節約やトレーニングや諸々の準備に努めようとする。社会秩序の安定と継続があればこそ、長期的なスタンスが可能になるのである。

（C）「日本は創業一〇〇年以上の会社が二万社以上あるが、これは世界的にも珍しいことだ。」（林信行〔ITジャーナリスト・コンサルタント〕、「日経産業」二三・一一・二六）これも社会の安定性・継続性の一つの現れである。なるほど、言われているのは近現代に関して（のみ）だが、当然そうした事実の基礎には、歴史的な蓄積がある。しかもこの間《かん》、世界恐慌や敗戦といった大変動のあったことを考えれば、その事実は一段と重いであろう。

（D）日本社会の安定性・継続性に関する最も基本的かつ象徴的な事実は、何と言っても「万世一系」の天皇（皇室）の存在であろう。文明圏にあって、且つまた民族・国家の興亡の地域にあって、一つの王朝＝家系が千五百年以上にわたって（ほぼ）一貫して君臨し続けた*というのは（従って、天皇には姓がない）、他に例を見ない現象である。政治の世界という権力闘争を事とする領域での事実であることを考えれば、それは殆ど奇跡に近いであろう。そして、それが「自然的統合」の賜物であることは、論を俟たない。

＊　但し、天皇は世界に二つとない日本独特の存在である。「日本人の最大の発明は天皇ですよ。皇帝でもなければ王様でもない。なんかつかまえどころのない存在でしょう。」（司馬・五五頁〔司馬〕）

なお、付け加えておくが、その逆の作用、即ち、天皇の存在が（まさに、日本国憲法に「国民統合の象徴」とあるように）日本の統合に大きな役割を果たしてきたという面があり（平時もそうだが、特に明治維新のような動乱時）、この点については、これまでよく指摘されてきた。むろん、天皇と統合の関係は相互規定的であるが、起源ないし基礎は統合のほうにある。つまり、そもそも高度な「自然的統合」が、権力なき天皇、権威のみの天皇の存在とその驚異的持続を可能にしたのであり、また、その天皇が逆に統合に寄与してきたのである。

第四は、社会的統合に極めて重要な（或は殆ど不可欠な）役割を果たすものの不在と、逆に、それを危うくしかねないものの存在という事実である。つまり、統合にとってプラスになる要素が欠けていると同時に、マイナスになる要素があるという、二重に不利な事実が認められるのである。

(A) よく言われるように、(少なくとも近代以降の) 日本人は非宗教的・世俗的である。より精確に言えば、文字通り、即ち完全に、無宗教というわけではなく、日常的な活動を伴う何らか特定の宗教の信者ではないという意味において、非宗教的である。*

日本人は、宗教をよく知らない。おまけに、宗教に偏見を抱いている。しかも、そうしたことに気づいていない。……たいていの日本人は、「宗教がなくても生きていける」と思っている。宗教に、関心がない。宗教を聞かれれば「無宗教」と答え、自分の家の宗旨も知らない人がいっぱいいる。……日本人は、「人間はなぜ宗教を信じるのだろう」「宗教にはまると怖い」と考える。しかし世界の人びとは、「日本人はなぜ宗教を信じないのか」「宗教なしでどのように生きていけるのだろう」と考える。後者のほうこそ、常識というものなのだ。(橋爪大三郎『その先の日本国へ』八五頁。オフチンニコフ・五七頁。渡部昇一他『日本通』二一〇頁〔屋山太郎〕参照)

* もう少し詳しく説明すると――日本人に宗教的精神や信(仰)心がない、或いは乏しいというのではなく、逆に、外国人に較べて強いかもしれない。ただ、その中核をなす、又はその根底にある「神道」という民族宗教の特質から、日本人には、特定の宗教に帰依しているという意識がないのである。と言うのも、無数の神々が自然に内在し、それと一体化している、しかもただそれだけという「神道」は、日本人にとって空気の如き性格をもっているからである。従って、言わば「無宗教という宗教」が存在しているのである。(島田裕巳『無宗教こそ日本人の宗教である』二七‐三二、三六、一四八‐五一頁参照)

因に、五、六年前だったか、日本人の非宗教性、神道の無宗教的意識性を如実に示す衝撃的な(?)事実を知った。それは、秋篠宮家の長女眞子様が国際基督教大学(ICU)に入学されたという事実である。キリスト教? キリスト教ですよ! 入学式も大学礼拝堂で行われたとのこと。皇族が、神道の祖神たる天照大御神に連なる御人が、外来の異教の学校に入られるとは……。ところがよく考えてみると、既に皇室は、キリスト教系の学校(ミッション・スクール)を卒業した女性を妃として迎え入れていたのである。即ち、美智子皇后である。むろん、日本の場合、学校の経営母体と教育内容の間にそれほどの結びつきがあるわけではないし、ましてや学校と信仰とは無関係である（だが、もし美智子様が洗礼を受けておられた場合は、どうなったのであろうか）。しかし、皇室という、原則性・純粋性・完全性といったことに特に敏感な存在にあっては、宗教系の学校というのは問題となるはずのことではないのか。ともあれ、このような事実は、要するに日本人の宗教観（次に述べる宗教的無節操も含めて）を端的に反映しているのである。

ここで「後者のほうこそ常識」と言われているように、そもそも「宗教は、人類文明の根幹だった。政治、法律、経済、文化などあらゆる制度が、宗教を軸にかたちづくられてきた。」何故なら、「宗教とは、言い換えれば、ある社会の社会構造（social structure）であ」り、「連帯（solidality）をうみだすからだ。」（橋爪『その先の日本国へ』八六－七頁）そうであるならば、日本人の非宗教性という事実は、日本人における「連帯」装置の不要性を、即ち「自然的統合」の強さを、物語っているであろう。

そして、日本のこうした非宗教性ということに関しては、それと通底する一つの基本的な事実を指摘することができる。

シントウと仏教、これ以上驚嘆すべき対照を創造することはむずかしい。一方は、自然崇拝、祖先崇拝という素朴な異教的崇拝、他方は、深遠な哲学をもつ完全に組み立てられた教義である。両者のあいだにきわめて深刻なたたかい――異質な力がこの国の力をまったく圧倒し去るか、あまりに難解なために、あべこべに敗れ去るかというたたかい――があったように思ったとしても、すこしもおかしくない。

ところが、どちらの事態もおこらなかったのである。日本は、いかにもまことらしからぬことだが、仏教にそのとびらを解放し、これほど似ても似つかない二つの宗教は平和のうちに仲よく住みついて、存在し続けている。仏教の布教者は日本の八百万の神々と和合し、神々は仏陀の生まれ変わりであるといった。一方、自然の万物はことごとく霊があり、そのそれぞれが神であると考えるシントウにとって、仏陀をいたるところに遍在する神の数限りない現れのひとつであると呼ぶことは、もっと簡単なことであった。

たがいに呪詛し合い、たがいに異端邪説と呼び合う宗教戦争のかわりに、二つの宗教の同盟に似たものができあがったのである。農村共同体では、同じ境内に神社と仏寺を建てることが風習となった。シントウの神々が仏陀を、その土地の悪霊どもからもっともよく守護してくれるという考え方であった。（オフチンニコフ・五〇－一頁。島田・四七、六八－九頁参照）

消極的な非宗教性のみならず、このように積極的な、諸宗教の共存・融合という事実、従って宗教的無節操の（よく言われる、初詣に神社、結婚式は教会、葬式はお寺、それにクリスマス……ということが象徴している）事実も、存在している。これもまた、強固な「自然的統合」を現わしているであろう。その力は宗教の殻をも溶解させ、互いに溶融させてしまったのであり、また、日本においては、宗教は軽い存在だということなのである。

（B）日本人は伝統的に性（セックス）に関しておおらかであり、寛容である。ところで、よく知られているように、性的なるものと政治あるいは統治の間にはデリケートな緊張関係がある。前者は反権力や無秩序の傾向およびエネルギーをもち、後者にとっては危険因子だからである。そのため、支配者は一般に性的なるものを取締りの対象としてきた。ところが日本においては、それが非常にルーズだったのである。「セックスは西欧ではタブーにつながるけど、日本では〝笑い〟につながるんです。」（井沢元彦『誰が歴史を歪めたか』一〇六頁〔小松左京〕）それは何故か。反統合的要因を受容・吸収しうる「自然的統合力」の強さが、それを可能にしているからである。性の（かなりの）解放ぐらいでは、日本の秩序は揺るがないのである。

第五は、国家的な非常時・危機・大混乱などの事態における日本人の対応ないし振舞いに関る。

（A）先の東日本大震災において、被災者および被災地域の社会がどのように対処し、どのような有様を生み出したのか。国内外で異口同音に報道されたように、人々はあのような極限状態にあっても、冷静さやセルフ・コントロールを失うことがなかった。諸外国においては、暴動・略奪・喧嘩・不正等々が当り前であるのに、整然として秩序を守り、互いに協力し合ったのである。

各国取材陣が驚きの視線で報じているのが、甚大な被害を受けながら日本の人々が少しも節度を失わないことだ。

……すすんで食べ物を分け合う被災者の姿に感じ入り、怒号もけんかも起きない避難所の静けさに心動かされているのだ。そのひとり、ニューヨーク・タイムズ紙のニコラス・クリストフ元東京支局長は「罹災しても日本社会は整然としていて秩序に乱れがない。日本人の忍耐力と回復力は尊い」と書いた。本人に思いを尋ねてみた。「阪神大震災で会った被災者が実に立派だったからです。繁華街で店という店のガラスが割れ、商品が手の届く先に見えているのに、誰も盗もうとしない。救援物資を待つ列が長くても奪い合いすら起きない。感心しました」……

もうひとつ海外メディアが注目している現象がある。日本では被災地であからさまな便乗値上げが横行しないことだ。水や米が地震前と同じ価格で売られ、しかも人々はがまん強く、店の前に何時間でも列をなして待っている。「日本以外ではまず考えられないことです」と話すのは、マイケル・サンデル米ハーバード大学教授。……「日本では、いくら街が廃墟になっても、人々は自制心をゆるめず、わが街のために結束している。被災後の市民のふるまいには胸を打たれました」。（山中季広・記者、「朝日」一一・三・一六。「同じ価格」どころか、無料で提供したりサービスしたりするケースも、珍しくなかった。ドナルド・キーン『私が日本人になった理由』七九、八七-八頁参照）

多数の死傷者・行方不明者の発生と生活基盤そのものの崩壊は、「自然的統合」の維持を著しく困難にする。しかるに、そういう情況にあってすら、地域の統合が揺らぐことはなかったのである。*

＊　因に、関東大震災（一九二三年）のときも、基本的に同様であった。確かに、周知の「朝鮮人狩り」や官憲・軍隊による殺害などがあったが、民衆の全体的な統合に変化はなかった。

また、同様の行動は、同時に発生した原発事故に伴う電力不足の危機に対しても見られた。日本国民は、企業も家庭も一致協力して節電に努め、難局を乗り切ったのである。

仮にアメリカが同じ事態に直面した場合、環境問題への意識が強い層や知識層は節電に協力するでしょうが、米国民の多くは自己犠牲を払わないでしょう。（橘フクシマ咲江〔G＆Sグローバル・アドバイザーズ社長〕、「日経」一一・九・五）

（B）東日本大震災もさることながら、その規模のみならず性質においてもそれをはるかに凌ぐカタストロフィーが存在した。大東亜戦争の遂行と敗北である。

世界を敵に回して三年半も戦い抜き、最後はあれほどの犠牲を伴いながら、一糸乱れず停戦を受け入れました。（中西・一五六頁。キーン・八五‐六頁参照）

この戦争とその結末とは、暴動・反乱・内戦・革命・無秩序などを誘発しかねない種々の決定的な要素を孕んでいた。戦死・負傷・破壊・原爆投下・大空襲・敗戦・天皇制・食糧難・戦争責任などである。ところが、日本人は見事に自制し、日本社会の秩序は微動だにしなかった。これは日本の「自然的統合」水準を明白に証明する、まことに際だった歴史的事実であろう。

最後に第六は、日本の歴史におけるいろいろな出来事や事件である。これについては、とりわけ数多くの事例が存在しているが、特に顕著な三つの事実を指摘しておく。

（A）江戸時代において、鉄砲の放棄ということがあった。よく知られているように、鉄砲は十六世紀半ば種子島に伝来するや否や、急速に普及する。そして戦国時代の終りには、世界最大の生産国になるに至った。ところが、それにもかかわらず、徳川幕府の成立とともに逆に、保有量が減少してしまう。即ち、軍縮という稀有の事業、ヨーロッパなどはありえない偉業を、見事に達成することができたのである。（川勝平太『文化力』二二五‐六頁参照）

これは軍事力の低下、従って、「人為的統合力」の同じく低下を意味する。そして、それを敢行するということは、それを甘受できる、それでもやっていけるということ、つまり、十分に秩序を保ちうるということである。ということは、やはり高水準の「自然的統合力」がそれを可能にしたのである。*

* 軍縮の理由に関して、川勝氏の紹介しておられるペリン『鉄砲をすてた日本人――日本史に学ぶ軍縮』における説明、および氏御自身の説明（同二三三‐四頁）は、根本的なものではないと私は考える。

（B）「自然的統合力」を示す数々の歴史的事件の中で決定版と言えるのは、何と言っても明治維新であろう。あれだけ未曾有の大変革でありながら、全国規模の本格的な内戦には至らなかった。いくつかの戦闘は生じたが、いずれも短期の局地戦であり、全体的には「無血革命」であった。（山折哲雄『日本文明とは何か』九八、一一四－六頁参照）

〔日本人は自然に対してだけでなく〕人間相手でも共存する手法を取っています。古事記や日本書紀の神話には、武力ではなく、言葉で服属を誓わせ、平定する国譲りの記述があります。戦にしても、戦い抜くのではなく、城を明け渡させることがありました。江戸城明け渡しがまさにこれに当たります。（上田正昭、「日経」一三・三・一三）

これは世界の歴史の中でも極めて稀なことである。[*] しかも、ユニークな特質はもう一点ある。それは、階級（身分）対立をベースとする階級間の権力移動ではなく、権力自体の自己変革であり再編成だったということである。具体的には、それまで支配階級・特権階級であった武士たちが、自発的・積極的に自己否定を断行したのである。それは極めて強烈な国家意識、使命感、従って愛国心や一体感のなせる業であった。こうした二点、平和的な体制変革ということと支配階級の自己犠牲ということは、日本の「自然的統合」レベル、その世界的に突出した高さを物語っているのである。

＊　因に、無血革命・平和革命と言えば、「名誉革命」が有名だが、それが、「自然的統合」に関してヨーロッパ主要国の中で日本に最も近いイギリスで起きたということは、偶然ではないであろう。

（C）一見些末で目立たないが、しかし統合力（団結力・求心力）の強さを確然と示している一つの事実がある。

何度も外国に侵略されている民族なら、貯金なんかしないで貴金属に替えてもっているでしょう。それが一番心づよいわけです。ポーランドでも朝鮮でも、貯蓄性向が低くてどうにも仕様がないんです。ところが日本の場合、余ったカネを貴金属に替えるどころか、さきの戦争末期、貴金属を供出させられて、みんなバカ正直に供出したでしょう。あれは世界に冠たることですよ。普通の民族なら、戦争が負けてくればくるほど頼りになる貴金属を握って放さない。日本人はそれを出しちゃう。世界の歴史にも珍しいことですね。（司馬・一二〇－一頁〔高

坂正堯〕）

第二節　「仲間主義」

㈠　総　説

前節において、日本の、世界的にも稀な超高水準の「自然的統合」ということについて、かなり詳しく説明した。というのも、この命題自体は既に旧著において提起したものであるが、そのときは略説に止っていたからである。そこで本書では、まず旧著の該当箇所を引用し、それを補充する形で具体的な説明を加えたのである。それによって、命題の妥当性についてはだいたい確立したと見なせるであろう。

かくして、日本には、伝統的に非常に強固な「自然的統合」が存在していると言える。そこでは、（むろん一般的に、且つ諸外国との比較という意味で相対的にであるが）人間関係は親密であり、協力と団結の精神に満ち、従って、平和・安定・秩序が自然に保たれているのである。日本国内に決定的な利害の対立がなく、諸外国によくある基本的な統合問題、例えば民族対立や宗教紛争といった問題は、見られない。ほぼ全ての人々の間で共感と理解が可能であり、敵対者であっても根本的な基盤を共有している。それ故、争いと言っても、所詮「内輪揉め」にすぎないのである。

こうした日本を実感するためには、孤立した一つの小さな村落（ムラ）をイメージすればよい。単純化して言えば、一つの閉鎖的な共同体、それが日本である。従って、日本人全体が家族的である。極言すれば、日本人は同じ小さな島に住む「いわば日本という大きい大家族」（河合『中空構造日本の深層』二一三頁）であり、家族的な性格は社会の至る所に見られるのである。*

「日本人は家族に限らず、なんとなくお互いに依存しあって生きてるんです。」（河合隼雄『Q&A こころの子育て』一八〇頁。井形慶子『日本人の背中』八、二二、二八、一三八、一八四頁参照）

日本社会に根強く潜在する特殊な集団認識のあり方は、伝統的な、そして日本の社会の津々浦々まで浸透している普遍的な「イエ」（家）の概念に明確に代表されている。（中根・三一頁。同三四、三八頁参照）

日本では、家族とは親と子の関係をはるかに超越したものである。家族には、昔々の祖先も、遠い親類も、そして、血縁や婚姻とはまったく無関係な人々すら含まれる。純粋に架空な人間関係さえ家族的な名称を奉られる。例えば、やくざの集団では「親」分が頂上に位し、下僚たちは「子」分として、親分にそれ相当の敬意を払う。かつて日本兵たちは、中隊長を「父親」に、分隊長を「母親」に、古兵を「兄」と見なすよう命じられた。大衆に深い印象を与えたある政治的指導者は、しばしば同時に「尊父にして慈母」であると称された。外部の者の目には、こうした人間関係はばかばかしく映るかもしれないが、それは家族的な思考が日本人の性にかなっていることを証拠立てている。……

ひとつ屋根の下に暮らす家族以外に、日本には多くのさまざまな架空の家族が存在する。日本舞踊、能楽、生花、三味線を伴奏楽器とするいろいろな流派の歌唱など、たいがいの伝統芸術の世界は一種の家族として組織されている。それぞれの流派には「家長（家元）」がいて、父親的な専制主義で何百人もの、ときには何千人もの多数の部族メンバーを統治する。舞踊にしろ何にしろ、生徒がその芸を修得した暁には、彼は公式に「家長」の姓と、彼が直接に指導を仰いだ教師の名前にちなんだ芸名を与えられる。かくして彼は家の正式な一員となり、他のさまざまな義務とともに、新しく先祖となった人々の墓を適当な時に詣でる義務が課せられる。それ以後、彼は流派の他の会員を自分の「家族」と称するようになる。……

学問の世界においてさえ、そうした家族的なパターンを見ることができる。大学教授は弟子に対してしばしば父親の如く振る舞い、彼らの結婚を世話したり（教授の許しなく結婚した者は災いである！）、彼自身の娘のためにもっとも将来ある学生を選んでやったりする。舞踊一家の家長は、彼の「弟子」たちのリサイタルにみずから臨席したり、共演したりして栄誉を与え、大学教授は「弟子」の著書のために序文を書いて与える。（ドナルド・キーン『果てしなく美しい日本』五一、五七、五八頁）

確かに日本の組織には「仲良しクラブ」的雰囲気が強すぎる。（松山・二八二頁。同一二五頁参照）

Jリーグに来た外国人選手が最も驚くことは、ホームとアウェーの〔応援による競技場の雰囲気における〕差が殆どないことである。（三浦知義、「日経」一一・一一・四）

だいたいこんな〈国中が家族〉みたいな国で非情な武装闘争なんて無理。（田中美津〔元ウーマンリブ運動家〕、「朝日」一一・三・二）

＊　因に、土居健郎氏のおっしゃる「甘え」（日本語特有の言葉（概念）であるそれが、「日本人の精神構造を理解するための鍵概念」であるのみならず、「日本の社会構造を理解するための鍵概念」である（『「甘え」の構造』三三頁）か否かは、さておき）の成立基盤は、明らかに日本の家族的雰囲気にあろう。なお、氏は後に、「甘え」の人間的普遍性（従って、日本人だけのものではないということ）を説いておられるが（『続「甘え」の構造』二一二 - 三、二一五、二一九頁）、外国の場合はむろん「鍵概念」たりえない。

このように、国全体が一つの家族、一つのムラの如き存在であるとすれば、それは二つの方向に、相互に反対の方向に、影響を与えるであろう。更にその結果、それぞれにおいて或る基本的な特徴ないし傾向を生ずるであろう。その方向とは、一つは対内的、即ち国内に対してであり、もう一つは対外的、即ち外国または外国人に対してである。そして、両者は方向が逆であるだけでなく、その特徴・傾向も同様である。つまり、前者は融合や合致を生み、後者は逆に分化や対立をもたらすのである。

まず対内的影響のほうであるが、それは具体的には、個人的・私的なものと全体的・公共的なものとの融合・合致を意味する。これには、良い場合（プラス）と悪い場合（マイナス）の二つの可能性があろう。即ち、前者は、各人の利益や幸福と全体のそれらとが自ら一致するという理想的な状態、或いは one for all, all for one という弁証法的統一の状態だが、大規模集団にあっては実現が難しく、現実には、後者の可能性のほうがより強く現れる。そして、それにも二つのケースがあって、一つは、個人が全体と同一化し埋没してしまって主体性・自律性を失う全体主義的な情況であり、もう一つは、逆に、公共精神の弱さのもたらす公私混同により、私益が公益に化けてしまう情況である。*

＊　このような「対内的影響」については、後に具体的に論ずることになるので、ここではこれに止めておく。

次に対外的影響のほうだが、それは内なるものと外なるものとの分化・対立という現象を指している。イエ的・ムラ的・共同体的な集団にあっては、内と外との区別の意識が肥大化する。そうした意識が内的一体性の程度に比例するのは、必然的であろう。集団内部の一体感が高まれば高まるほど、外部に対する断絶と距離の感覚は強まるのである。従って、「〝内集団〟への忠誠心は、しばしば〝外集団〟への敵意とむすびつく。」（井上忠司『「世間体」の構造』一〇四頁）そして日本の場合、河合隼雄によれば、当該感覚は日本文化の「母性原理」によって更に強化される。「〔日本において、切断・区別を本位とする〝父性原理〟より優勢な、全てを一つに包み込む〕母性原理で非常に重要なのは、その母性原理の及ぶ範囲を限定することで、〝内〟か〝外〟かということの区別のみは、ほとんど絶対的である。内の者はすべてがひとつに包みこまれるが、外は〝赤の他人〟で関係がない。」（河合『日本文化のゆくえ』一三九頁）。

確かに、これは日本に関して広く認められる事実である。そして、よく指摘されるように、それを象徴する代表的な言葉（観念）が「外人（ガイジン）」であることは、言うまでもない。特有のニュアンスをもつ「ガイジン」は、統合という社会そのものの根本的次元に由来しており、それは日本人にとってはごく自然な現象なのである。*

日本では、日本人とガイジンの区別は根源的なものです。なぜなら、ガイジンは、いつまでたってもガイジンで、一方で日本人の方は、たとえ外国に行っても決してガイジンにはならないのですから。……日本人のメンタリティでは、「ガイジン」

とは日本人ではないもの、日本人がなりっこない存在を指す言葉です。「ガイジン」と「外国人」では、言語上の意味は同じでも、およそ違った概念である……。（ホセ・ヨンパルト『私の中の日本』三二―三頁）

＊　いろいろな点での差別や特殊扱いに加えて、外国人（特に白人・黒人）からよく聞かれる苦情に、ジロジロ見たり指をさす（珍獣並み！）、だから日本人は失礼だ、というのがあるが（今では古い話？）、これは、実際に珍しいのだから仕方ないのである。

こうしたガイジン意識はさまざまな所、さまざまな形で見られる。そういった具体的な現れとして、例えば次のようなことがある。

人種差別は日本が治療しなくてはならない深刻な「病」だ。社会、メディア、学校など様々な場所に蔓延している。（ジョエル・アソグバ〔絵本作家〕、「朝日」〇三・五・三）

日本では、外国人たちが家を借りるのは至難の業だし、しょっちゅう警察官から犯罪者扱いされてしまいます。「外国人犯罪」という報道も多いですが、アメリカでは差別につながる「フォーリナー・クライム」という言葉自体、聞きません。（土井香苗、「朝日」〇五・一一・一四）

「俺はミスター・ガイシだってさ」。日本ＩＢＭの椎名武雄さんはそういって苦笑する。親しい友人で、日本の伝統文化の継承者からそう呼ばれるらしい。顔を見ると外資系のイメージが浮かんでくるのか。日本以外の先進国で「外資系」が日常語としてこれほど頻繁に使われている国はない。「外資系」はハゲタカにもなって怖がられる。（寺澤芳男、「日経」一〇・九・一二）

このような、日本の、内的一体化に伴なう外的排斥傾向ということについてはさておき、前述の如く、日本人は一家意識が強く、日本は一つの家族に似ている。そうであるならば、そうした社会の中で育まれた文化（国民性）がどのようなものになるかは、容易に想像できるであろう。

家族的雰囲気の漂う社会の中でずっとすごせば、その状態が自然に感じられる。家族的な人間関係が当り前になる。そうすると必然的に、人々の関心の中心は自己自身、その個性や自己主張よりも、他人との関りに据えられるようになる。即ち、他人との近さ或いは一致に重きが置かれるようになるに違いない。そして、それは当然、社会全体と同時に、社会の中のあらゆる集団（団体・組織）に多かれ少なかれ当てはまることになる。このような心理傾向およびそれに基づく行動原理を、「仲間主義」と呼ぶことにしよう。

「仲間主義」――それは個人主義とは逆の、仲間尊重・仲間重視の在り方である。自分の判断と行動に際して仲間のことを考慮しようとする態度（仲間意識）である。そして、これによってもたらされる、またこれのもたらそうとする社会の状態、それを最も良く表す言葉は「和」である。和とは即ち平和であり調和であり、或いは協和である。それぞれの家族的集団内の、更には日本全体の、和の維持と強化が、日本人の大切な眼目であり、価値意識なのである。

（山本七平『存亡の条件』一二九頁、同『「日本人」原論』一〇五頁、森嶋通夫『なぜ日本は没落するか』一七五頁、井沢元彦『誰が歴史を歪めたか』二三五頁〔呉善花〕、M・K・シャルマ『喪失の国、日本』一五七頁、土居『続「甘え」の構造』一三六頁、芳賀『日本人らしさの構造』六五‐七頁、川勝『文化力』一三頁、内田『日本辺境論』二七‐八頁、柴田治呂『もうアメリカ人になろうとするな』八六‐七頁、竹田恒泰『日本はなぜ世界でいちばん人気があるのか』一一六頁参照）

長年にわたり日本と米国を行き来しているうちに日本の目覚ましい発展はその「調和」のおかげではないかと気付いた。日本では、協力や奉仕の精神、責任感や敬意の心が、家族間でも地域社会でも企業においても行き渡っている。多くの日本人はこうした調和を特別なことと思わず当然のこととして生活しているが、多くの国では調和の欠如により、成功や達成の機会が失われている。（グレゴリー・ボイコ〔ハートフォード生命保険会長〕、「日経」〇八・五・一三）

日本ほど調和と安らぎがある国は他にありません。国民性もあるのでしょうが、民族や宗教の対立もない日本は社会的なストレスがなく、サービスと笑顔と優しさにあふれています。（フランソワーズ・モレシャン〔ファッション・エッセイスト〕、「朝日」一〇・一〇・一）

西洋から来たぼくが、いつも驚くのは、日本では労働者階級の人も礼儀正しいということです。アメリカでは絶対にないことだし、ヨーロッパ、オーストラリア、ロシア、中国でも、おそらくほかの世界中のほとんどの国でもないことでしょう。……このような礼儀正しさは、日本社会の全体に行きわたる共同精神のあらわれでもあります。……何か良いことがあったり、褒められたりした場合、真っ先に出てくるのは「みんなのおかげ」という言葉です（それが本当かどうかは別として）。それは言うまでもなく、謙虚さのしるしです。……謙虚さもまた、海外の国が見習ったほうがよい日本人の美点の一つです。協力の精神のあらわれでもあります。……もちろん、日本にも利己的で身勝手な人はたくさんいます。だが例外はあっても、国民の全体に、愛他主義という理念を守り、支持する気風があります。（ロジャー・パルバース『もし、日本という国がなかったら』一八二－三、二一一頁。同二七七頁参照）

日本文化の本質は助け合いや共同体づくりや問題への協調的な取り組みにあると考える……。（ビル・エモット、「日経」一一・八・一七）

日本社会ないし日本人の実践的な特質が、このように「仲間主義」もしくは「和」として捉えられた。我々は一般に、或いは基本的に、仲間のことを考え和を大切にして行動しようとするのである。*ところが、それに止まらない。日本人の和は実は社会の和、人間同士の和だけではない。それは何と自然にまで及んでいるのである。即ち、生活全体における「大自然との調和」（竹田・一四四、一五九頁）、「自然と人間の〝和〟の境地」（芳賀・五九頁。同第二章参照）である。

日本人が生まれつきもっている性格は、自然を征服し改造しようという強い意思というよりも、むしろ自然と和合して生きようとする、ひたむきな心である。……

日本人の芸術を貫いているのも、これと同じ性格である。日本人の建築家が家を建てる場合には、その家が周囲の環境と融合し、その環境にむかって開かれているようにさせようとする。また日本の造園家の目的は、自然を極微まで縮小して再現するところにある。手工業の職人は材質のおもしろさを外に出そうと心がけるし、料理人は食べ物の材料の味と外観を傷つけずに、そのまま保つことを心がける。

自然との調和を求めようとするひたむきな心こそ、日本芸術の主要な特色であって、それが素材にたいする芸術家の態度を決定する。……芸術家の役割は、なにか力で素材を自分の意図にしたがわせることではなくて、素材がみずから語りはじめる手助けをすること、この生命をもちはじめた素材の言葉を借りて、芸術家自身の感情を表出することである。……日本料理では、食べ物の新鮮さと同じく、この、季節に合わせるということが料理そのものよりはるかに大切とされる。……日本の家の特殊性は、そこに住む人間の天性が反映したものである。左右に動く壁は、自然と隔絶しないで自然と一体になろうとする心を反映している。白木や、障子紙や、藁のマットの生《き》のままの美しさ、それに、こうした材料の季節感（障子は毎年張り替え、畳は二年に一度表を替えることになっている）も、やはり自然への親近感を思わせる。（オフチンニコフ・六〇、六九、七三、一七三頁。同七八頁参照）

＊　「仲間主義」や「和」に関して言及しておくことが、二つある。まず一つは、それらと中根千枝氏の有名な『タテ社会の人間関係』の趣旨との関りについてである。「仲間主義」は「タテ社会」論と矛盾しないのか。また、後者は、先に引用した同氏の「単一性」「文化的共通性」の日本論と反対のように見えるがどうなのか。

しかし、こうした懸念は「タテ社会」論についての誤解に基づく。これについては、氏自身の大変わかり易い説明がある。

日本は場の共有が非常に重視される。「うちの会社」ってみんな言うでしょ。日本ではイエやムラなどの組織のあり方、意思決定の方法が全国的に共通しています。さらに、内容は異なっても田舎の寄り合いと大学の教授会が軌を一にしており、都会の企業や官庁も同様です。

場が大事な社会では、個々人の資格より集団参加の新旧が問題となる。それによってできる上下の順番のつながりを私はタテと呼ぶわけです。入社年次とか、会合で座る席順とか、上位の人を立てるとか。日常生活でもタテの序列を守る傾向が自然に人々の行動に現れる。一種の儀礼的なシステムで、社会生活に有効な機能を持つと同時に集団としての排他性も招きます。

このタテ関係は権力行使とは必ずしも相関していません。タテ社会を権力的という意味で受けとる人は、中身を読んでいないのかもしれません。実は、タテ社会は単行本のタイトルとして、編集者が考えたものです。本文では使っていません。タテ社会はちょっと「かどわかされる」言葉。(「朝日」一二・七・一〇)

御覧のように、「場の共有の重視」ということ、「タテ」が「権力的」ではなく「儀礼的」なものであること、また「組織のあり方」や「意思決定の方法」の日本的普遍性ということが、説かれているのである。

もう一つは、「仲間主義」と旧著『統合史観』における或る命題との関りについてである。私はそこで、現代の日本は(江戸時代以来の)「国民国家段階」の最終局面であるから、最大限の自由化の時期にあるということ、しかも、無類の「自然的統合」の故に、世界最高の自由を実現することができるということ——これらのことを主張した。しかし、この考えは「仲間主義」という据え方と矛盾しているのではあるまいか。自由は個人主義と一体であるが、個人と仲間(他人や集団)とは常に対立する可能性があるからである。そこで、この問題について一言コメントしておかねばならない。

なるほど、他人や集団を重視することは、個人の自由に対する制約となるように思われる。しかし第一に、「仲間主義」や「和」、他人や集団との調和・協力は、強制ではなく、完全に自由な意思に基づくものであるから、自由に何ら反するものではない。第二に、「統合史観」で言われている、歴史の各発展段階における自由化とは、自由の可能性の拡大ということであり、現実の自由の種類や内容は一様ではない。第三に、人間の社会生活にはさまざまの分野や次元があり、「仲間主義」はその中の或る部分について言われている。事実、現代の日本人が「仲間主義」的である一方で、非常に高度な基本的自由を享受していることは、明らかであろう。

なおまた、日本人におけるこうした、自然との和、自然との一体化の精神は、次のような現象からも看て取れる。

作品〔について「名画」とか「名品」という〕ばかりでなく、たとえば作者についても「名人」「名工」と呼び、また「名所」や「名山」のように、自然に関しても同様の言い方がなされる。人間の作ったものも自然の姿も、同じカテゴリーに属すると捉えられていると言ってよいだろう。(高階秀爾、「朝日」一一・九・一)

(二) 集団主義との区別

前項において、「仲間主義」という新しい言葉が登場した。おそらくあまり聞き慣れない言葉であると思われる。そこで、その概念についてもう少し精確に説明しておいたほうがよいであろう。そしてその際、それは、一般に普及している類似の言葉、「集団主義」と比較し区別すると、わかり易いと考えられる。日本文化論や日本人論と言えば、しばしば「集団主義」と言われるように、それは前者についての最も一般的な見方、殆ど通説ないし定説と言ってよい見方であるが（山岸俊男『心でっかちな日本人』一五－六頁、高野・i頁参照）、「仲間主義」はそれとどう違うのであろうか。「仲間主義」というのは、仲間も一つの集団または集団的な存在であるから、或る面では「集団主義」と同じである。どちらにあっても、他人の存在というものが判断や行動において大きな力をもっている。即ち、何らかの意味と程度において他人のことを考えて判断し行動するという点では同じである。しかし、非常にポピュラーな概念である「集団主義」に代えて「仲間主義」という言葉を採用したのには、やはり理由がある。

仲間という意識は何らか具体的な集団において自然的・感覚的に形成される。即ち、人々の内面的および外面的な特徴における基本的な同一性または類似性とか、生活基盤や生活スタイルの一定の共通性、それに接触や関りの高水準の頻度と深度など、要するに、或る程度濃密な人間関係から成る生活情況に基づき、互いの間に親近感や同類意識が自ずと生まれてくるのである。そしてそこでは、自己と他人、或いは個人と全体は、そのようにして親近性・同類性の感覚で結ばれているから、両者が各人の主観において明確に区別されてはいない。基本的に対立的なもの、もしくは対立の可能性を孕むものとして意識されておらず、そこには一体感がある。換言すれば、各人は純粋に個人的な存在ではない。一人一人孤立した存在、全く気心の知れない赤の他人同士ではないのである。

「仲間主義」とはむろん「仲間」の主義（考え方・思想傾向・行動様式）であるから、上述のような仲間の特性に立脚して形成される。特性とは、第一に、同一性・共通性等に基づく親近感や同類意識であり、従ってまた、第二に、主観的な一体感である。これらを基盤として、先に述べた仲間尊重・仲間重視、「和」の維持・強化という行動原理が形作られるのである。では、こうした「仲間主義」は「集団主義」とどう違うのであろうか。どういう関係にあるのであろうか。

それに答えるためには、一般的に使われている周知の「集団主義」についても、その概念を明確にしておく必要がある。それについては、例えば次のように定義されている（おそらく信頼するに足るであろう）。

集団主義とは、「人々が個人の利益よりも集団の利益を優先し、集団に属することで心理的な安寧を得る〝心の性質〟」として考えられています。（山岸・一六頁。同一七、三六頁参照）

「集団主義」というのは、ひとことで言えば、個人より集団を優先する傾向のことである。（高野・六頁。同四六頁参照）

そうであるならば、現下の問題に関して考察し、いくつか指摘することができる。

まず第一に、そのように個人に対する集団の優先を説く「集団主義」は、根本的に倫理または道徳に等しい。何故なら、後者の本質は抽象的な意味における「全体（他人）の幸福（利益）」に存するからである。個人または自己のではなく（それを犠牲にしてでも）、「全体」（何らかの全体または他人）の「幸福」（何らかの幸福または利益）を実現しようとすることが、或いはまた実現することが、倫理的な価値の究極的な根拠であり、従ってまた究極的な目的であるというのが、我々人間のもつ倫理そのものおよび倫理的価値そのものについての観念ないし意識だからである。（拙著『倫理学の統一理論』参照）そうすると、何らかの集団を対象とした、「集団主義」に関する社会心理学的な調査および実験がよく行われているが、それは実は倫理に関する調査・実験に等しいことになる。各国別に「集団主義」の度合・程度を調べるということは、それぞれの国民の倫理性のそれを調べることに他ならない。しかるに、倫理性の高低というものは、各国の国民一般のレベル、且つまた道理や理非の判断のレベルにおいては殆ど同一、或いはそれほど異なるものではないから、「集団主義」に関して、各国別の相違はあまりないはずである。従って、調査・実験の結果において、明白な差は出ないであろう。そしてもし出るとすれば、その度合はそれぞれの国の「自然的統合」の水準に反比例するということになるに違いない。というのは、社会調査や集団実験（そのためのアンケートやゲーム）の対象となるのは、人々の主観的な意識（判断）であるが、それは「自然的統合」の状態によって根本的に規定されているからである。つまり、「自然的統合」のレベルが低いほど、社会の成立ならびに国家の存立は人々の積極的な利害調整や倫理的努力にヨリ多く依存するから、それにより、一定水準以上の人々にあっては、タテマエとしての互助精神や倫理的義務意識が（実行を伴うかどうかは別にして）それだけ強くなりがちなのである。

このような心理的メカニズムが、例えば日本とアメリカの文化比較に関する調査・実験においても作用しているのであろう。或る調査・実験によれば、その結果は、日本よりアメリカのほうが「集団主義」的であるという意外な（衝撃的な！）ものであったが（山岸・二四－五、三〇、三五－四〇、一〇二、二二〇－一頁、高野・i、六一－四、九七頁。それ故両氏は、日本人・日本文化を「集団主義」と見る通説を、それぞれ「神話」〔山岸・一、五頁〕、「錯覚」〔高野〕と断じておられる。）、その原因はおそらくそういうところにあると考えられる。アメリカは、アメリカ社会そのものが（言わば）「互いに気心の知れない異邦人」の如き人間関係から成っているから、赤の他人に対する倫理意識（倫理行動とは限らない）は日本より強いのであろう。反対に日本は、国民同士が（誇張して言えば）一つの家族ないし親戚のようなものであり、安心感があるから、逆にお互い他人行儀でよそよそしいのである。ともあれ、アメリカ人やアメリカ社会のもつそうした一面を示す具体例を挙げておこう。

アメリカに住んでいると、時々、日本の大都会では一生出会えないような、善意の人と行き交う。コネティカット州の田舎道で車がオーバーヒート、立ち往生していたら、何台も車が止まって、「おーい、大丈夫か?」と声をかけてくれる。ポートランドで夕方、駐車しようとパーキングメーターにコインを入れかけたら、かなり遠くのほうから、「今日はいらないんだ。金を入れなくても止められるんだよー!」と叫んでくれた男性がいた。

よく言われることだが、アメリカ人というのは、基本的に、善意の人たちの集合体だと思う。(近藤康太郎『朝日新聞記者が書いたアメリカ人「アホ・マヌケ」論』一一四-五頁)

〔一六歳のとき、自転車で世界一周の旅に出て、アメリカ大陸横断を始めてまもなく、或るサイクリストに呼び止められ、彼の家でホチキス止めの数枚の紙を渡された。〕それは魔法大事典でした。自動車社会に迫害されるサイクリストの相互扶助組織の名簿、つまりホームステイの無料受け入れ先リストだったのです。僕は三カ月の大陸横断中、この名簿をフル活用して二〇軒に及ぶホスピタリティーホームを訪れ、延べ四〇泊を団らんの中で過ごすことができました。

ロッキー越えも砂漠の走行も過酷でしたが、覚悟していたことですから。なによりアメリカ合衆国の懐の深さ、底抜けの親切に打たれました。自転車をこいで一週間、五、六百キロごとに大きな街があり、名簿の家がある。テントで一週間がんばれば、温かなベッドと風呂と食事が待っている。洗濯もしてくれます。日本の小柄な少年は大事にされました。(平田オリザ、「日経」一〇・一二・一五)

〔厳しい競争と差別の〕一方で一生懸命やってる人間を応援してやろうという空気がある。(吉田潤喜〔前出〕、「朝日」一一・六・一二)

第二に、それに対して、「仲間主義」は必ずしも「全体(他人)の幸福(利益)」を目的としていない。先述したように、「仲間主義」は家族的人間関係に基づく主観的な一体感に依拠しており、自己と他人、個人と全体の区別が不明確である。従ってそこでは、主観的な意識(動機)のレベルにおいて「全体の幸福」がめざされているわけではない。そこにあっては、自己の幸福と全体または他人の幸福とはさまざまの程度において融合しているのである。なるほど「仲間主義」は、「全体の幸福」をめざす基本的傾向をもっている。しかし、それは主観的な目的としてではなく客観的な結果としてそうなのである。そうであるならば、そうした、「仲間主義」の客観的傾向は、人々の主観的意識内容を問う社会調査や集団実験によっては検出されにくいであろう。前述の、日本人とアメリカ人を対象とした調査・実験の予想外の結果の背後には、このような事情が存在していると考えられるのである。

第三に、「仲間主義」は日本人一般や日本社会全体について言われているのであるから、もし前者を調査や実験によって確かめようとするのであれば、その対象となる人々のグループは後者に対応するもの、即ち言わば平均的な日本人とか日本社会の縮図でなければならない。従って、例えば或る大学生のサークルや或る家族を対象として調査や実験が行われる場合には、特定のサークルや家族のメンバーは日本人の平均とか典型ではないし、またお互い全くの他人同士でもないから、その結果がそのまま日本人および日本社会に当てはまるとは限らないであろう。つまり、そうした調査・実験は必ずしも「科学的」ではないのである。

以上、「集団主義」と比較しながら、「仲間主義」の概念について説明してきた。両者には、共通点と相違点がある。共通点は、両者ともに個人主義的でない、（それどころか）それと対立するものだということである。即ち、自分のことだけでなく他人のことも考える、他人との調和、従って全体の利益を重視するという点では、同一である。しかし、その「全体」の性質や範囲が違う。それが相違点である。どう違うのか。「仲間主義」における「全体」とは、或る人がその態度および行動の決定に関して準拠する集団（「準拠集団」（reference group）井上・九七－八頁参照）であるが、「集団主義」の場合には、それに限らない。それ以外の集団も、従って全ての集団を含みうる。つまり、「集団主義」は二つに大別されるのであり、一つは何らか個別的・具体的な或る一つの集団に関るもの、もう一つは抽象的な集団一般である。そして前者については、それが当人の「準拠集団」である場合には、事実上「仲間主義」と合致するのである。*

＊　このように、「集団主義」の意味は広いが、また曖昧でもある。先にその定義（の例）を紹介したが、それは必ずしも一般的ではない。その語は論者によっていろいろな意味やイメージで使われているのである。従ってまた、前近代性・後進性の現れとして批判の標的ともなってきた（例えば、「日本人の悪名高い（？）集団主義」（作田啓一『〈一語の辞典〉個人』一五頁）、駒井洋『日本的社会知の死と再生』一〇四頁（平沢照雄）参照）。

(三)「仲間」の構造

前項において、「仲間主義」と「集団主義」の区別について論じたが、単なる集団から「仲間」という集団を分かつもの、それは「準拠集団」という性質であった。「仲間主義」とは、「準拠集団」をベースとし、それが非常に高度な「自然的統合」の媒介を通して強化・拡大されることにより形成される行動原理なのである。それでは、その「準拠集団」とは具体的に如何なるものであろうか。どのような集団が日本人の態度・行動を規定してきたのであろうか。

直ちに思いつくのは、いわゆる「世間」であろう。日本においては「世間」の観念、従ってまた「世間体」（世間に対する体面）の意識が人々に強い作用を及ぼしてきたことは、よく言われていることであり、既に常識の部類に属する。そして確かに、「世間」および「世間体」は人々の間の心理的結合に基づいており、「仲間主義」の産物であろう。

わが国の人びとは、おおむね、「世間」に準拠して、はずかしくない行動をすることを、社会的規範の基本においてきた。〈世間の目〉から自分をはじるという独特の社会心理を、わが国の人びとの多くは、個人の内面につちかってきた。「世間体」は、いわば、私たち日本人の行動原理の基本であった（もっとも、日本人にのみ特有の行動原理であったと、断ずるつもりはない）。いまでもそうであろう。（井上・四頁。同五－六、二二－三、九八－九、二三五頁参照）

日本では、「世間の目」が人間の行動を監視していた。「世間様」などという表現もあった。世間様に笑われるようなことをしては、生きていけない。（河合『日本文化のゆくえ』一〇頁。同一〇四頁参照）

もちろん、日本人の「準拠集団」は「世間」だけではない。「世間」は「世間体」、即ち恥や名誉の感情を生んで動機たらしめるが、「仲間主義」の動機となる感情はそれだけではないからである。より直接的な、例えば愛情や同情などの感情も大きな力を発揮している。或いはまた、強い所属意識に基づく一体感がメンバーの利益を追求せしめることも、少なくない。では、こうした感情と動機はどのような「準拠集団」において生起するのであろうか。それは、井上忠司氏によれば、家族や親族を指す「身内」とか、職場や仲間を指す「仲間内」である（『世間体の構造』一〇二－三頁）。そして、それらが「世間」とどういう位置関係にあるのか、ということはつまり、日本人の「準拠集団」の構造、更にはそれを含む社会全体の構造はどうなっているのかと言えば、同じく井上氏によると、全体的に同心円を形作っている。即ち、同心円状に内側から「身内」や「仲間内」、次に「世間」、一番外側に「他人」や「よその人」という順序に並んでいるのである（同一二四－五頁）。

いまかりに、遠慮がはたらく人間関係を中間帯とすると、そのウチがわには、遠慮がないミウチの世界があり、そのソトがわには、遠慮をはたらかす必要のないタニンの世界が位置することになる。いちばんウチがわの世界と、いちばんソトがわの世界は、無遠慮であるという点で共通している。すなわち、ミウチの世界は、あまえていてへだてがないので無遠慮であり、タニンの世界は、へだてはあっても、それを意識する必要がないので無遠慮なのである。はやい話が、ミウチのあいだでは、「ミウチの恥にふた」をすることができ、タニンの前では「旅の恥はかきすて」でもよいのであって、ともに「世間体」をつくろう必要はないわけである。*（井上・一二四頁）

ウチの集団〔「内集団」（inner - group）〕とソトの集団〔「外集団」（outer - group）〕との関係は、……同心円的に重層化した構造をなしている。ウチにたいしてソトであった集団が、じつは、さらにソトの集団にたいしてはウチの集団となる。このような構造は、その論理的帰結として、かならずや、これ以下は〈ウチ〉としかいいえないような小さな集団の単位と、これ以上は〈ソト〉としかいいえないような大きな集団の単位がのこるはずであろう。前者の観念の総称が「ミウチ」ないしは「ナカマウチ」であり、後者の観念の総称は、おそらく「タニン」ないしは「ヨソのヒト」である。そして、その中間帯の世界こそが、……「セケン」（せまいセケンとひろいセケン）にほかならない……。（井上・一二五頁。同一〇〇頁参照）

＊　因に、このうち、「タニン」又は「ヨソのヒト」の世界における「無遠慮」ということについて、ドナルド・キーン氏による同様の指摘がある。

大部分の日本人にとって、他人は存在しないに等しい。他人の足を踏みつけても、「失礼」という必要はなく、何かが起こったことを認める身振りをする必要さえない。……西洋では、ふつう家族や友人よりも他人を気にする。自分の家ならなりふりかまわず、がつがつ食べてもいいが、レストランでは許されない。……日本の習慣は正反対である。他人の前ならば、何をしてもかまわない。レストランではスープに舌鼓を打って大きな音を立ててもよいが、家では、謹厳な両親に敬意を表して静かに食べる。（キーン・一〇二－三頁。山本七平『「空気」の研究』一二－三頁参照）

なお、ここでは「ミウチ」が「遠慮」の領域と捉えられているようだが、キーン氏は親子関係という「ミウチ」の一側面の、しかもその一つの特殊なタイプに注目しておられると思われる。

社会および「準拠集団」のこうした構造については、一つ註釈を加えておく必要があろう。というのは、そこで言われた「ナカマウチ」と、私の言う「仲間主義」の「仲間」との関りの問題、またそれとの関係で、もし両者が同じだとすると、「仲間主義」から「世間」が除外され、妥当性の範囲が非常に狭いものになってしまうという問題があるからである。そこで、確認しておくが――第一に、「仲間」には、仲間としての結びつき又は仲間意識の強弱があり、当然に、位置のより近いものほどより強く、より遠いものほどより弱い。つまり、中心からだんだん弱まりながら放射状に広がっている。第二に、それは基本的に「世間」も含むが、むろん「ミウチ」や「ナカマウチ」よりは弱い。第三に、それはまた、日本は「自然的統合」が非常に高水準であるから、外国との比較においては「タニン」も含む。以上のように、「仲間」というのは、大変フレキシブルな概念なのである。なお、井上氏も、ウチ（「内集団」）

とソト（「外集団」）の区別は相対的・情況的であるから、「世間」の具体的な範囲は不確定であるとされている。

どこから「世間」と呼び、どこまでを「世間」と呼ぶか。そのテリトリーを規定するものは、客観的に存在するところの規準ではない。あくまでも主観的な規準であり、状況に応じて伸縮自在、かつダイナミックな概念なのである。（井上・二六六頁）

㈣「仲間主義」の例証

第一項「総説」において、日本社会はその（最）高水準の「自然的統合」に基づいて伝統的に擬似家族的な性格をもっているとされ、従って、その本質は「和」を根本原理とする「仲間主義」にあると規定された。* 我々日本人は社会を無意識的にこのようなものとみなし、それを自然かつ当然のこととして日々暮らしているのである。しかし、こうした「仲間主義」の説明はまだ十分ではない。それは「自然的統合」から理論的に導出されただけで、まだその妥当性はそれ自体として検証されていない。そこで本項では、具体的な事例を分析することにより、「仲間主義」の基礎づけをめざす。即ち、前節第三項において「自然的統合」に関して行ったのと同様の「例証」である。ここでも、いくつかの事実が同じ仕方でアト・ランダムに指摘されるであろう。

＊　齋藤孝氏は「和」ないし「仲間主義」と同様の捉え方をされながら、その原因あるいは基礎に関しては、「統合主義」とは別の見方をしておられる。それは次のような大変面白い推理（「勝手な仮説」（齋藤・七一頁））である。

人類発祥の地はアフリカであり、そこから世界各地に散らばった。それは争いの結果であり（即ち、「気の弱い」者や敗れた者が出て行く）、移動したのは、「押しの弱い」人々（人種・民族）である。従って、アフリカから遠く離れた土地に暮らす（連戦連敗の）人々ほど弱い人間だということになり、極東の日本人は最も弱い部類に属する。彼らは如何にして生き延びるのか。（個として）弱い人間は精一杯努力し、また集団の力に頼らざるをえない。そこから、日本人の勤勉・忍耐力・団結力・協調性といった性格が形成されたのである。そして、日本人が肉体的・精神的に弱いことは、遺伝子レベルで種々の証明がなされている。（同三、七〇－八七、

九五－七、一五二頁）

このような奇抜な着想について、本書では多少とも本格的に検討する余裕がないので、差し当たり思い浮かんだいくつかの疑問点を提出するに止める。第一に、自然環境という点で、アフリカおよび西アジアより地中海北岸や南アジアのほうが良好であり、弱くて移動した（弱いために移動させせられた）とは言えないのではないか。第二に、中央アジアのゲルマン諸部族やモンゴル人、東アジアの諸民族は世界で最も「押しが強く」エネルギッシュではないか。第三に、「日本人の祖先」のグループがアフリカにおいて、或いは先史時代の初期段階において、既に形成され、それが一つにまとまって「〔極東までという〕長い距離を……移動してきた」（同七二－三頁）というようなことが、起こりうるのか。

ともあれ、遺伝的・先天的な要因によって文化の違いが生まれるとは、私は思わない。文化の基盤となるのは外的環境、即ち自然的および社会的なそれであり、特に後者であろう。

第一は、日本人同士の抗争や敵対、戦争や革命に関る諸々の事実である。

（A）日本人は基本的に仲間同士であるから、その争いや戦いも根本的な対立に根ざすものではなく、部分的・偶発的・一時的なことが多い。従って、しばしば「昨日の敵は今日の友」であり、済んだことは「水に流す」のである。

歴史の古い「将棋類」には世界各国のバリエーションがあるが、取った駒を殺さず、再使用するのは日本の将棋だけである。……〔また、外国の「将棋類」と違って〕将棋では「詰み」と呼び、決して「王が死んだ」とは表現しない。（東公平、「朝日」〇六・一〇・一二）

明治維新においては、内乱の戦死者は出たが、徳川慶喜とその閣僚のためにギロチンは用意されなかった。……幕臣勝海舟、五稜郭反乱の首領榎本武揚、大鳥圭介、その他は明治新政府の大臣になっている。……叛臣陸奥宗光は出獄の後は再び大臣の椅子についた。

戦前の日本共産党員の大量転向（これは世界の革命運動史に類例がない。革命党員に対する即決の死刑と流刑の国には大量転向なるものはあり得ない）の裏に、被告と検察官とのあいだにふしぎな相互理解と友情の発生があった……。政治犯、すなわち反逆者や革命家を「階級的仇敵」として徹底的に憎悪し迫害する習慣が日本の「支配階級」には微弱であること——むしろ聖者の中の放蕩息子としてその帰宅を歓迎する風習が強い*……（林房雄『大東亜戦争肯定論』一五九－六〇頁。渡部昇一他『日本通』一七五－六頁（渡辺利夫）参照）

＊　とりわけ、徳川慶喜の処遇は、旧幕勢力への懐柔策という側面があったにせよ、象徴的である。彼は最大の敵、打倒すべき旧体制の頭目であったにもかかわらず、明治以降、まことに幸せな隠居生活を送り、天寿を全うしたのである。そして何と、生前に爵位すら与えられた！　彼の超多彩な趣味三昧の日々は、よく知られているところである。

ところで、こうした政治的「仲間主義」の伝統は、現代の政治においても、例えば無原則な合従連衡として現れている。保守も革新も、右も左も、日本ではみんなお仲間なのである。

長年犬猿の仲だった自民党と社会党が連立政権を組んだときは、米国の知日派一同、あっけにとられた。自民党の亀井静香氏が、太平洋戦争に関して正反対の史観を持つ村山首相の政権に喜んで入る。一方、日米安保、小選挙区制、消費税といった自民党の重要政策にことごとく反対していた社会党が、十分討議もせず賛成に回ったりする。……選挙中、公明党を激しく攻撃していた自民党が、自公保連立を決めたとたん、密接な選挙協力をするようになる。まさに「あいた口　ふさがらぬうちに　また開き」（朝日川柳）だが、この先どのような合従連衡が行われるか、だれにもまったく見当がつかない。理論でなく、数合わせで動くからだ。……

キッシンジャー元米国務長官が「日本は哲学的確信なしに動く国だ」ときめつけたのは、よく知られた話だが、日本の政治家は、彼の説の正しさを、みんなで裏書きしている感じである。（松山・八八－九、一三八－九頁）

（B）政治抗争・政治闘争のこうした微温性・不徹底性という現象は、日本における特殊な「敵」観念と対応している。即ち、敵も「仲間」であるが故に、完全な敵、不倶戴天の敵たりえないのである。（齋藤孝・一一一頁参照）

日本の社会を動かす原理は、人と人の情なんですよ。……情が基本だから「敵」という概念も薄い。月光仮面の敵は、ドクロ仮面。「敵」はあくまでも異形、異世界の者なんです。キリスト教の「汝の敵を愛せ」の「敵」には、そうしたニュアンスがありません。平家の物語や源義経みたいに負けた方が人気があって、勝った方の評判が悪かったりする。敵役を敵として描かない。映画の中のやくざも義侠心みたいなのがあって、完全な悪とはしませんね。

罵倒語もどこか、優しい。英語の「ファックユー」といった汚い言葉って日本語には少ない。ドテカボチャ、ボケナス、豆腐の角に頭ぶつけて死んじまえ。罵倒しているのにユーモアがあるでしょう。（金田一秀穂、「朝日」一一・二・一七）

古武器の「形」をつうじて、インドと日本との民族観の相違を痛感したのである。……〔日本の刀は〕凄みはあるが、そこから毒々しい恐怖感や残忍性といったものは湧きあがってこない。槍もまたそうだ。大抵は一本刃で、先がみつまたになったものは稀である。……いっぽうインドの武器はなぜ、残忍で恐怖を呼び起こす形をしたものが多いのだろうか。……日本の武器とくらべると、皮膚を切り裂き、臓物を抉り出し、骨まで砕こうという憎悪がそこに満ちている。敵に対する憎しみの度合いが、明らかに異なっているのだ。

その違いは、こういうところからきているのではないだろうか。インドは、古くから多民族多宗教の国であった。戦にはつねに敵に対する強い「異物」感がつきまとった。戦に敗れることは自らの文化を失うことであり、種族全体が辱められること、あるいは種族の殲滅を意味した。そのような戦いのなかでは、優美な武器より残忍な武器がふさわしかった。いっぽう日本は、古くからきわめて単一民族、単一宗教的国家であった。戦いの相手は同じ価値観をもった、いわば同胞同士であり、そこでは後味の悪くない、残忍性の少ない、優美な武器が求められた。（シャルマ・三二八‐九頁）

（C）

古代の教団的な国民の結合は、家のアナロギーによって解せられ得るような特殊性を持っているのである。それは激情的ではあってもしめやかな結合を含むのであり、戦闘的ではあっても恬淡に融合するのである。このような特性は、たとい烈しい奮闘の中に対立していてもなお敵手を同胞として感ずるというごとき、きわめて人道的な人間の態度を可能にする。敵を徹底的に憎むということは日本的ではなかった。（和辻哲郎『風土』一五一頁）

日本人の敵観念は、このように特異なものであるが、その最も劇的な現れ、またはその一つと言えるのは、戦後のアメリカおよびアメリカ人に対する態度であろう。「仲間主義」的敵観念は国内における仲間同士の枠を越えて、何と外国（人）にまで拡大適用されたのである。

それまであれほど激しく戦った相手であったにもかかわらず、それにより、夥しい死傷者を出し、甚大な破壊を被ったにもかかわらず、そしてまた、反米英の愛国主義教育の徹底にもかかわらず……日本人は「アメリカ」を受容した。それどころか、好意的に対応し、自ら積極的に歓迎すらした。それは、マッカーサーを始めとする進駐軍に対する眼差しに現れているし、とりわけ空襲や原爆投下を怨まないという信じ難い事実が*（デュラン・れい子『一度も植民地になったことがない日本』八三頁参照）、雄弁に物語っている。むろん、そうした反応はいろいろな要因、例えば、アメリカによる自由開放や民主化の実現、改革者および援助者としてのアメリカ、旧体制や戦前を否定する教育・宣伝といった諸要因も、大いに作用しているであろう。しかし、外国支配という最も反発・抵抗の強い、従って最も困難な大事業が極めてスムースに行われえたことは、それらだけでは到底説明できまい。その根底には、日本人の敵観念、更には「仲間主義」が存在していたのである。

＊　そうしたことを象徴的に表す驚くべき「事件」が起きた。二〇〇七年、原爆資料館を運営する広島平和文化センターの理事長にアメリカ人が就任したのである。しかも、これに対して日本社会は何の反応も示さなかった。この事実がまたスゴイではないか。

（D）日本における「敵」は絶対的なそれでないばかりではない。それどころか、マイナスの価値でないことすらある。つまり、逆にプラスの評価対象に転化してしまうのである。と言うのも、日本人の国民的ヒーロー（の中心）は伝統的に勝者よりも敗者であったという事実が存在しているからである。例えば、源頼朝ではなく義経であり、徳川家康ではなく豊臣秀吉（彼自身が敗者ではないが）であり、また大久保利通ではなく西郷隆盛である（亀井俊介『アメリカ文化と日本』七五頁参照）。日本人は*（仲間だから）勝利、従って勝ち敗けに大した評価を認めず、それよりも敗北に共感し、敗者を慰撫しようとするのである。

長年争いを避けてきた日本人には、必要以上に敗者を気遣う習慣が染みついています。なぜなら、日本人は自分が弱いので、ついつい敗者に感情移入しがちだからです。これが、勝者を称えるより敗者を気遣うという、日本の一風変わった文化を生み出しているのです。そのため、日本の武道でも、勝負が決まったら、勝者はそれ以上はことを荒立てないように、静かにその場を立ち去らなければならないのです。こうした日本ならではの礼儀は、勝者が強ければ強いほど、高いレベルのものが要求されます。

日本には「判官贔屓」という言葉があるように、常に弱者のほうが好まれます。日本人はいつだって弱い者の味方なのです。（齋藤・四七‐八頁。河合『中空構造日本の深層』四六頁参照）

＊（詳しくは後述するが）アメリカでは、と言うより一般に外国ではと言ったほうがよいだろうが、この点においても対極的である。

アメリカのヒーローは、目的を果たして勝を収める人、勝利者でなければなりません。……負けた人をヒーローにするということはほとんどない。ほとんどというか、まずないといっていいと思います。それが見事に現れているのはスポーツですね。アメリカのスポーツの専門家と話しておりますと、その点で、日本なんかとは比較にならないようです。日本では、負けた選手にむしろその人柄や涙ぐましい努力の美を見出し、讃美したりすることがあります。アメリカでは、負けたらもう駄目なのだ、ということをその人はいっていました。（亀井・七四‐五頁）

（E）　上述した、日本人の敵愾心の薄弱さ、一時性、そしてまた「判官びいき」という性向と軌を一にするもの、或いは同じ基盤に立つものに、弱さや弱者を評価する美意識ないし美的観念がある。それが「和」の社会においてのみ成り立つこと、逆に言えば、それは、分裂状態・対立情況においては強さが求められるが故に存立しえないということは、明白であろう。

弱者天国というのが日本にはあるのですが、……弱者に倫理の正当性というものを与えて行くという考え方は、日本人に非常に合うようですね。したがって日本人の美というものに強さがない。……美しいというものは、なよなよしたもの、あるいは弱いもの、もろいものである、そういう意識がある、もののあわれもそうかもしれないけれども、そういうものの中に美を見出していて強さの中に美は見出さない民族だと思うのですよ。（『福田恆存対談・座談集』第三巻、

一二四頁〔福田〕）

美意識は当然、文学や芸術に反映される。弱さの美意識の一つの主要な側面に、敵同士の和解（まさに「和」）ということがあるが、それは確かに日本の文学・芸術の大きな基調となっているのである。例えば、歌舞伎の「勧進帳」に見るような、「敵が敵を理解する、富樫が弁慶の忠誠と武勇を理解することに感動する、という美意識」（同第四巻、一二一頁〔福田〕）である。

福田　……考えてみれば、歌舞伎の悲劇というのは、常に和解の手打式ですね。たとえば、「熊谷陣屋」でも、最後は世を捨てるという形――これは敵の大将をだますわけでしょう。そしてそれを敵の大将が理解する。それで自分は世を捨て、侍を捨てる。男性的な侍を捨てるという形でも、俗塵との妥協、和解の儀式がある。歌舞伎では、英雄芝居とか、荒事とかいわれている男性的な芝居も和解の儀式がある。ところが西欧の芝居には和解はない。救いはない。シェイクスピアでもアラモの砦でもそうですけれども、男同士の戦いで、敗れて死に放し、何の救いもない。

こうしたことからみて、私、アニミズム（精霊信仰）というのは少し極言ですが、やはり日本人の美の観念は、お互いにわかり合うところ、あるいは非常にやさしいやわらいだものに美を見るという観念、美意識がずっと続いているのではないかと思う。決してシェイクスピアの、ある一つの力と他の力とがぶつかり合って戦うというところに美を見るという意識は日本にはないのではないでしょうか。そうした美の観念はいまも残っているのではないかと――。

キーン　ええ、残っています。日本の近代小説の中で一番それを感じさせるのは、おそらく志賀直哉の「和解」でしょう。（同右）

（F）　日本人は同じ「仲間」として争いを避け、平和を優先しようとするが、それは（先に、戦後やってきたアメリカ人のことに触れたが）外国人にも及ぶ。外国人との間でも、できるだけ事を構えないようにするのである。その結果、日本は異民族や異文化が共存し易い、従って、生存し又は保存され易いという特質をもつことになった。このことは、例えば、衣食住の*

比類なきバラエティーを思い浮かべれば明白な如く、いろいろな客観的事実を指摘することができる。

社会ダーウィニズムは全世界を覆い、自然界も覆っている原則かもしれないが、日本では弱肉強食の原理に反することがまかり通るのだ。弱者こそが生き残る、奇妙なものこそが生き残るという風変わりな原則が通用する。本来ならば淘汰されるべきものが保存されてしまうのが日本なのだ。かつて、岡倉天心が唱えたのは「博物館としての日本」という概念だった。……

人類学の知見によると、日本人のDNAは、他国に例を見ないぐらい多様性に富んでいるそうだ。……日本人のDNA多様性は、やはり、大陸から逃れてきた人々との共存、共生の証である。……文化的、言語的多様性を大いに認めつつ、価値観の違う者同士、DNAの違う者同士が仲よく暮らしてきたのが日本列島の特性である。（島田雅彦『徒然草 in USA』一五八、一八七－八頁）

＊　これに対して、近代の日本帝国主義を想起して、アジア諸民族に対する支配や差別を問う向きもあろう。それについてはさし当たり、社会的なレベルと文化的なレベルとは異なるということと、諸外国との比較の必要性ということを、指摘しておきたい。

第二の項目は、「気配り」とか「思いやり」とか「心づかい」といったことである。[*] 仲間意識や仲間同士の間の「和」の精神は、そのような心理傾向を必然的に生み出すであろう。それらは明らかに日本人に顕著な特徴なのである。[**]（デュラン・四〇頁参照）

こうすれば（言えば）先方はどう感じるか、先方の気持ちや立場はどうなるか――この意識が念頭から離れない日本人は、先方の受け取り方や立場から逆算して自己の言動を選択します。この〈他律型〉対人意識が日本の民族性の一大特色です。（芳賀・六九頁）

日本人の良さは……。互いを思いやる気持ちもすごく強い。米国でいろいろな国の人と接し、それを強く感じるようになった。（山中伸弥、「日経」一〇・一二・二九）

「相手を思いやる気持ちを持つの」は「日本人の素晴らしい特質だ。」（ジョン・カーワン〔ラグビー日本代表ヘッドコーチ〕、「日経」一一・九・一六）

日本人の「思いやり」の精神は世界のどこへ行っても評価されます。財布を落としても出てくるのは日本だけ。面識のない人のことを「困ってない?」と我がことのように心配できるのは日本人の特質であり強みです。中国人は身内以外にサービスしないし、西欧人はサービスしたらチップを要求する。（筒井修〔和僑総会会長〕、「朝日」一四・二・一）

＊　その他、「気がきく」「気働き」「気兼ね」「気遣い」「気の毒」「心配り」「心入れ」「心馳せ」など（芳賀・六七-九頁参照）、同義・類義の言葉がやたら多い。言葉の多さはその意味内容の重要性を反映している（例えば、日本における「雨」とか欧米における「牛肉」の語が多いように）。

＊＊　因に、和辻哲郎はこれらを日本人の道徳意識の特質と認めるとともに、その原因を、日本人の社会生活の単位が町ではなく家族にあるという点に求めた。

夫婦、親子、兄弟、――そこでは義務の意識よりも愛情が先立つ。……共同が「個人」を待って初めてその意義を発揮し得るとすれば、個人が喜んでおのれを没却するこの小さい世界においては共同そのものが発達し得なかったのは当然であろう。そこで人々はおのが権利を主張し始めなかったとともに、また公共生活における義務の自覚にも達しなかった。そうしてこの小さい世界にふさわしい「思いやり」、「控えめ」、「いたわり」、というごとき繊細な心情を発達させた。（和辻・一六五頁）

そうした日本的「気配り」の一つの典型、或いはその細やかさ（デリカシー）の極致と言える具体的な例を、次に示しておこう。

佐藤氏が翻訳してくれた彼女の言葉〔「真似だけさせてください」〕に、私は感動した。私はあなたの心をたしかに受けたという気持ちを伝えながらも、辞退しているのである。この言葉は古くからあったといい、勧めた方もこの言葉に喜び、座が白けないそうである。彼女はコップをテーブルに置き、まったく飲まないまま食事を終えた。私に言わせればビールは無駄になり、グラスも汚されたわけだ。（シャルマ・一二三一頁）

このような「気配り」などの、他人のことを思いやる心はまた、「謙虚」「謙遜」「慎み」「控えめ」「遠慮」「譲り合い」「礼儀正しさ」などとなって現れる。もしくは、前者は後者を派生させる。そしてその後者の点においても、確かに日本人は極立っているのである。（日向ノエミア『悪いけど、日本人じゃないの』一四八－九頁参照）

サモーサーは人数分よりちょっと多めにきた。……〔この〕インド料理……は、皆が気に入った。「こんな美味しいものがあるなんて」と言いつつ、何人かが二個目を食べた。残り少なくなるにしたがって、雰囲気が妙になってきた。互いに勧め合い、譲り合うだけで、最後の一つには誰も手を出さないのである。そのとき、この雰囲気を知らないボーイがやって来て、もつれた糸を一刀両断するようにサモーサーの皿を下げてしまった。

譲り合い。遠慮。留保。謙遜。慇懃。これらのものは、日本人にとって美徳である。（シャルマ・一三二－三頁）

建て前、遠慮、慎み深さは、日本の真にすぐれた特質のひとつであり、人間のぶつかり合いに慣れている欧米では見られない、気前よさと穏やかさが社会に醸し出されている。（アレックス・カー『犬と鬼』一〇六頁）

イギリスとくらべると日本では人々が総じてマナーがよいことに感銘を受けるのは、決してぼくひとりではないだろう。……これこそが東京の最大の魅力だろう。この街に住む人々だ。ふだん他人からこれほど親切に礼儀正しく接してもらえる都市をぼくは知らない。（コリン・ジョイス『「ニッポン社会」入門』七一、一二〇頁）

日本人が世界的に「礼儀正しい国民」と折り紙をつけられていることを私たちは誇りに思うべきです。日本留学から帰って

きた教え子が口を揃えて言う日本人の「笑顔と優しさと腰の低さ」。（金谷武洋『日本語は敬語があって主語がない』三八頁）

日本語には謙虚さを表す言葉が数えきれないほどたくさんあり、またそれが使われる頻度も、たとえばヨーロッパの諸言語よりもかなり高い。「自慢じゃないですけど」、「微力を尽くして」、「不勉強で申し訳ないですけど」、「つまらない物ですが」、などなど。日本では受賞スピーチなどを「わたくしのような者が、皆様の前で」といったフレーズで、いわば自分が受賞することへの言い訳から始めるのは、一般的なことです。（パルバース・二一八頁。選書メチエ編集部『ニッポンは面白いか』一一六頁〔武本ティモシー〕、芳賀・二二六–七頁参照）

このような態度・言動がエスカレートすると、悪いことをしているわけではないのに謝るという儀礼が生まれる。

普段から言いたいことも言えず、何かと謝ってばかりいる日本人は、ビジネスの場でも謝りまくります。たとえば、日本のビジネスメールを思い出してください。そこには時候の挨拶とともに、「お忙しいところ大変申し訳ありませんが」、「お手数をおかけしてすみませんが」、「心苦しいかぎりですが」、「恐縮に存じますが」などなど、必ずといっていいほど謝罪の言葉がついてきます。（齋藤孝・二二一–二頁）

更にまた、「気配り」などの心が生み出す最低限の、ということは中核的・絶対的な準則は、他人に迷惑をかけないということである。価値の賦与より反価値の抑止のほうが優先されるからである。事実、日本では、その準則が特に強調されている。

日本人は、緊急事態のときも、ふつうの生活を送っていても、自分が他人に迷惑をかけていないだろうかと常に心配し、他人に迷惑をかけないように、ものすごく気を遣っています。（パルバース・二一一頁。同二七七頁参照）

〔対談相手のジャレド・ダイアモンドによれば〕日本のように「他人に迷惑をかけてはいけません」などといった規範で子育てしている社会は他に例がないという。（福岡伸一、「朝日」一三・三・五）

このように、「気配り」という現象が広汎に認められるが、その更に具体的な発現形態としてどのようなものが見出されるであろうか。

（A）　かの有名な「ジャパニーズ・スマイル」なるものがある。それは、声をたて歯を見せる普通のワライではなく、無声で顔面がかすかに緩むホホエミである。そうであるのは、その原因が自分自身の側の面白さや可笑しさの感情にではなく、相手側の推定された何らかの感情にあるからである。即ち、その笑顔は、相手に対する、感情移入または共感に基づく配慮に起因するのであり、本来、自然発生的なものではなく人為的なものである。従って、それは「気配り」の典型的な一形態なのである。（多田道太郎『しぐさの日本文化』九四‐七頁、井上・一九七‐二〇三頁、齋藤孝・一二〇‐四頁参照）

たとえば、人が大きな声を立てて笑うような席には、きまって、静かにホホエンデいる者がワラウ人の数よりも多く同席しているのが、つねであった。柳田〔国男〕氏によれば、このばあいの「エガオ」は、笑いの対象にたいしてではなくて、むしろ笑う人にむかっての〈一種の会釈〉だったのである。こんなことにワライこけるのは、はしたないと内心で思っていても、自分ばかりがつんとしていては、まわりの人たちにたいして反感を表示したことになるからである。

この「エガオ」は、人につられて笑うといったたちの〈付和雷同〉ではない、と柳田氏はいった。しかし、これはむしろ、わが国の人びとが、他者の期待への同調をほとんど自発的とみえるくらいに、ごく自然におこなってきたことのあらわれである、というべきであろう。（井上・一九八頁）

あまり親しくない日本人と話していると、相手は楽しんでいても、悲しんでいても、苦しんでいても、怖がっていても、どれも微妙に穏やかな笑顔をしているので、こちらはどんな顔で会話をしたらいいのか、さっぱりわからなくなってしまう。（オーストラリア人留学生、「朝日」一三・四・一〇）

（B）　「ジャパニーズ・スマイル」は時にエスカレートし極端化することがある。その場合には、その「気配り」としての性格がいっそう鮮明になる。

日本人が微笑しながら「わたしの妻が重病でして」という場合、それは別に東洋人の心の謎などというものではない。かれは単に、自分の個人的な悲しみで、まわりの人を騒がせてはならないということを強調したいだけなのだ。（オフチンニコフ・一六七頁。井上・一九三‐六頁参照）

欧米人などが不思議がる顔デ笑ッテ心デ泣イテという屈折した行動様式は、自分の心配事で他人までもさわがせてはいけないという心づかいに由来するものです。（芳賀・六八頁）

（C）「気配り」の精神は「サービス文化」を生み出す。世界に冠たる日本の高度な商業サービス（「おもてなし〔の心〕」「お客様は神様」）は、誰もが認め、賞賛しているところである。ということはまた、逆に言えば、外国のサービスは、日本の基準からすると劣悪だということでもある（デュラン・一三八‐九、一四二‐五頁参照）。

つい先日、私たち家族は今年一月に来日してから初めて米国の我が家に帰省した。ある場所を一定期間離れていてまた戻ると新しい発見があった。世界の他ではみられない日本独自の強みであるサービスの質の高さだ。……高いサービスを経営理念に掲げる世界的なホテルチェーンがあるが、日本は国自体が高いサービスを掲げていると言える。世界のどんな場所でもこんな質の高い一貫した対応を受けた経験はない。（ジェシー・シン〔住友スリーエム社長〕、「日経」〇八・九・一六）

帰国の度に思うのは、日本でのサービスの細やかさである。たとえば日本で小袋を開けるとき、小さな切り込みが入っていて開けやすい。イギリスではうまく開けられなかったり、刃物を探さなければならなかったりする。レストランや店舗でのサービスも日本的である。袋の切り込み同様、顧客の一歩先を行く心配りが施されている。愛想のない客あしらいや、客さばきが悪くて長蛇の列ができてしまうイギリスでの経験を思うと、日本的な気配りは心地よい。チップの制度がなくても心配りのきいた対応を受けられるところに、対価を期待しない日本的サービスの特徴がある。*（苅谷剛彦、「朝日」一〇・九・三〇）

五つ星のホテルやレストランなみのサービスを、日本ではどこでも受けられる。（ダンテ・カーヴァー〔タレント〕、「朝日」一一・一〇・二二）

日本人の暮らしのなかで、最もうらやむべき側面の一つであり、世界中の国からもっと理解され、真似されるべきだと思うこと……それは、日本人の「サービス精神」のことです。日本のサービスが世界で最高であると言ったのは、なにもぼくが初めてではありません。……日本の礼節とサービスの文化は、間違いなく、この国の国宝の一つです。（パルバース・二二五頁）

＊　第二部に属する議論だが、アメリカでは、レストラン、ホテル、タクシー、その他何処でも、サービスというものがチップに依拠して成り立っている。それは基本的に実利的商行為の類であり、自ずからなる「気配り」の要素は少ない。逆に言えば、チップという動機づけがなければ、サービスは期待できないということなのである。

（D）　言語とは概念、従って、観念および思考の構成要素であり、文化（精神活動の型および産物）の一部である。本書で使用している意味での文化も当然言語と密接な関係にある、と言うより一体のものであり、後者は前者を色濃く反映している。それ故、「気配り」の精神も同様であり、それは日本語の中にいろいろな形で現れているのである。以下、いくつか例示しておこう。

a　敬語は日本語の大きな特徴の一つである（芳賀・二五九頁参照）。それは更に尊敬語・謙譲語・丁寧語に分類されるが、それらがさまざまの人間関係に適合しようとするもの、そのための細やかな配慮、即ち「気配り」であることは、明らかであろう。（佐々木瑞枝『日本語を「外」から見る』五九頁参照）

日本語で敬語が体系として文法化され発達している理由は、日本人の伝統的価値観である人間関係の大切さ、相手への思いやりが明瞭に敬語で表現できるからです。その意味では、日本語らしさを象徴する最大の文法的手段と言えるかもしれません。（金谷・五頁）

＊　この「思いやり」は次のように言い換えられている。「思いやり、気配り、そして共感、共鳴、共生、共視の姿勢」（同三八頁）。また、「思いやり、共存・共視・共生の姿勢」（同一八六－七頁）。

そしてまた、敬語のそもそもの由来は、日本人同士の間における親愛の情（「仲間主義」）にあった。

　敬語が日本語にはたくさんあって、複雑で、外国人泣かせであることは、よく知られている。……そもそも日本語の敬語は、最初は親愛の気持ちをあらわす方法だった。八世紀のころはそうである。それがやがて敬愛の気持ちをあらわすようになり、やがて尊敬の気持ちの表現となった。……あくまでも敬語は相手を愛する気持ちの表現方法なのだ。……日本語は、……愛にあふれているから、ややこしい敬語をもつのである。（中西進『日本人の忘れもの』四七－五一頁）

b　人称代名詞が（例えば英語と違って）たいへん多様である。社会的地位や相互関係に対応して、細かく使い分けられる。口語だけに限っても、一人称に関しては、「私」「僕」「俺」「自分」「我輩」など（更にはテマエ・コチトラ・ウチ・ワテ・アタイ等々（多田・二〇〇頁））、二人称についても、「あなた」「あんた」「きみ」「おまえ」「貴様」などがある。またそれに関連して、敬称にも（同じく口語のみ）、「さん」「くん」「様」「氏」など、いろいろある。ここにも、人間関係における（非個人主義・非主体性・非対称性などの側面とともに）「気配り」が見て取れるであろう。

c　相手が目下の場合、その関係に応じて自分のことをさまざまに呼び変えるということが、広く一般に行われている。例えば、子供に対しては「お父さん」「お母さん」とか「叔父さん」「叔母さん」、それに「お兄さん」「お姉さん」、また生徒や弟子に対しては「先生」と言うようにである。（鈴木・一八五－六頁、高野・一四、九八、一〇二頁参照）また、同種の現象として、次のような事実もある。

　わが国では、生まれたばかりの赤ん坊を基準にして、オニイチャン、オネエチャン、お父さん、お母さん等々と呼びあう。だから妻が夫に向い「お父さん」というふしぎな呼び方をする。母が長男に向い「オニイチャン」と呼ぶ。（多

田・一一八頁）

これらは相手や弱者の立場にたった言い方であり、〈非個人主義的な側面〈鈴木・一八五頁参照〉とともに〉相手に対する「思いやり」が認められるであろう。

d　こうした、自分の呼び変えだけではない。もっとスゴイのは、完全に相手の立場にたった、従って、文法的にはオカシイ話し方がなされる場合である。

よく指摘されることですが、いわゆる「人称代名詞」と言われるものの中で、〈話し手〉である一人称と〈聞き手〉である二人称が、いつのまにかお互いに行き来するということが日本語にはあり、*西洋人を驚かせます。……たとえば、公園で泣いている男の子がいるとしましょう。通りかかった大人が、「おや、迷子かな?」と思って話しかけます。口から出る文は、「どうしたの?　ボクの家、どこかな?」あたりでしょうか。〈金谷・一一四―五頁〉

＊　例えば、「手前」「己」「自分」「我」などは一人称と二人称の両方の意味がある〈同二五―六頁〉

e　相手に何らかの事実を伝えたり、誰かに人間関係についての事実を報告する場合、つまり、他の人間が何らかの形で関係している場合、事実をそのまま述べるのではなく、そこに他の人間〈相手や関係者〉に対する配慮を加味した言い方をする。

残したいものは日本語の美しさです。例えば「お茶が入ったわよ」と言います。「私がお茶を入れた」ではなく。お茶なんて自然に入るものではないのに、手間をかけたのに、「私がした」っていう恩に着せる言い方をしないんです。〈金田一春彦、「朝日」〇三・三・二四。芳賀・二〇二―三頁、佐々木・六五頁参照〉

単に事実を述べるだけでなく、そこはかとなく対人関係にかかわる感情がこもります。例えば「先生が私に数学を教えました」。単に事実だけど「数学を教えてくれました」と感謝の気持ちを漂わせてはじめて日本語になる。事実を

事実として単純に述べることを好まないんですね。（金田一秀穂、「朝日」一一・二・二七）

f　日本人は相手の気持を慮って、率直な物言いや単刀直入な言い方を憚る傾向がある。それだけではない。メッセージ内容の相手に与えるインパクトを少しでも和らげようとして、「前置き」（これは先に「謙虚」の例としても、引用文の形で挙げられたが）に苦心するのである。

日本語は概して前置きが長くなりがちで本題は後まわしになりやすい。狭い範囲で使われることが多かったことを反映しているのだろう。親しい間なら結論は相手にゆだねてもいい甘えもある。とにかく相手をおどろかせてはいけない。日本語は挨拶の心が基底にある。びっくりさせる挨拶はなく、以心伝心も究極の挨拶である。（外山滋比古、「日経」一〇・一二・一九。佐々木・一四五頁参照）

g　我々は、実態を伴っていないのに、即ち殆ど形式的に、相手に感謝したり相手をねぎらったりする言葉、また相手の下手に出たり相手の好誼を期待する言葉を、お互いにしょっちゅう掛け合っている。それはむろん「思いやり」の現れであり、「気配り」でもある。

アメリカから日本に来た当初、理解も納得もできなかった言葉に、「お疲れさま」や「お世話になっております」があります。疲れてないのにとか、そんなにお世話し合っていないのに、なぜみんな毎日のように使うんだろうと疑問でした。しかしこれらの言葉には、自分中心ではなく、常に相手を思いやる日本人の心がよく表れていますよね。（パトリック・ハーラン〔タレント〕、「朝日」一二・六・二四。芳賀・六八頁参照）

ここで言及されている二種の言葉のほかにも、例えば、「よろしくお願いします」「御苦労さま」「どうも」などを挙げることができよう。

h　日本人は声の高さ、ピッチによっても相手に対する「気配り」を示す。即ち、相手を尊重し相手を立てようとする場合、また自分を下位に置いて相手と良好な間柄になろうとするとき、声の調子を高くするのである。例えば、店員の応対、お

客の案内、電話口での応答などの際に、それが見られるであろう。（金谷・一一二－三頁参照）

（E）「気配り」の言わば一つの制度化として、日常的な贈り物の習慣がある。即ち、訪問の際の土産やお裾分け、それに盆暮れの中元・歳暮といった贈り物である。

日本には、誕生日やクリスマスなどの記念日に、身近な人にプレゼントするのとはまた違った、独特の贈り物の文化がありますよね。……日本特有の贈り物の文化は、お互いに思い合える気持ち、それが生きた関係であることを再確認できる大切なコミュニケーションツールだと思っています。（パトリック・ハーラン、同右。多田・六二－三頁参照）

むろん、心のこもっていない、単なる儀礼的・義務的な贈呈も見られるが、その場合でさえ、一種の「気配り」には違いない。

（F）「謙虚」や「謙遜」などの一つの現れとして、次のようなケースがある。

私は〔スイスで衛星放送される〕日本の番組が大好きでした。私のお気に入りは『笑点』。……特に、自分の欠点を自分でオチにして笑いに変えるなんて、日本の笑いは本当に明るいです。スイスでは、そういう種類の笑いはあまりありません。（春香クリスティーン〔スイス生まれのタレント〕、『さんさい』二〇一三年一〇月号、二一－三頁）

ここには、二重の「気配り」が見られる。一つは、自分の欠点・弱味をさらけ出し自己を卑下することによって、人々に安心感や優越感を与えることであり、もう一つは、人々を笑わせ、気分を良くしてあげることである。従って、それは「気配り」の一つの到達点であると言える。むろん、この（引用の）場合は演芸としてのそれであるが、同じようなことは我々の日常生活においてもけっこう見られるであろう。

第三は、集団的な行事・イベントの類である。例えば、会社や後援会、各種グループ等の旅行・運動会・ゴルフコンペなどもそうであるが、伝統的・代表的なものとして次の二つを取り挙げよう。

（A）　日本人は「宴会」（コンパ・飲み会）が大好きである。特にサラリーマン（およびＯＬ）には不可欠の存在で、サラリーマン文化の華（！）とも言えよう。その意義ないし効用もたいへん大きく、「ノミニケーション」なる言葉も生まれている。

彼ら〔ニューヨーク・タイムズの東京特派員の経験者たち〕が一番驚いたのは、朝日〔新聞〕の〝内メシ〟主義のようだ。「朝日の人たちはお互い仲がよすぎて、社員同士で飲み食いすることが多すぎるのではないですか。」（松山・二三五頁）

日本人が、……「集まって酒を飲む」ことを好むのは、たぶん、その「飲む」ことが目的なのではなかろうと私は推量している。「飲む」ことそのものは、言ってみればメディアなのだ。人が集まってその集団の中で帰属意識や階層性を自らに確認するためのメディア、そう位置づけてみると、日本人がかくまでも酒に弱く、同時に酒を好むことが、よく理解される。（Ｈ・Ｆ・マクブライト『日本再見録』一二五頁）

そして、こうした宴会の中でも最も宴会らしいのが、言わば「宴会の中の宴会」と呼べるのが、鍋という形式である。そこにおいては、宴会の本質が凝縮された形で露わになっていると言えよう。それは日本文化の反映であると同時に、それを強化しているのである。

「すべてをいっしょくたに放り込んだひとつの鍋を食卓にそのまま持ち出してきて、それを囲んで食べる。その情景はまさしく日本的な、美しくもわりなき運命共同体の姿を象徴している」（玉村豊男著『料理の四面体』）……欧米に類例のない「なべ文化」が日本に生まれ育ったのは住宅構造と深いかかわりがあるとされるが、集団主義的な社会のあり方も大いに関係している。一つなべをつつくことで共同体意識を強めるのは、いかにも日本人らしい発想だ。（「日経」、日付不明）

（B）　宴会と同種の行事に「花見」がある（その中心が花の下での宴会、野外の宴会である以上、当り前か）。それは宴会より大規模であり、より広汎な「仲間主義」を表現している。

群れ咲く花、酒と食物、群れ集まる人――私が花見の三要素と名づけた「群桜」「飲食」「群集」の三つが同時に存在する「花見」は、日本以外どこにも見られない。（白幡洋三郎『花見と桜』二一五頁）

そして、「少なくとも江戸中期以降の花見は、公家も武家も農民も商人も、そして都市の下層民ですら楽しむことができる行事になっていった」（同二一四頁）のであるが、「共食」の効果・目的・精神は、「心を同じくできる」（同二一六頁）「団結」（同二一八頁）「一つ心」（同二一八頁）「共同の幸福」（同二三〇頁）にある。しかも、「花見の小集団が毎年無数にあらわれ、大群集を形成して衰えないのは、小集団で実現される〝共同の幸福〟が大群集にも及ぶものと感じられるからである。自分の属する小集団だけではなく、見も知りもしない周囲の大群集にも〝共同の幸福〟が感じられており、それは宴のごちそうのおすそ分けのように広い範囲に及んでいると感じられるからに他ならない。」（同二三〇頁）

まさに「仲間主義」である。白幡氏もこう締め括っておられる。

江戸中期にいたり、身分を超え、階層を超え群集できるようになったのは、平安期の「上中下《かみなかしも》」という萌芽的表現からはじまり、つちかわれてきた群集行動の蓄積にほかならない。「貴賤群集」こそ、なぜ日本人は花見に集うのかを解く鍵概念であり、日本の集団をつくりあげる原理の一つなのである。（同二三二頁）

第四は、倫理・道徳に関する意識ないし観念である。

（A）　倫理（道徳）の本質についての見方、即ち、倫理的価値（善）の所在または根拠についての見方を、倫理観と呼ぶとすれば、日本人の伝統的な倫理観とは如何なるものなのか。その一般的な特徴は何処にあるのであろうか。

倫理観の問題は（西欧の）倫理学または倫理思想の根本問題であるが、それに関しては、古来基本的に、主観的な「動機論」と客観的な「結果論」の二つの学説が対峙してきた。その観点からすると、日本の伝統は明白に前者、しかもその非常に純粋なタイプにある。即ち、求むべきは「清き心」「誠」「真心」といったものであり、またそれに付随する最大限の努力である。そこに、そしてそこにのみ、善の所在・根拠を認めるのである。

この考え方は何処から来るのであろうか。その成立基盤は何であろうか。その倫理観は結果責任を問わない。専ら、主観的な心情や努力に注目し、それらを拠り所とする。つまり、行為者は、その真情が純粋であり誠意を尽くしておりさえすれば、行為の結果が悪くても免責されるのである。

行為の動機（心情的動機）を重視し（気ハ心、ヤムニヤマレズ…など）、また物事の過程における努力（コツコツ・働キ・善戦・健闘・敢闘・イソシム…など）を尊重する行き方も際立っていますが、それに傾くあまり、論理的根拠、手段の選び方や得られた結果は深く問わない傾向が反面ある……物事の価値が、得られた結果よりも、心情的な動機や途中で費やされた労力（骨折リの大きさ）で測られてきた日本社会……（芳賀・一三八、一四〇頁）

ここには、倫理的な厳しさがない。人々にとって大変やさしい倫理、甘い倫理である。こうした倫理が生まれるのは、その社会の人間関係が同様だからであり、それでも社会生活が成立可能だからである。つまり、「仲間主義」的な情況の故なのである。

（B）　日本においては、倫理意識ないし倫理観念はしばしば「美意識」として現れる。或は、前者はしばしば後者と結びつき、更には融合している。

日本人が倫理的決定を行うとき、それを「私の倫理観」という表現をせず、「私の美意識」という言葉を用いることが多いのではなかろうか。瀬戸内寂聴は「仏教と倫理」（『現代日本文化論』第9巻）において、自分が自殺を思いとどまった理由として、「ちょっと私の美意識が許さなかった」と述べている。そして、それに続けて「これはちょっとみっともない」とも言っている。欧米人であれば「神が許さない」、「私の倫理観にもとる」などというところだろう。生死の決定の基礎に「美意識」がある。これは少し注意してみれば、日本人が実によく言う表現であることに気づかれるだろう。

（河合『日本文化のゆくえ』二四八頁）

これは何に起因するのであろうか。前述の動機論的・内面的な倫理観が関係していることは、すぐに気づかれるだろう。

しかしより根本的には、そのような倫理観の基礎である「仲間主義」、その「仲間主義」の別の側面が、おそらく関っていると考えられる。その側面とは即ち「世間」である。自己に関する美的判断は、自己の姿が美しく見えるかどうかということであるから、行為に関る美意識というものは、外からの目（「世間」）というものを想定して初めて成立する。つまり、美意識による実践的判断は、他人が自分をどう見るかということに依拠しているのである。従って、美的な倫理観もまた「仲間主義」の一つの現れと言えるであろう。

第五は、社会的な人間関係や組織運営である。

（A）「仲間」には、いろいろなレベルないし規模、また種類がある。そして、それぞれの社会や組織において、さまざまの「仲間」が多重的に成立し存在している。そこで一つの（社会、特に）組織内において、或る「仲間」グループの親密度や結集力が相対的に高まるとき、それは組織の運営に支障を来すことになる。部分のもつ情緒性・非合理性が全体的な合目的性・合理性を阻害してしまうのであり、こういった現象は「仲間主義」的社会においてはしばしば起こりうるのである。

〔旧〕日本軍〔は〕戦前において高度の官僚制を採用した最も合理的な組織であったはずであるにもかかわらず、その実体は、官僚制のなかに情緒性を混在させ、インフォーマルな人的ネットワークが強力に機能するという特異な組織であ〔った。〕（戸部良一他『失敗の本質』三一一頁。同三一二―五、三三〇、三三九頁参照）

（B）ルールの非重要性ということがある。共通の基盤をもち自然にまとまりうる「仲間」同士の間においては、当然のこと、諸々の判断・決定がスムースに、しかも黙示的に行われ易い。慣習や裁量による暗黙の合意が、容易に成立するのである。従って、明示的なルール、特に細目的なそれは、あまり必要とされない。日本社会におけるルールの位置づけや性格は、まさにその通りである。そこでは、ルールは一般に軽視されており、しばしば「あってないようなもの」なのである。

日本では、前例という名のしきたりに従い、「ルール」の適用は当事者の裁量にまかされてしまうケースが多すぎる。

そして、ルール違反にいちいち目くじらを立てたりするのは「大人げない」と一笑にふされがちである。（髙木哲也『日本とアメリカのビジネスはどこが違うか』二三頁）

そして、「ホンネとタテマエというダブル・スタンダードの使い分けができてはじめて一人前の社会人、ビジネスマンとして認められるような社会風潮」（同二二頁）すら見られるのである。

第六だが、最後にその他の項目として、種々の事例をひとまとめにして示しておきたい。

（A）有名な「日本的経営」が挙げられる。愛社精神に貫かれた擬似家族としての会社、その具体的制度である年功序列・終身雇用・企業内組合・稟議システム・系列取引・パターナリズム等々が（デフレ対応の労務対策やグローバリゼイションにより、今や崩れ始めている面または部分があるとは言え）、「仲間主義」を色濃く反映している、と言うより、強烈に体現していることは、言うまでもなかろう＊（中根・四二-三頁参照）。なお、「日本的経営」（その諸制度）については、伝統的なものではないとも言われているが、その本質的な部分が日本社会に根ざしていることは、疑いないであろう。だからこそ、完全に定着し、長期にわたって持続しているのである。

＊　「日本的経営」の実態およびそれと「集団主義」との関りについて、高野陽太郎氏による通説批判がある（『「集団主義」という錯覚』一二二-四七頁。関連文献は他にもたくさんあり、専門家でない私が出る幕ではないのかもしれないが）。

（B）日本的な「仏」の観念に、「仲間主義」が認められる。というのは――日本に伝来した仏教は、日本土着の信仰ないし神観念（「神道」）の影響を受けた。「神仏習合」と呼ばれる事態である。その結果、仏教はその本来の姿を変え、日本化した。即ち、「日本仏教」である。そして、そうした変化の中で最も根本的なもの、或いはその中の一つは、「仏」観念のそれであろう。「仏」とは本来、悟りを開き「涅槃」の境地に達した特別の人、少数のエリートを意味していたが、日本仏教においては単なる死者のことを、全ての死者のことを指すようになった。即ち、どんな人間も、死ねば等しく仏になるというのである。これは明らかに日本人の間における平等主義の人間観、従って同類意識（「仲間意識」）を反映しているであろう。

（C）刑事事件への対処の仕方が非常に穏健かつ慎重である。即ち、非強硬的であり非暴力的である。特に、犯人逮捕の際にそれが現れており、日本の警察はめったなことでは発砲しない。しかも、何よりもまず威嚇射撃である。更に加えて、その場合でさえ、安全性に最新の注意が払われる。

威嚇射撃の場合、撃った弾が民家などのある地域に落下しないように弾道や銃を向ける角度まで考えて発砲するよう教育されていますから、人に当たるなんてことはまずないですね。落ちている弾も見かけない？　当然です。だって全部回収してますから。（警察庁広報室、「朝日」〇三・一・二二）

そして万一、容疑者が死傷するような場合には、常にマスコミ等で大きく取り上げられ、不可避性の弁明が求められるのである。因に、一九九〇年前後の統計であるが、アメリカの警察が逮捕等に際して年平均四〇〇人近い射殺を行っている（容疑者も銃をもっていることが多いとは言え）のに対し、日本の場合は一人以下である。こうした事実は日本社会の平和・安全・秩序、日本人の人間関係の親近性を示しているであろう。

（D）日本語の一つの大きな特徴として、オノマトペ（擬音語および擬態語）が極端に多いということがある。（小野正弘氏によれば）その数およそ五千、日本語の百語に一語くらいもある。（中島鉄郎・記者、「朝日」一四・七・一二。鷲田他・一四七頁、選書メチエ編集部・一五一－二頁〔彭飛〕参照）オノマトペは国民の一般的な感覚・感受性に依拠し、それを表現するものであるから、その数が多いということは、感覚・感受性において国民的な共通性が存在している、そのレベルが高いということである。従って、これもまた、日本人の相互理解の容易さを示しているであろう。

以上、日本人の「仲間主義」的傾向を示す多くの事例を紹介してきた。それらによって、そうした命題の妥当性、その説得力は、かなり強化されたと言えよう。そして、このような検証作業は切りがないので、ひとまずこれくらいにしておく。

ともあれ、「仲間主義」が一応受け容れられたとして、私はここで、「仲間主義」ないし「和」ということをより具体的にイメージできるよう、或るシンボル、即ち、それらを象徴的に表現している或る一つの事象を、提示しておきたい。そのシンボルとは――「祭り」である。「祭り」の遂行・達成の協同的な仕方または在り方、それに伴う一体的な興奮や連帯感は、まことに「仲間主義」*的であろう。

＊「祭り」をシンボルとしたのは、専らこのような現象面に注目してのことである。「祭り」の本質や意義、即ち、（一般的には）神との交流・一体化（宇野正人『祭りと日本人』一六‐七頁参照）という面は、度外視している。

そのことを実感するためには、日本の祭りに付き物であり、またそのハイライトである「御輿」を思い浮かべればよい。全員が一つの目標に向かって力を合わせ、共に喜びに浸るその姿は、まさに「仲間主義」的であり、「和」そのものである。因に、「ワッショイと祭りは切っても切れない関係にあり、戦前までの日本の祭りでは、ほとんどの地域で御輿を担ぐときのかけ声はワッショイだった」が、興味深いことに、「ワッショイ」は語源的に「和」に通ずるという説がある。

明治期の書物『東京風俗志』では、「和を背負う」「和一処」という意味だ、としている。「力を合わせて御輿を担ごう！」というかけ声であると同時に、みんなが一体となって神さまを奉じることにより平和な世にとの願いが込められていると記されている。確かに、神社の大祭は氏子全員が力を一つにして行うものであり、また地域を一つにまとめる要でもあった。「和を背負う」という説は、こうした祭りの本義にかなっており、これまでも広く受け入れられてきた。（宇野・一三一‐二頁）

かくして、「祭り」は「仲間主義」や「和」を最もよく象徴している営為であると思われる。その進行の各場面にそれらが鮮明に現れているであろう。そこで、私は日本(人)の、社会的行動に関する国民文化を「祭りの文化」と呼んでおきたい。これはむろん、かの有名な「恥の文化」を始めとするネーミング法を意識してのことである。「祭りの文化」はなかなか的確かつ印象的ではないかと考えているが、如何であろうか。

第二章　「仲間主義」の諸形態

前章において、まず日本における高度な「自然的統合」の存在が指摘され、次いでそれに基づいて、日本人の根本的な行動原理、および日本社会の伝統的な特質が、「仲間主義」又は「和」として捉えられた*。それ(ら)は、日本人と日本社会を深く理解する上での基本的な視点を提供するものである。しかし、その視点が有効に機能するためには、即ち、それを通して理解が進むためには、その実態を分析して、その現実的・具体的な内容を明らかにしなければならない。つまり、それが実際にどういう現れ方をするか、どのような形態をとるかである。

＊　既述の如く、「仲間主義」は或る意味で「集団主義」と同じであるが、日本における後者に関して、本書で取り上げた批判とはまた別の否定的議論が、前世紀末頃より提起されるようになった。それは、グローバリゼイション・自由化・規制緩和の流れによる「日本的経営」「護送船団方式」「マイホーム主義」などの変質・崩壊を受けて、「日本的集団主義の神話」を説く議論である（例えば、駒井・i、ii頁（駒井）、一五一－三頁（黄順姫）、三三三－四頁（駒井））。しかし、それが指摘する事実は「仲間主義」と衝突するものではない。「神話」とされた集団主義とは、イデオロギーや政策のレベルにおける、且つまた時代的に制約された特殊なそれだからである（同二頁（土井隆義）、七－九頁（田中洋子）、六二－三頁（土井）参照）。

「仲間主義」の形態は大きく二つに分けられるであろう。その一つは消極的な形態であり、もう一つは積極的な形態である。前者は、「和」を守る、その破壊を防ぐ、つまり現状の保存という意味で消極的であり、後者は、「和」に則る、それに基づいて行動する、つまり、「和」の現実を確認し強化するという意味で積極的なのである。そこで、

図１

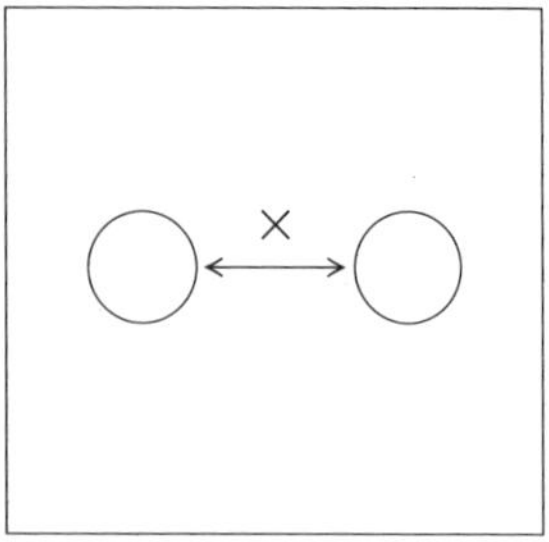

図２

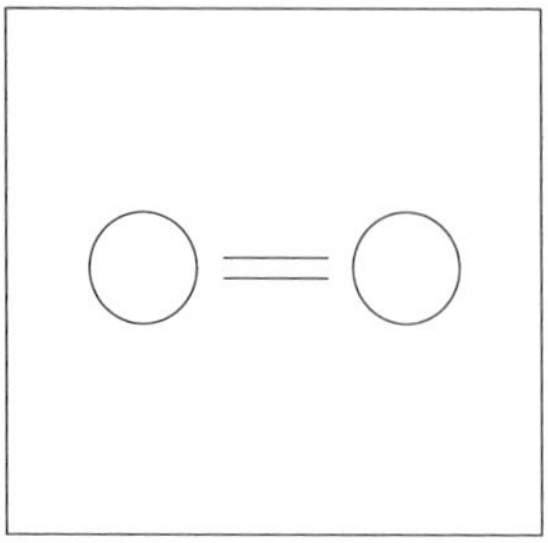

両者についてもう少し詳しく見てみよう。

まず「和」の消極的形態であるが、その本質は集団の分裂・崩壊の防止や抑止にあるから、精神的には、対立の忌避、不調和・不統一に対する嫌悪や不安となって現れる。日本人は常に人間関係に配慮し、争いを極力避けようとする。特に、表立った、あからさまなそれを嫌う。そして、集団的なまとまりを大事にし、それを乱すことを恐れる。人間関係＝集団の安定した存続を最優先するのである。こうした「和」の形態、その具体的な顕現としては、例えば（詳しくは後述する）、「根回し」「慣れ合い」「水に流す」といったことがあろう。この形態を図示すれば、図１のようになるであろうか。この場合、○は何らか各々の行動主体（個人または集団）を、↔は対立を、×はその否定を、それぞれ表現している。

次に積極的形態のほうであるが、それは、「和」を前提とする種々の行動によって、「和」の、従って人間関係＝集団的まとまりの、更なる発展・高度化を計ろうとする。互いの間の「和」、即ち親近性・一体性の存在を前提とした行動をとり合うならば、その、より完全な定着が可能になるであろう。それくらい親密な間柄が当然のこと、自然な状態と見られるようになるであろう。そのような行動として、具体的には例えば（これも詳しくは後述する）、「口約束」「信用取引」「以心伝心」といったことがある。これらは「和」に依拠すると同時に、逆にそれを強化するのであり、両者の関係は相互規定的なのである。この形態を先と同様に図示すれば、図２のようになるであろう。この場合、＝は↔とは逆に一体性・同一性を表現している。

以上のように、「和」には二つの形態のあることが指摘され、それぞれについて若干の具体例が示されたが、双方に関する本格的な説明はまだなされていない。そこで以下、それらの形態について、具体的な実例を挙げつつ説明していかねばならない。具体例による検証、即ち例証である。そしてこの部分が、（第二部のアメリカの場合のそれと合わせて）本書の中心を成す部分、言わば本論に当たるのである。

その「本論」であるが、まずそれを区分する必要があろう。そこで、その内容を整理し分類したところ、次のような結論を得た。即ち、消極的形態に関しては、「事勿れ主義」と「同質志向」、積極的形態に関しては、「相互信頼」、「反個人主義」、および「非発話的傾向」である。かくして、この五つの項目がそのまま順番に本章の五つの「節」を構成することになるのである。

第一節　事勿れ主義

社会や集団に「和」が存在しているということは、それが尊重されている、もしくは重視されているということでもある。そしてその、「和」の尊重・重視ということから、その具体的な現象形態として、幾つかの行動規範が必然的に派生してくるであろう。或いは逆に（前述したように）、それらは手段であり、それらが存在しているが故に「和」が保たれている、とも言えるであろう。ともあれ、そうした現象形態または手段が存在しているが、まずその最初のグループとして、次の諸点を指摘することができる。

第一に、「和」からして、対立や紛争は悪、それ自体が絶対の悪であるから、それらを回避するということ、なるべく波風を立てないようにするということである。

日本人は露骨な競争をできるだけ避け、妥協するような風を装って競争意識をおおい隠す……。（V・オフチンニコフ・三

七頁。同一三四 - 五頁参照）

基本的に、日本人は対決しない文化なんです。対決を避ける文化で、それでずっとうまくやってきた。その方法は世界に冠たるほどうまい。（河合『Q&A　こころの子育て』一六二頁）

日本に来てから、性格が丸くなった。以前はひどく怒りっぽくて、よく喧嘩をしていた。それが日本に来てからは角が取れたというか、温和になったのだ。「短気は損気」という言葉があるけれども、日本人はうまく喧嘩を避ける方法を知っている。それを見習うようになった。そういう意味でも、日本人には感謝している。（ピーター・フランクル『美しくて面白い日本語』一一九頁）

みんながほどほどに我慢することで争いをなくして、みんなで仲よくやっていくという文化を我々はつくってきた……（近藤誠一〔文化庁長官〕、「日経」一一・一二・二四）

日本の国民性は「和をもって尊しとなす」ということだと思う。まずけんかはしない、自己主張をしない、突出しない。この三つがそろっていると、ある器だと思われる。（浅田次郎、「日経」一一・一二・二四）

第二に、そのためには、精神的・心理的レベルで対立の可能性を少なくする必要がある。つまり、できるだけコンセンサスを計らねばならない（「コンセンサス社会」〔松山幸雄『自由と節度』九三頁〕）。反対派や異分子の切り捨てとか、中央ないし上からのコントロールなどを排し、全員の（直接的であれ間接的であれ、また実質的であれ形式的であれ）参加による幅広い合意を追求しようとするのである。

二〇一一年三月一一日にはじまる数カ月は、末ながく日本人の記憶にとどまるだろう。二年後、三年後、あるいは一〇年後にも、くり返し思い返すのではあるまいか。大きな災事があぶり出したことが、いくつもあるからだ。その一つだが、日本という国が、とてつもなくコンセンサスを重要視するということだ。（池内紀、「日経」一一・五・一八）

第三に、社会問題が起きれば、又はもし起きそうであれば、それを表立てず内々に解決するよう努めるということである。あからさまにしてしまうと、キヅがつく人間が出てくると同時に、スジを通さないといけなくなるし、そうするとシコリが残り、ギクシャクする結果になってしまうからである。

最後に第四は、問題や事件が一件落着し旧状に復すれば、或いは、当事者が反省し謝罪が行われれば、もはやその原因を徹底的に究明したりはしないということ、従ってまた、責任の明確化も追及も本格的にはやらないということである。即ち、「日本人の好きな〝なあなあ式の解決〟」（河合『日本文化のゆくえ』二五〇頁）、「日本的な〝なあなあ〟主義」（同二五三頁）である。*（金子勝「グローバリゼーションの中の責任」五－六、一七－八頁参照）

反省することで話が終わったように思うというか、「これなら文句ないやろ」みたいな。確かに反省してたら許されるところがありますね。日本では「すみません」と言ったら、たいがい許されるでしょう。（河合『Q&A こころの子育て』一七二頁）

車座社会は、徹底的な「総括」が苦手で、責任の所在が常に曖昧になりがちである。（松山・一二九頁）

和を大切にし、互いにかばいあうという共同体の美しい美徳のおかげで、何かに失敗したとき、その原因はウヤムヤになり、誰も責任をとらないということになる。そのため、同じ失敗がいつまでも繰り返される。（岸田秀他『アメリカの正義病・イスラムの原理病』二三三頁〔岸田〕）

日本の社会では、一生懸命になっていれば許される、最後の審判は免れるというようなところがある。（荒井正吾〔奈良県

知事」、「日経」一二・一〇・三一）

＊　こうしたことは諸外国と対称的であり、それらと比較すると更に鮮明になる。

欧米やアジア諸国では、謝罪した人は、謝罪された人に責務を負うことになる。この意味では、両者間の人間関係は対等ではなくなるのである。日本ではこれと反対。謝罪すれば、悪いことは「水に流されて」わだかまりは解消する。しかし、諸外国においては、謝罪すれば、悪いことは「水に流されるどころか、逆に水が塞き止められて」わだかまりが確定される。（小室直樹『日本国民に告ぐ』三二頁）

ぼくら欧米人は自分の正当性にこだわりすぎる。自分は悪くない、と。たいていの場合、日本人は誰が悪いかは気にしていない。問題をできるだけ穏便に解決したいだけなのだ。（パルバース『もし、日本という国がなかったら』二二一頁）

（王敏氏によれば）物事の是非、論理、説明することを重視する中国人は、日本人よりもはるかに西洋人に類似している。中国は主体や因果関係を明確にし徹底的糾弾を要求する謝罪重視文化である。他方、日本では主体や責任関係を曖昧にした謝罪が多く、それ以上に様々な場面で謝意が多用される謝意重視文化で、そこに日中の差異があるという。（天児慧、「朝日」一三・月日不明。御覧のように、「孫引き」で気が引けるが、内容的な魅力に抗し難かった。）

ところで、このような、謝罪または責任の容認が逆に謝免・免責をもたらすという日本独特の精神性を、山本七平（イザヤ・ベンダサン）は「日本教」（その一要素）と呼んだ。

以上、「和」ないし「仲間主義」の諸形態または手段のうち、最初のグループとして四つの事項が指摘された。そこで、これらを一つの言葉にまとめると便利であろう。それが本節の表題として掲げた「事勿れ主義」である。この言葉が総称として最も妥当ではないかと思われる。

なお付言しておくが、それと本質的な共通性をもつ概念、或いは、別の観点からする類似の概念として、「曖昧」

という言葉を挙げることができる。「事勿れ主義」の基礎ないし中核には、「曖昧さ」の肯定があり、両者は同じ精神の現れと言えるであろう。（「日本的あいまい教」〔河合『日本文化のゆくえ』二一三頁〕）

日本文化の……ひとつの特徴として、日本人は欧米人のようにものごとを白黒はっきりさせることを嫌い、「あいまいさ」を受け入れる……。（近藤誠一〔文化庁長官〕、「日経」一一・六・一〇）

西洋に行くと、イエスかノーかで論理を組み立てられないと、おまえは何を考えているかわからないと言われてしまう。でもイエスでもノーでもない世界があるだろう。そう思って、改めて日本文化に目が向くようになった。（樂吉左衛門、「日経」一二・六・二〇）

これまで、「事勿れ主義」の四つの形態・手段について語ってきた。そこで以下では、それら一つ一つについて、その具体的な例を取り上げながら順番に検証していこう。

まずは第一点の、対立・紛争の回避ということに関する具体例である。

（A）　日本人は言語的コミュニケーションにおける対立や争い或いは戦い、即ち議論・討論・論争・論戦といったことが、嫌い且つニガ手である。従って、できるだけ避けようとする（松山・二三六頁、日向・一〇九‐一〇、一二五、一二九、一三四、一三七頁、齋藤・四九頁参照）。「大っぴらな批判を互いにさけるという慣習」（青木昌彦、「日経」〇一・九・七）が認められるのである。

日本人が本気で論争をする機会はめったにない。〝談論風発〟の会合は少なくないが、談論が〝争〟になりかけると、それを収束させようとするメカニズムがおのずとはたらく。「あなたの言うこともわからないではない」などといって、あえて矛先を丸める工夫をする。日本人は論争が好きではないのだろう。（大田弘子「審議会の〝論争の作法〟」一六頁）

米国企業の会議では反対論拠をわざと出して議論を活性化させる「デビルズ・アドボケート」と呼ばれる役割を担う人が存在します。しかし、反対意見を強く主張したがらない日本企業では、デビルズ・アドボケートは無礼で会議を邪魔しているように思われがちです。（ロシェル・カップ〔ジャパン・インターカルチュラル・コンサルティング社長〕、「日経産業」〇〇・一一・七）

英語での会話は、意見の交換が前提になっている。米国の言語学者は、これを「テニス」に例えた。参加者は考え方をボレーのように行ったり来たりさせるわけだ。一方、日本語での会話は「ボウリング」。だれもが順番に話す機会があるが、発言に他者が反応することはほとんどない。（G・フクシマ、「朝日」〇一・四・二八）

〔大学の重要な意志決定機関たる評議会は〕事前に根回しがすんでいる御前会議のようなもので、その場で発言などしようものなら、変人とか目立ちたがり屋と陰口をたたかれるのがおちである。（遠藤誉、「日経」〇一・九・一）

多数の会合の後で、何人かの人たちが満足しない顔をしてごそごそ話している。どうも会議の決定に不満を言っている。会議に十分な反対意見を出す時間があったのにそれもしない。結局自分の意見をはっきり言わないことが一つの原因である。人の前で発言する習慣があまりないことのためである。周りの人を考え遠慮してしまう。（阿久津英『常識・非常識　日米こんなにも違う』八七‐八頁。山本七平『「空気」の研究』七七頁参照）

会議の参加者は、意見があっても自分の番が来るまで話さないし、反対でも黙っている。（ミッシェル・クリストゥ・グリーン〔ビーコン・コミュニケーションズ社長〕、「日経」〇三・六・一七）

〔全国高校生英語ディベート大会に優勝し世界大会に出場したが惨敗した或る高校生の話――〕外国の高校生たちは議論するのが当然、主張するのが当然、という感じだった。でも僕らは日本でふだん、議論する必要がない。へたに議論しようとしたら、煙たがられてしまう。……英語部の中で議論するのはいいけど、教室でやったら友だちがいなくなる。学園祭でクラスでお化け屋敷をやろうとなって、それが多数なら別の意見は言わない。（刀祢館正明・記者、「朝日」

一三・一一・七）

こうした国民的性向の基礎には、「事勿れ主義」と並んでもう一つの要素が存在していると考えられる。それは、第五節のテーマである「非発話的傾向」であり、それがおそらく媒体ないし促進剤として作用しているのであろう。「非発話的傾向」についての説明は当然第五節に譲るが、略言だけしておくと、それは発声によるコミュニケーションを省く又は憚るという傾向である。そのような傾向が討論や論争、特に公開の場におけるそれらに対して抑制的に機能することは、言うまでもない。「事勿れ主義」が「非発話的傾向」と結合して、言わば「討論恐怖症」（discussionphobia ?）を生みだすのである。

では、そのような下地がある中で、敢えて討論や論争が行われれば、どうなるであろうか。「討論恐怖症」の進行は、どのような症状を呈するのであろうか。討論・論争が感情的なものとなること、そして次第にエスカレートして言葉による殴り合いの様相を示すようになることは、容易に想像できるであろう。つまり、合理的かつ冷静な意見交換という協同作業により真理または真実にアプローチする——それが議論の本来の目的であり役割であるのに、それから逸脱して、（外見上の）勝敗しか念頭にない単なる喧嘩に堕してしまうのである。日本において決して珍しくない光景であろう。（イザヤ・ベンダサン『日本教について』二二二頁、井沢・一九五頁、高際・一五三頁、齋藤孝・五五、一三四頁参照）

日本での討議は、当たり障りがなく全員が同意するか、逆に感情的で対立的になることが多い。客観的に様々な意見を戦わす場面は、今も決して多くない。（G・フクシマ、「朝日」〇〇・一〇・二八）

日本の社会で言葉を正確に発すると、相手を責めていると思われる。（中島義道『たまたま地上にぼくは生まれた』二一八頁）

日本人は……いざとなれば「キレる」か黙るかで、議論下手、ケンカ下手だ。（道上尚史『日本外交官、韓国奮闘記』一八一頁）

〔日本人は〕議論することもあまりない。ゴタゴタを起こしたくないという気持ちのほうが先に立つ。（浅田次郎、「日

経」一一・一二・二四）

（日本の論争では）主要な論点が明らかになるより、感情的ないざこざがわーっと出たりする。（『福田恆存対談・座談集』第四巻、四一〇頁（佐伯彰一））

作品自体について論じているのに、ちょっとほめると、「あいつはオレに好意をもっている」ととられ、ちょっとけなすと、「あいつはケシカラン奴だ」とくる。作品をとびこえて人《パーソン》対人《パーソン》の直接の感情的出来事になってしまう。（中根・一七四頁）

（日本人は）表立って反対するのを嫌う傾向がある。特に年代的に上の世代は「対立」を極度に嫌う。もちろん対立でもしたら、感情的しこりを残すことになったり、口もきかなくなったり、一生の対立になりかねない。顔では表わさないまでも、心では非常に傷つけ合うことになり、それをいつまでも忘れない。（阿久津・八八頁）

日本では、「身内」のなかでは論戦をさえ嫌う。日本人は欧米人の好きなディスカッションが苦手である。日本人はたとえディスカッションであれ、相手と対決することは「敵」と見なしていると思われないかという危惧を感じてしまう。「身内」か「よそもの」か、の判断が先行し、よそものとはいくらでも戦うが、それは勝つことが目標になり、ディスカッションを通じて共に新しい、正しいことを見つけようとする姿勢とは異なるものになる。（河合『日本文化のゆくえ』六一頁）

スピーチ下手もさることながら、日本人にとって、討論はもっと鬼門である。異なる意見の人と友好的な雰囲気の中で議論をすることに慣れていないため、つい「意気投合」するか、「断固反対」するか、のどちらかになってしまう。（松山・二六一頁）

日本人は一般に、意見の対立を避ける傾向が強い。それは、まっこうから反対意見を述べると、相手に、その人の全人格を否定するかのように受けとめられることを恐れるからだ。……日本ではえてして、議論が白熱し尖鋭化すると「人間関係をそこねる」というエクスキューズがはたらいて、議論をとことんまで進めず、適当なところで矛をおさめ、足して二で割る式の妥協的な結論を導きだすのが大人っぽい仕事の仕方とされてきた。（髙木・三二頁）

論争を繰り広げるとか、論陣を張るのはどちらかと言えば理屈っぽい変わり者のすることで、煙たがられる……。特にどこまでも反論を続け食い下がるようでは「出来た人」とは言われない。反論は即ち個人攻撃と受け取られやすい。事の内容を論じるとしても、反論となれば相手の感情を傷つけることになってしまう。（松原久子『言挙げせよ日本』四九頁。同三〇六‐七頁参照）

このように、日本において、議論や討論は感情的性格をもち、喧嘩に類しているが、それを象徴的に表しているものが存在している。それはヤジである。ヤジは日本人にとって身近なものであり、また時に、半ば公認されているのである。

起こることにいちいち驚く毎日です。特に強烈だったのがヤジ。席にいて議論がまったく聞こえないほどで、内容も本当にお下品。汗が髪の毛から噴き出て、いすから転げ落ちそうでした。国会も日程闘争ばかりで、審議や修正がほとんどない。米国議会ではこんなことはありません。（中林美恵子〔新人議員〕、「日経」一〇・九・一六）

なるほど、これは国会の場合であり（それにしても、ヤジが「国会の華」とは！）、政治というものが本来的に闘争の側面をもっていることと、（先にも論じたように、そのときもヤジへの言及があったが）日本の政治家のレベルが低いということを、斟酌せねばなるまい。しかし、そのような国会風景に対して、我々はそれを卑下しつつも、既視感を抱き親しみを覚えてしまうのではないか。少なくとも、それを別世界の出来事とは感じないであろう。

また（ヤジに続いて）もう一つ。これは或る「事件」であり、日本人の反討論的気風を鮮やかに示す出来事が、小泉政権の時代に起こった。それは小泉内閣の登場に伴うコイズミ・ブームの一断面なのだが、小泉首相や田中真紀子外相に対する野党議員の質問・追及・糾弾を「いじめ」と見て、多勢の人々が議員の事務所に抗議や嫌がらせの電話をかけたり、電子メールを送りつけたりしたのである。これらの人々は政治家として当然かつ普通の言論活動を理解できず、喧嘩と見なした。しかし、彼らは日本人の中にあって決して特殊ではなく、些か跳ね上がっているだけであろう。厳しい論戦の意義を正当に評価し冷静に見つめられる日本人は、多くはないのである。

これらの例についてはともかく、上述したような訳であるから、日本の会議の進め方・在り方や議論の交し方には、独特の方式がある。慣習的に形成された特殊な仕方がある。と言うのも、何かにつけ議論をしないわけにはいかないが、しかし下手をすると喧嘩になりかねないという中で議論するからには、何らかの工夫や知恵を要するからである。そこで特に大事なのは、やはり発言の仕方であろう。発言者は、敢えて発言する、即ち「出しゃばる」と見られるが故に、既に述べた「気配り」が求められる。そして、その点での基本は、その場の「雰囲気」や「空気」、議事の「流れ」や「傾向」に敏感になること、それらにうまく適合することである。（土居健郎『続「甘え」の構造』一三七頁参照）

日本の男性は日本的集団に帰属している限り、母性原理を相当に身につけている。自分の意見があっても、めったに自分から言い出したりしない。自分の考えというよりは、まず集団の傾向を察知し、それに同調していくなかで、自分の考えを生かすことを考える。全体のバランスを考えることが先行する。これを「和」の精神と言ったりする。（河合『日本文化のゆくえ』一四八頁）

自分から何か積極的に発言するのはあまり賢明ではない。みんなが何を考えているかを察知して、その流れに乗ることが大切だ。かりに自分の利害にとって少し都合が悪い場合も、みんなが進もうとしている方向に逆らうようなことはしない。あくまでもその流れに乗りながら、自分の利害をほんの少しでも織りこむようなかたちで、自分が不利にならないように（あるいは自分が有利になるように）持っていく程度にとどめておく。（橋爪大三郎『政治の教室』一一一頁）

欧米人は率直で明確な意見表明を「良し」とするのが一般的である。その後の議論に価値を見いだしているといえるだろう。それに引き換え日本では、意見を述べる前に、不必要な議論を避けるため当事者や第三者の反応までも含めて熟慮する傾向にある。私なら、周囲の環境に配慮するあまり、せっかくの機会を逸してしまったと後悔してしまうだろう。（マニュエル・セヴァ〔イクアント社長〕、「日経」〇三・六・一七）

日本人は会議中でも空気を読んでいる。会議の雰囲気を読んで、議事の流れに逆らった意見を言いにくい状況がある。主催者が用意したシナリオと根本的に異なる意見は嫌われる。……以前、宇宙関連の技術委員会で装置の根本的な欠陥を指摘したら、二度とその委員会出席の依頼は来なくなった。（円山重直、「日経産業」一二・五・八）

こういったことが発言に際しての基本であるが*、それを具体化した細かな注意点や工夫もいろいろ存在しているのである。例えば、「日本型論争の作法」なるものが指摘されている（思わず苦笑させられますねー）。

日本型論争の作法とは、私が思うに、まずほめてから反論すること。「〇〇委員のご発言はまことにごもっともで、たいへん的確なご指摘だと思うのだが、ただ若干の反論をさせていただくとすれば……」。……もうひとつの作法は、語尾を丸めることである。「と私は思う」「すべきである」と言い切る人は少ない。「かな、というような気もいたしますが……」「とも考えられるのではないか、と……」。マイルドな語感、言葉の綾、というものであろう。（大田・一七頁）

また例えば、学界における話だが、学会で若い学者が先輩の学者に対して反論する場合にも、同じような事実が認められる。

まず、不必要な賛辞（それも最大限の敬語を羅列した）に長い時間を費やし、そのあとで、ほんのちょっぴり、自分の反論を、いかにもとるにたらないような印象を与える表現によってつけ加えたりする。（中根・一七七頁）

＊ 因に、このような日本式の会議、会議における「気配り」が、日本史上最大の過誤ならびに悲劇の大きな要因の一つとなった。即ち、「終戦」に至る、戦略・戦術に関る諸々の誤った決定は、かような会議の産物だったのである。

〈幹部連中の、人情論的・精神論的な発言の生み出す〉「空気」はノモンハンから沖縄までの主要な作戦の策定、準備、実施の各段階で随所に顔を出している。空気が支配する場所では、あらゆる議論は最後には空気によって決定される。……日本軍の戦略策定が状況変化に適応できなかったのは、組織のなかに論理的な議論ができる制度と風土がなかっ

たことに大きな原因がある。（戸部他・二四八、二八九頁）

日本における討論は、以上のように抑圧され歪曲された形でかろうじて展開されるが、集団や団体にとっては、問題はそのように組織の維持・管理という内部的な点にだけあるのではない。討論が外からどうみられるかということについても留意しなければならない。何故なら、論争が喧嘩と見られがちである以上、論争の存在自体が内部分裂ととられてしまう恐れがあるからである。従って、内部の議論の公開については、消極的たらざるを得ず、隠蔽してしまうにしくはない。そこで、例えば次のようなやり方がよく見られる。

年に一度の定期大会なのに、議事日程は、自民党がわずか一時間半、民主党大会も二時間半だ。ともにこの短い時間のなかで、来賓あいさつから党の運動方針採択までを消化する。予定外の議論や発言は想定されていない。まったくの儀式である。（「朝日」〔「社説」〕〇三・一・一六）

つまり、実質的な議論は大会前に済ませており（否、それも大してないのであろう）、意見の対立が表面化しないように工夫（小細工！）しているわけである。

（B）喧嘩を誘発する論争や言い争いに陥らないための安全策は、お互いの間の意見の相違を確認するのを避けることである。その点からして、意見を直接表明したり明確な判断を下したりすることは、禁物である。面と向かって、或いは大っぴらに主張しないこと、言葉を濁したり曖昧な態度をとり、決して断言や断定をしないこと〔一部(A)でも触れられたが〕――それが肝腎なのである。確かに、日本人にはそれが目立つ。

まず、外国人によるコメントの例を挙げると、

ひとつひとつの文句は、あやふやな気持ちや、自分のいったことの正しさを疑う気持ちや、相手の反論に賛成しようとする気持ちがこもった注釈をつけて、わざと意味があいまいにされる。日本人は幾世代ものあいだに婉曲な話し方をして、意見が露骨に衝突しないようにしたり、だれかの自尊心を傷つけないような、はっきりした断定を避けるように、

しつけられてきたのである。（オフチンニコフ・一六六頁）

文化の違いなのだろうが、日本は疑問や不満を直接ぶつけ合わない世界だ。他のコーチに相談したり、仲間にこぼしたり。（S・ファーレン〔元モーグル・スキー日本代表コーチ〕、「朝日」〇二・一二・三）

次に、日本人によるコメントの例だが、

日本は波風を立てぬように、なあなあで済ます傾向がある。メディアだってファンだって、もっと物事をはっきり言った方がいい。その方が選手には刺激になる。（萩原健二〔ノルディック複合元世界チャンプ〕、「朝日」〇三・一・二五）

大人は曖昧だ。特に日本人は決着がつくことを望まない。白と黒よりその間の灰色が多い事をよく知っている。嫌いなことを「好きじゃない」という表現で逃げ、しなくてはならないことを「今度埋め合わせるから」とごまかす。（わかぎゑふ、「朝日」〇三・一〇・八）

日本人は小心翼々として断定を避け、肯定か否定かに徹することを逃げた歯切レノ悪イ言いまわしを常用します。……デハナイデショウカ・ジャナイカト思イマスケド・……ト言エナクモナサソウナ気モ一面デハ致シテオリマスガ……。これらは日常茶飯、ごくありふれた口癖です。その心理は複雑微妙で、言質を取られまいとする臆病さ、他者の気持をかばう配慮、そして意見の対立を前もって避け、事態の緊張を予防するクッションを置いておく和合の知恵……いくつもの要素が複合して、じれったい言いまわしが増え、ふくらむ一方です。（芳賀・七四－五頁）

テレビのサッカー中継で耳にする「微妙ですね」という言葉が気になる。実況者が「いまのはオフサイドでしょうか」と問うと、解説者は見解を明確にせず「微妙」で済ませる。……欧州の解説者は、判定やプレーの選択が正しかったかどうか、失点の責任がだれにあるのかをはっきり示す。それこそがプロの解説者の仕事という以前に、意見を求められたら明確に見解を述べるのが社会の常識だからなのだろう。ひるがえって、日本ではあいまいな態度を示しても許される。それが美徳のようにもとらえられている。だから解説者は「微妙ですね」を連発する。（吉田誠一・記者、「日経」〇九・九・三〇）

（C）明確な意思表示を避け、曖昧な言明に止めようとする態度の最も典型的な現れは、よく耳にするかの有名な事実、即ち、「ノー」と言えない（中西進・四三－六頁参照）、或いは「イエス・ノー」がはっきりしないという事実である。この事実を指摘した論述は、全く枚挙に暇がない。まず、外国人によるものとして、例えば（シャルマ・九二－三頁参照）、

どんな国の言葉を覚える場合にも、一番簡単でよく使われる「はい」と「いいえ」という言葉から始めるものらしい。ところが、日本語の場合には「はい」と「いいえ」という言葉を覚えることは、決してそんな簡単なことではない。「はい」という言葉は、かならずしも「イエス」を意味するとは限らないから、ややこしい。また「いいえ」の方も、そのものずばりにいわず婉曲に使うことになっているから、「はい」よりも用心する必要がある。（オフチンニコフ・一六二頁）

何か頼まれた際の「イエス」は、必ずしも受諾や合意を表すものではない。多くの場合、「はい、わかりました」程度の意味である。交渉の場面でも、最後に日本人が述べる「考えてみましょう」を、交渉相手の外国人は前向きな回答ととらえるが、実際には婉曲な「ノー」だったりする。……はっきり「ノー」ということが苦手なのが日本人である。（V・ヴォルピ〔UBSグループ在日代表〕、「日経」〇一・三・六）

「日本人の言うイエスの意味は実に複雑怪奇だ。肯定かと思うと、あいさつ代わりの場合もあるし、共感はしても納得したわけではない場合もある」。二年間近い提携交渉がまとまった時、このイタリア人ビジネスマンはふと感想を漏らした。（森脇亜人〔神戸製鋼所副社長〕、「日経」〇三・一〇・九）

〔アメリカ人だけでなく〕在日外国人の間でも、ビジネスにおける日本人の「イエス」は「メイビー」（たぶん）で、

日本人の「メイビー」(たぶん)は「ノー」と同じ意味だという通念があります。……日本にやってきた外国人が一番わかりづらいのが「イエス・オア・ノー」式の会話です。日本語に訳すと、「嬉しいですが、申し訳ないですね」とか、「やりたいのですが、待ってください」といった、相手を立てておいて本音で否定する、受容と拒否が同時進行する意思表示は、彼らにはさっぱり理解できません。加えて相手に嫌われないよう「IF」(もしこのようなことがあれば~)と先への可能性をおまけとして付け加えるなどという技は、自分の意思を素早く言葉にして伝える彼らにとって、ハードルが高すぎるのです。(井形・七〇、一二二-一三頁)

日本人の「はい」は必ずしも「同意しました」「そのように進めましょう」という意味ではないことを私は経験から学んだ。日本人の笑顔と相づちは、よく知らない外国人には紛らわしい。(マーク・スレード〔DHLグローバル・フォワーディング・ジャパン社長〕、「日経」一三・七・八)

次に、日本人によるものとしては、例えば、

しばしば言われる、日本人がイエス・ノーをはっきりさせないことは……じつは、日本人はイエスのほうは安易に言う性分で、ノーが言えないのです。(芳賀・七三頁)

日本人にとって「断る」という行為は、心理的な障壁が非常に高い。内心では不合理だと思うことも、相手の機嫌を損ねたくないがために引き受けて、挙げ句、関係者全員にいい結果がもたらされなかった、という例は枚挙にいとまない。(清野由美〔ジャーナリスト〕、「朝日」〇九・三・二九)

(D) 何か意見の相違がある場合、日本人は明白な形で決定を下すのを避けようとする。白黒をはっきりさせるとシコリが残るから、双方のメンツを立てて曖昧な結論にしておこうとするのである。お馴染みの「玉虫色」の決着である。(芳賀・九九頁参照)

本質を詰めない。そのまま棚上げする。……あいまいなままにすれば、際立った対立も起きないで済む。日本流の生き方の知恵だ。（「朝日」〔「社説」〕〇一・八・二七）

或いはまた、勝ち負けや善悪に関しても、オール・オア・ナッシングでいずれかに軍配を上げると、後に尾を引く恐れがあるから、できるだけボカそうとする。例えば、（第二部でも触れるが）スポーツ等の試合で「引き分け」があるのは、その端的な現れである。

私の幼いころ、相撲はむしろ歌舞伎につらなる興行だった。……それに当時は際どい勝負とか、長引いて力士が取り疲れたりした場合は、無理やり白黒をつけず、勝ち星は預かりにするとか、「この勝負引き分けに候」とかいう判定も許されていて、それも全く稀ではなかった。結局、どっちが勝つでも負けるでもない決着だが、それで当事者も観衆（世間）も納得していたのだ。（吉田秀和、「朝日」一一・二・九）

「八百長」という言葉には、愛があります。／明治時代、八百屋の長兵衛さんが、相撲部屋の親方に囲碁でわざと負けたことが語源とされます。長兵衛さん、とぼけた顔をしてたんじゃないですか。しかし一方で、負けてあげて親方のご機嫌を取り、商売も繁盛させたといいますから、したたかな商人の姿もかいま見えます。／日本人は、こうした長兵衛さんみたいな人が好きなんです。負けだけど勝ち。勝ちだけど負け、というようにはっきり勝ち負けをつけたがらない。グズグズにしとくのが好きなんです。／八百長と同じような言葉があります。融通を利かせる、手心を加える、顔を立てる。……善悪をはっきりさせない、日本人の心性が透けて見えませんか。……白黒つけないのが大人、日本人的なんです。（金田一秀穂、「朝日」一一・二・一七）

（E）数名の専門家や識者が何らかのテーマについてかなり自由に話し合い、それをそのまま本にするという出版の形式がある。これは日本でよく見掛けるやり方で、どれもたいがい人気を博している。

「座談会」という表現形式は、たしか大正の終わりか昭和初めごろの日本人の発明で、進行役の取り仕切りのもと、出席者があれこれ話題を披露しながら共同でなにがしかの結論に至る。欧米流の「討論」の構図は基本的に敵対の関係だが、こちらは連歌連句の「座」の伝統をひいているから、議論は戦わせるけれども雰囲気はやわらかい。結論だってなくても可。（栗田亘、「朝日」〇四・四・一八）

そうすると、この、「討論」（論争）ではなく「座談」という在り方は、たいへん日本的（「事勿れ主義」的）であると言えるであろう。ただなるほど、二名による「対談」という形式もあり、これもまたずいぶんポピュラーである。そして、それは時に、又は部分的に「論争」的な性格ないし要素をもつことがあるし、そうした対決を売り物にしているケースもある。しかし日本の場合、「対談」といえども、一般に「座談」的なのである。

日本の雑誌や新聞によくある「対談」も、日本人の自己主張を避けようとする特徴が現れたものの好例です。……対談を読んだときに、意見のまったく一致しない人が登場していることは、きわめて稀です。日本の対談で重要なことはただ一つ。それは「意見の一致」です。……ぼくは対談を翻訳するのは絶対にいやです。発言の大部分は、控えめであることを示すための決まり文句の羅列なのだから。（パルバース・二二三－四頁）

（F）　権威というものは、それに挑戦する者が出てこない限り、そのようなものとして存続する。そしてそうした挑戦には、それを生みだし易い土壌というものがある。それは如何なる土壌か。当然、個人主義的な自由競争を是とするそれであろう。従って、対立・対決を忌避する社会においては、明らかにそれとは逆の土壌が存在している。そこでは、権威は崩れにくく永続しがちなのである。

日本は一度大きな地位をつかめば、そこにいられる国。権威という鎧を身につけたら、自ら脱がない限り、誰も脱がせには来ない。（豊崎由美〔書評家〕、「朝日」一二・一一・二七）

（G）　日本では、意見・利害の対立や何らかのトラブルがある場合、当事者同士が直接、交渉したり折衝したりするのではなく、間に人（弁護士などのプロではなく、信頼できる知人といった私的ルート）を立てるということが、しばしば行われる。

かれら〔日本人〕は、むずかしい紛争問題を解決しようとする場合かならず仲介者をたのむ……。（オフチンニコフ・三七頁。同一三四頁参照）

それは何故か。言うまでもなく、直接激突するのを避けるためである。日本人は争いが嫌いでありニガ手であるから、仲介者や代理人によってそれを間接化し、緩和しようとするのである。

（H）先に言葉（発話）における不明確さ・曖昧さということを指摘したが、内心のそうしたカムフラージュは、同時に表情によっても行われている。つまり、本音を覚られるとまずいので、顔の表情でうまくごまかすのである。

「オリエンタルマスク」という言葉をご存知でしょうか。これは conflict（対立）を嫌い、人を傷つけまいとする日本人が、自分の意思を極力隠そうとするときの能面のような表情を外国人が皮肉った表現。日本人ならではの特徴の一つで、欧米人が自分をクールに装う戦略的な「ポーカーフェイス」とは異なる価値観から生まれています。（井形・七九頁）

次に第二点の、コンセンサスの形成への努力ということに関する具体例である。

（A）さまざまな会議や集団における意志決定に際して、全会一致ということが非常に好まれる。実際にそうでない場合も、そうであるような形を整えようとしたりする。逆に言えば、多数決は内部に亀裂を生みかねないが故に嫌われており、人々はできるだけ避けたいと思っている。それはあくまで最後の手段なのである。

日本くらい、総員一致主義という国はありませんね。大学教授会などその典型ですが、要するにイエスかノーかではっきり決を取っちゃえば、さっと出るんだけれども、みだりに、それをすると結局あとにしこりが残るというわけで、なんとなく雰囲気で、大体みなさんがこういう雰囲気らしいと、そこでまあ話をまとめるということが非常に好きだ。

（『福田恆存対談・座談集』第三巻、一八六頁〔佐伯彰一〕）

日本の企業が自己責任にもとづく異見を尊重する気風になかなかならないのは、「全会一致を原則とするコンセンサスづくり」を意思決定の主軸に据えているからである。（高木・三一頁）

「挙党一致」とは言わなくとも、様々な場面で全員一致が求められ、尊ばれる。全員一致が可能であることが「当然の前提」とされている、と感じる。これになじめない「ひねくれ者」には居心地が悪い。「そのままでいいよ」ではなく、「こうしましょうね」と、暗黙のうちに（もちろん善意で）強制される。会議における採決のように反対の意思を形に残す手法・技術は、それ自体忌避される。「遺恨を残す」からだろう。（田村理「フランス便り」二〇頁）

ところで、こうした日本的伝統を最も色濃く体現している組織またはその一つの代表に、自民党の総務会がある。自民党自体が、またその構成単位たる派閥も、典型的なムラ社会であるが（後者は党員によってまさに「ムラ」と呼ばれている）、その最高決定機関たる総務会の議決は、たとえ形式的であっても、全会一致を原則としてきた（例外はあれ）のである。そのため、反対者は採決時に欠席または退席するという慣行まであるし、会長一任とか、時には、ヤジと怒号の中拍手で了承というケースもある。次の場合は総務会ではないが、

「自民党というのは、採決をとらないんです。それが保守党の伝統なんです」。宮沢首相は六月十四日夜、政治改革の党案決定を議員総会にはかるよう求めて自宅に押しかけた若手議員らに、こう説いた。（新聞記事・不明）

なお、反対が相当以上に強くて決めにくい場合には、どうするのか。たいてい「先送り」ないし「棚上げ」である。

全員一致の伝統精神に関して、もう一点言及しておきたいことがある。それは、トップ人事に関して、選挙よりも話し合いを良しとする一般的風潮である。例えば、政党の党首を選ぶ場合、しばしば、選挙は党内対立を激化させ党運営に支障をきたすことになるから望ましくないという議論が出され、賛同を得ている。現実には選挙が実施されることが多いものの、それは、歓迎されざる立候補者の登場とか、党の活性化や宣伝効果といった、消極的または副次的な理由からである。論争が仕事であるはずの政治家の世界ですらこうであるから、他は推して知るべしであろう。

（B）諸々の組織や団体の指導者には、「日本型」と呼ばれる日本特有の一般的なタイプがある。日本においては、諸外国とは異なるそのような人物が指導者として好まれ、従って、選ばれ易いのである。そのタイプとは如何なるものかと言えば、卓越した才能と強烈な個性をもち、自己自身の信念および洞察に基づいてグイグイと引っ張って行く、即ち、多少とも強引に上から統率するようなタイプではない。つまり、強力なリーダーシップは期待されていない。その反対に、自ら方向を決めるのではなく、一歩退いてメンバーの考えの最大公約数を追求するタイプ、内部の「和」を優先する、いわゆる「調整型」なのである。

リーダーは、すべての成員を、直接ではなく、大部分はリーダーに直属する幹部をとおして、把握している……。このことは、リーダーに直属する幹部成員の発言権をきわめて強いものとすることになり、ともすればリーダーは二人以上のこれら直属幹部成員の調整役的立場に立たされる。

これら幹部成員は、ある意味で、それぞれの支配下にある成員の利益代表的存在であるから、お互いに相当緊張した力関係が生じている。こうしたメカニズムがリーダーをしばしばつき上げ、リーダーはその力関係の調整に相当なエネルギーを使わなければならなくなる。（中根・一三八－九頁。岸田他・二二八頁〔岸田〕参照）

それ故、指導者としての資質、彼に求められる徳も、日本独特であり、諸外国とは異なる。「調整型」で重要なのは、知的な優秀性でも実践的なそれ（例えば、粘り強さ・大胆さ・決断力・勇気・包容力・公正）でもなく、「まとめ役」としての社交的な性格（例えば、円満・温厚・博愛・誠実・明朗）なのである。

私はこれまで買収や訴訟などの企業に関する多くの難しい案件に携わってきたが、……〔重役クラスより、〕種々のケースで一緒に仕事をしたもう少し若手の人たちに、私の感服した〔重役の〕N氏やY氏のような人がいつかはトップになれるのかを訊ねたが、彼らの答えは決まって、ああいった人はうちではトップになれない、と口を揃えた。その説明も大体が同じで、「彼はシビアだ」とか、「彼は人気がない」とかであるが、なかでも私が気に入っているのは、「彼は頭がキレすぎる」ということであった。そして案の定、このような仕事が非常にできる人材が組織のトップになることはないのである。N氏は今、子会社の社長をしているし、Y氏も同じように、他社の監査役に就いている。……村社会的な部分を色濃く残す日本の企業においては、扱いやすく、影響力のない社長が選出され、シビアで、人気のない、キレ者の社長が受け入れられない傾向は今でも根強く残っている。(E・アンソニー・ザルーム〔米国弁護士〕「日本の企業 今昔」三〇-一頁)

そして当然のことながら、このようなタイプの指導者はメンバーにとって同僚や仲間であり、その代表にすぎない。彼の地位は他の同僚・仲間と同じく出世の階段を一歩一歩上ってきた結果であり、それが相対的に早かっただけなのである。*

日本で企業や政治のリーダーになる人たちは、トップリーダーになるつもりではなかった。下積みから始めて、気がついたらトップに立っていた。準備がないので、そういう地位に立つとオタオタしてしまい、サマにならない。「部下」としてのふるまい方しか知らないからです。……日本は……エリートと一般の人びとの差がないことになっている……。そこで、日本で政治力を獲得しようと思えば、「私は決してみなさんより傑出した人材ではありません」とアピールする必要がある。社長が作業服を着て社員食堂で食事をしてみたり、「朝食はメザシです」と言ってみたりするのも、そのためです。(橋爪『政治の教室』七七-八頁)

＊ 以上の如き、「和」第一主義の日本型リーダー像を、更には「仲間主義」そのものを、如実に示している――その一つの典型的な事例と言ってよいのが、合併企業における「たすき掛け人事」である。なるほど、特に対等合併またはそれに近い場合、始めの間或る程度は止むをえないであろう。しかし、かなり厳格かつ長期に続けるとなると、それは「和」以外の何ものでもなくなる。例えば新日本製鉄㈱の場合、合併後何と三〇年以上も継続したのである。

(C) 指導者またはリーダーの第一の役割は、組織としての意思決定である。従って、指導者の在り方は意思決定の仕方に対応あるいは依拠しており、その逆もまた真である。即ち、両者は相互規定的なのである。そうである以上、日本的な指導者のタイプには、当然、日本的な意思決定方式が対応している。よく知られているように、上意下達のトップダウンではなく、(どちらかと言えば)下意上達のボトムアップである。より精確に言えば、ミドル主導のアップ・アンド・ダウンであろう。

実動部隊または現場責任者たるミドルが中心となって全体的な相互交流を繰り返す中で、自ずと一定の方向性が形作られ、その線で決まったような雰囲気が何となくでき上っていくのである。

日本でビジネスをしていて実感するのは、決定が関連スタッフすべてを巻き込んで注意深く行われることである。決定権を持つ部長クラスが合意するまでに、りん議プロセス、非常に長いディスカッション、詳細なプランニング……。（M・セヴァ〔イクアント社長〕、「日経」〇二・一一・二六）

後は、トップがそれを追認するだけである。そこから、日本企業は決定は遅いが、決まれば速いという周知の事実が生ずる。既に末端にまで、コンセンサスが行き渡っているからである。

（D）　このような日本型決定方式を別の次元に、即ち、上下関係ではなく水平方向に適用したものが、有名な「根回し」である。

企画や事業をスムーズに進めるため前もって各方面に話をつけておく「根回し」。……「……根回しは本来、手間ひまをかけて集団を納得させるプロセスだと思う。……」（鳴海邦碩）……「時間をかけ、無理をしないで合意をとりつける。それが根回しの底流にある。円満な人間関係を構築・維持するためのデザイン術ではないでしょうか」（山泰幸）……（大村治郎・記者、「朝日」〇五・五・二八）

ここで言われている「根回し」は、一つの集団全体や関連部局に関るそれである。「根回し」にはもう一つ（と言っても、重なる場合があるが）、各種の会議に関るそれがある。

日本の会議は必ずしも思うことすべてを持ち込んで徹底的に議論して決める場ではない。全員の合意を形成するプロセスの一部分にすぎないのだ。会議前に全員の意見を調整する下準備が非常に重要で、会議であからさまに衝突することを避ける苦労をいとわない。（マーク・スレード〔DHLグローバル・フォワーディング・ジャパン社長〕、「日経」一三・七・八）

続いて第三点、何らかの問題が生じた場合の内々の解決ということについての具体例である。

（A）政府調達や一般商取引の入札などにおいて、「談合」がよく行われる。それは完全な自由競争のもたらす優勝劣敗や共倒れのリスクを避けようとするものであり、利害の観点からの、即ち共存共栄のための一つの工夫である。しかし、それだけではない。それは同時にまた、同じ業界の「仲間」意識に基づく「和」の産物でもある。だからこそ、そもそも話し合いが可能であり、「談合」が成立するのである。

（B）今し方「根回し」について言及したが、それ（その二番目の意味）はこの第三点の例でもある。会議の開催に際して、事前に非公式な打ち合せをすることにより、公式の場で意見が対立し「和」が失われるのを防ごうとする。或いはまた、「和」に気を遣って意見の表明が十分になされず、適切な結論に至らない、ということを避けようとする。つまり、予め各方面に対して内々に打診・聴取・説得するなどして、開催前に既に事実上決めておくのである。従って、公式の場は半ばセレモニーの性格を帯びることになる。

欧米企業にとって会議は定められた議題について具体的な意見を出し合い、決定をする場。参加者は自由に知恵を出し合う。日本企業にとって会議は何かの決断をする場ではなく、会議を開く前に根回しは済んでおり、すでに決定された事を披露する公の場だ。儀式としての意味合いが強い。（ロシェル・カップ〔ジャパン・インターカルチュラル・コンサルティング社長〕、「日経産業」〇〇・一一・七）

習慣の違いはどんな欧米人でも驚くだろう。役員会は「根回し」が基本になっていて、会議の前には方向性がすでに決まっている。議論はしない。（H・ウォレス〔マツダ社長〕、「日経産業」〇二・四・二四）

（C）訴訟、従って裁判が日常的でないこと、それ故また、法曹人口が極端に少ないということも、その一例であろう。*「裁判沙汰」の語感が物語っているように、裁判で争うことには、特殊性のみならず負のイメージさえつきまとっている。裁判は公共的であり、且つあまりにもオープンだからである。そのような場で明白な不和・対立を示し争うことは、日本人にははしたないこと、見苦しいことなのである。同時にまた、勝ち負け・白黒をはっきりさせることは、「和」にとって好ましくないのである。

裁判に持ち込み明確に白黒つける日本の訴訟件数は、アメリカに比べて圧倒的に少ないといわれています。和を大切にする日本人にとって、たとえ自分の主張が通ったとしても、後々しこりの残る決着は意味をなしません。できれば双方の顔を立て、互いが納得できるよう調整することが最良の解決策なのです。（井形・一三〇頁）

＊　最高裁などの調査によれば、一九九七年の時点で、日本の法曹人口は単位人口当りアメリカの約二十二分の一しかない（「日経」〇一・六・一三）。

最後に第四点の、責任の所在の不明確、その追及の不徹底といったことの具体例である。

（A）何らかの失敗や誤りに対して、責任を明らかにし、その過誤を厳しく糾弾することは、あまりなく、逆にしばしばウヤムヤにされ、曖昧なままに終わってしまう——こうしたケースは全く枚挙に暇がない。

米国議会は一九三二年から三四年にかけて、国家的損失を招いた大恐慌の原因と責任を徹底的に究明した。ペコラ委員会と呼ばれた調査委員会の議事録は一万ページを超す膨大なもので、ディスクロージャーの不備や銀行と証券の業務分離の必要性を指摘。ルーズベルト大統領は証券取引法を制定、証券取引委員会（SEC）を設置した。……日本はどうか。「失われた十年」の総括はいまだに行われていないし、責任の追及も不十分だ。（「日経」〇二・一・二九）

こんどの外相・事務次官更迭では、混乱の原因がどこにあるのか。異常な事態をだれが招いたのか。それらが明確にされないまま「けんか両成敗」のかたちをとった。釈然としない。……裁きとして「理非」を問わないのは困った伝統だ。（「朝日」〔「天声人語」〕〇二・一・三一）

NTTコミュニケーションズ（NTTコム）が二〇〇〇年九月に買収した米データ通信会社のベリオ。これまでに投融資額は八千億円台に上る。そのうち約七千八百億円の損失が発生した。一社に対する投資損失としては日本で最大級だ。それにもかかわらず、親会社のNTTなどによる「失敗」の検証作業が遅々として進まない。（「日経」〇三・一・二三。なお、NTTコムの社長は経営責任を追及されず、辞任もしなかった。）

〔イラク戦争開始十年目、日本テレビのニュース番組は米英日の検証作業を比較したが〕米国では〇四年に政府が一千ページもの報告書を出した。激論の末に参戦した英国では〇九年に始まった第三者委員会による検証作業が今も続いており、報告書は一〇〇万文字を上回る見込みという。翻って日本では政府が昨年やっと報告書をまとめたが、公開資料はたった四ページだったと説明。その異様さを浮き彫りにした。（田玉恵美・記者、「朝日」一三・三・二九）

因に、日本人のこうした性格の最も有名な歴史的実例は、言うまでもなく、大東亜戦争の責任問題への対処の仕方であろう。アメリカ（GHQ）の対日統治方針など、諸々の歴史的特殊要因はあったものの、まさにかの「一億総懺悔」が物語っているように、日本人は開戦の原因の解明や戦争責任の追及に全く熱心ではなかったのである（岡崎久彦『重光・東郷とその時代』三五八-九頁参照）。

ドイツや米国だけでなく日本自体の国力を誤算し、偏狭な、神がかり的な思い込みの下に日本を開戦に引っ張っていった政府上層部。お粗末、無謀な作戦指導によって、たくさんの貴い人命を失わせた軍部のエリートたち。彼らは、大失敗したことが明らかになっても、組織内の「なあなあ主義」によって、解任されるどころか、多くの場合、その後、順調に進級していった。（松山・一三一頁。戸部他・三三三-七頁参照）

パール・ハーバーのときだって、いくつも委員会をつくって問題究明と責任追及をやった。それに比べて、日本は国民に対して政府が、太平洋戦争なら、こういうところが失敗した、間違ったという報告書なり研究を出したか、というと、全然出していない。（船橋洋一〔座談会〕、『中央公論』〇三年二月号、六二頁）

(B)　責任の不明確・不問ということは、責任とそれに伴う償いとが直結しないということでもある。謝罪が責任の所在の認定を意味せず、謝罪と償い又はペナルティーとの対応が必然的ではないのである。その結果、謝罪というものが大そう気軽に、極めて安易になされることになる。直情径行、とりあえず謝っておこう、相手より先に、ということになる。従って、謝罪が行われても、それによって、何らかの責任がとられペナルティーが課されるとは限らないのである。

一〇〇円の皿を割って、もし過失を認めたら、相手がベドキンなら弁償金を一〇〇〇円要求するかもしれない。だから皿を割ったアラブはいう――「この皿は今日割れる運命にあった。おれの意思と関係ない」。……

皿を割った日本人なら、直ちにいうに違いない――「まことにすみません」。ていねいな人は、さらに「私の責任です」などと追加するだろう。それが美徳なのだ。しかし、この美徳は、世界に通用する美徳ではない。まずアラビア人は正反対。インドもアラビアに近いだろう。フランスだと「イタリアの皿ならもっと丈夫だ」というようなことをいうだろう。

私自身の体験ではせますぎるので、多くの知人・友人または本から、このような「過失に対する反応」の例を採集した結果、どうも大変なことになった。世界の主な国で、皿を割って直ちにあやまる習性があるところは、まことに少ない。「私の責任です」などとまでいってしまうお人好しはまずほとんどない。日本とアラビアとを正反対の両極とすると、ヨーロッパ諸国は真ん中よりもずっとアラビア寄りである。隣の中国でさえ、皿を割ってすぐあやまる例なんぞ絶無に近い。(『本多勝一集』五一一頁)

(C)　この「簡単に謝る」という現象の根底には、「和」に由来する別の心理の働きも認められる。

「世間をお騒がせしました」「不徳のいたすところです」……。いちにのさんと行儀よく頭を下げて謝る大企業の幹部やお相撲さんをテレビの映像がなんども繰り返す。……塩野七生さんは「スミマセン全廃の推め」をいい出した。簡単に謝る日本の文化とその陰にすけて見える、それで一件落着の意図が許せないのだろう。(寺澤芳男、「日経」一〇・七・二四)

こうすれば(言えば)先方はどう感じるか、先方の気持ちや立場はどうなるか――この意識が念頭から離れない日本人は、先方の受け取り方や立場から逆算して自己の言動を選択します。この〈他律型〉対人意識が日本の民族性の一大特色です。日本人はすぐ謝まる、というので外国人が評する〝スミマセン・メンタリティー〟なども、この特性の一側面にほかなりません。（芳賀・六九頁）

（D）　責任追及が甘く、謝罪が処罰に直結しないということは、（安易な謝罪に加えて）更にもう一つの結果をもたらす。それは、早期の「名誉回復」が見込めるということである。何らかの不祥事を犯して失脚しても、暫くおとなしくしておれば（「謹慎」や「自粛」）、やがて帳消しにされ復帰できる。そして、何事もなかったかのように振舞え、且つ遇される。言わば「禊ぎ」がなされたと見なされるのである。だからこそまた、スミマセンが連発される。こうしたことは、芸能人・スポーツ選手・政治家など有名人の恒例行事としてお馴染みであろう。

〔サッカーの試合に負けたウクライナの〕監督は敗退した責任については一切、言及しなかった。それどころか、……〔記者の追及に〕キレ〔て、逆に〕恫喝〔した。〕……日本人監督だったら、こんな問答に至る前に「期待に応えられず、申し訳ありません」と口にしていたのではないだろうか。ウクライナに限らず欧米ではよくあることだが、非を認めたら、立場はどんどん悪くなり、再起不能に追い込まれる危険がある。日本の指導者や選手が敗戦後に責任を口にし、安易に頭を下げてしまうのは、それでも、しばらくすれば許される社会だからなのかもしれない。（吉田誠一・記者、「日経」一二・七・一八）

（E）　先の第三点「内々の解決」とこの「責任の不明確」とが結びつくと、集団内部の不祥事に際して、或る独特の解決方法がしばしば採用され体質化する。即ち、「揉み消し」である。この種の事件（不祥事の不祥事）がしょっちゅう繰り返され、日本のニュース報道の一つの定番となっている所以である。

お互いに失敗を庇い合う日本の伝統的な連帯意識が嘘をも許容し、ついには重大な政策判断の錯誤にまで至るという例は、張作霖爆殺事件の隠蔽以来、数限りない。おそらく、それは軍事だけでなく、日本の社会、文化のすべてのなか

に深く根ざしている欠陥なのであろう。（岡崎・三五九頁）

第二節　同質志向

「和」を保つ上で最も安定的な基盤は、人々が諸々の点で同質的（又は画一的・類似的）たることである。従って、「和」の意識は同質化・画一化の傾向を生み出すことになる。むろん既述の如く、そもそも基本的な同質性が存在するからこそ、或いは同質性が強いからこそ、逆に「和」の意識が生ずるのであり、両者は相互的・循環的な関係にあるが、ともあれ、同質的であればあるほど、社会全体は明らかに調和を保ち易い。「和」の尊重は同質化への無言の圧力（「右へ倣え」）を生ずるのである。まさに「日本人の画一的で多様化を許さぬ姿勢」であり、「何でも画一的なことが好きな日本」である*（河合『日本文化のゆくえ』四一、四二頁。井上・二五四頁、船曳・一七七頁、柴田・八七－八頁、齋藤・五四、五七頁参照。）

自分で考え、自力でやってゆくという精神は、日本では発達しなかった。「天は自ら助くる者を助く」といった考えはなかった。他人のするようにすることが、自分を助ける唯一の方法であった。（宮城音弥『アメリカ人の性格、日本人の性格』一八五－六頁）

徹頭徹尾、心理的存在としての世間に生きる日本人の生活は、つまり他者を気ニスル生活です。他律性の日本人は気ガネ民族です。気ガネ文化の中では遠慮こそ美徳であり、遠慮気ガネと重ねて言うことも有ります。

他者を気ニスル日常の結果、日本人は……他者の一挙一動、一嚬《ぴん》一笑に目を配って心の動きをとらえる〝心理的人間〟になりました。顔色ヲ見ル・目ノ色ヲ見ル反応が身についていて、その一喜一憂、気苦労ぶりは涙ぐましいほどです。事実、微妙な心理のヒダをカギワケル勘（勘バタラキ）は鋭いのです。……気ガネ社会では、集団の中での、あるいは世間での自分の評価、つまりウケがどうかという配慮が各人の心から離れません。……ウケが悪くならないためには世間と横並ビで行くのが最も無難です。（芳賀・九〇－一頁）

〔日本の〕人々は、社会の和のために個性を抑えることが求められる……（パルバース・二四四頁）。

帰国して三つのことを感じました。まず、異質なものを受け入れ多様性を重んじる米国に対し、日本は横並び、同質性の社会だということ。（河北博文、「日経」一一・六・八）

日本人は外国人と比べて、自分の個性や価値観をはっきりと示さない人が多いように思います。（内永ゆか子、「日経産業」一二・四・五）

＊　このことを表現している、よく耳にする（有名な？）ジョークがある。なかなか良くできているので、紹介しておく。

こんなジョークがある。荒波で客船が難破。乗客は救命ボートに移ったが、大勢乗りすぎて今にも沈みそう。女性と子供を助けるため、船長はさまざまな国籍の男性客に救命衣をつけてもらい海に飛び込ませたい。さて、何と言えばよいのか。

英国人には、「あなたがたは紳士ですね」と言う。ドイツ人には「船長の命令だ」、イタリア人には「飛び込むのは規則違反ですよ」と言うと飛び込む。アメリカ人になら、「ご心配なく、保険をかけてありますから」で十分。日本人には、そっと耳元でこうささやくのが一番。「みなさん、飛び込んでいらっしゃいますよ。」（山本隆道、「日経」、日付不明。英語の部分は省略）

日本社会のそうした傾向を示す事例には、事欠かない。以下、いくつかの具体例を挙げておこう。

（A）　日本には、人と同じことが善いこと、正常なことであり、人と違うことは悪いこと、異常なことであるという空気がある

（「みんな一緒にイデオロギー」（森毅）「みんな一緒主義」（中島義通））。そのため、傑出した才能や特異な個性をめったに評価しない。それらの持ち主を異分子として排除したり抑圧したりしがちなのである（「〝出る杭は打たれる〟式の社会的制裁」（青木昌彦、「日経」〇一・九・七））。

日本では、ちょっとでも異質なものに対しては、いじめが出てきます……（河合『Q&Aこころの子育て』一二九頁）

こうした空気を代表するのは、「プロ」「ユニーク」「エリート」などに対する異和感・無理解・軽視・白眼視といった現象であろう。

米国で企業買収や提携交渉などに出てくる弁護士たちの実力のすごさは、まさにプロらしいプロを感じさせる。かつて私自身体験したことだが、こちら側が五、六人のそれぞれ違う分野の専門家が出ていかざるを得ないのに、相手は一人か二人でやって来て必要な交渉は全てこなしてしまう。……日本にはプロをプロとして育てる土壌が少ない。……

日本社会がプロをあまり生み出さないのは、社会の大部分が競争圧力のない集団主義的にできているからだ。才能有る者を認めて育てるよりも、だれか抜きん出ると、皆で足を引っ張る方へ動いてしまう傾向がある。*（岩城賢、「朝日」、日付不明）

日本では、ユニークな発想や行動は警戒される。私も会議などで「自分の意見」を言うと冷たい視線を感じる。人々は周囲と調和することに努め、「〇〇らしく」とか「社会常識の範囲内」という保護色で身を守る。……どの分野でも独創的な人は多かれ少なかれ変わり者であるが、現在の日本の社会ではそうした変わり者は同質社会の中でつぶされてしまう。欧米人から「ユニーク」といわれるとほめ言葉だが、日本で「あの人はユニークだからなぁ」とか「あの人は変わっているのですよ」といわれると、侮りの気配が漂う。（坂東真理子、「朝日」、日付不明）

日本の社会は、そもそも画一性を好み、ノーベル賞を取るようなユニークな考え方を持つ人を排除するような傾向がある。（上野健爾、「朝日」〇八・一一・二〇）

常日頃、今の日本を内と外とから、はすに見ていて感じるのは、エリートというかプロというか、その種の人材の不足である。わが国の現在の特徴を一言で言えと言われれば、すべての分野でアマチュアの国ということになる。（松井孝典、「日経」〇〇・八・一五）

＊　日本のこうした反プロ的土壌を示す多くの興味深い事実がある。例えば、作家・評論家・タレント等を名乗る人々が各種テーマに関する講演会・座談会・シンポジウム・テレビ番組などに、その道の専門家でないにもかかわらず、よく招かれる（ドイツにおける反対の事実について、松原・二七六－七頁参照）。或いはまた、プロ野球の監督がアメリカと違って、たいてい元有名選手によって占められるということもある（岸田他・二三一頁〔岸田〕参照）。更に例えば、次のような現象が認められる。

僕が働いていた英米のテレビ局では、スポーツ中継に素人の出番などありません。……素人っぽい新人アナウンサーが「一生懸命でかわいい」とか言われて、ベテランアナより人気が出たりする。分析力も批判精神も何もなくても、元選手というだけで重宝されてしまう現象も日本ならでは。欧米ではありえません。（デーブ・スペクター、「朝日」〇一・九・一二）

（Ｂ）　（Ａ）と同種の現象だが、日本では、学界における業績評価が客観的に行われにくいということがある。学問という、ただひたすら真理を探求する世界、真理が唯一の規準たるべき世界であるにもかかわらず、評価に関しては、あまり純粋ではない。つまり、真理が全てではない。それ以外の要素、非合理的なるものが、幅をきかせがちなのである。それはどういうことであろうか。

「同質志向」は同じグループ内、或いは仲間内においては、各人の間の差等をはっきりさせないようにしようとする傾向を生む。学界においても同じである。師弟関係、肩書、年令などの組織統制的な序列は致し方ないが、それとは異なる、実力や真の値打ちの差が歴然となることは、秩序を壊し「和」に悖るように感じられるからである。そのため、学者同士、互いの評価を避けようとする。それは否定的な場合だけではない。肯定的な場合も然り。つまり、大半の学者が新発見や新説、又は画期的な業績を正当に評価しようとしないのである。

日本の学界に固有の、独創性をつぶす体質が浮かび上がる。だれかが台頭してきたり、異才を発揮して大きく羽ばたいたりするのを極端に嫌う風土だ。学問の中身の議論ではなく、人柄や学界内での立ち居振る舞いがあげつらわれる。みんなで出る杭を打ち、飛ぼうとする人を引きずりおろす。評価されるのは学界や大学での地位で、地位が権威となり、いつのまにか主流が形成される。そこから外れた異質・異才の才人はまっとうな評価を受けることもなくなる。

その一方で学問内容の本質的な議論はなおざりにされる。狭い分野の仲間内だけが集まり、お互いの領域を侵したり批判しあったりせずに無難に過ごすことになる。「何もあえて波風を立てなくとも」という感覚がまん延することになる。すぐ隣の研究分野や、海外の研究者の意見などに耳を傾ければ、学問は豊かにそして深くなるが、内部はもちろん外部からの批判などは全く受け付けない。*（塩谷喜雄・編集委員、「日経」〇〇・一一・一五）

「日本には、新しいものが出てきたときに〝これはいい〟と言う文化が弱いんです。挑戦する人に冷たいし、彼らにお金も回らない。」（辻野晃一郎（元グーグル日本法人社長）、「日経」一三・七・二八（有田哲文・記者））

＊　なお、お気づきのように、ここでは、先述した「事勿れ主義」の存在も指摘されている。いずれも「和」に発している以上、「同質志向」がそれと結びついたり重なったりすることは、むしろ当然であろう。

因に、日本の考古学界において二〇〇〇年に、遺跡発掘の捏造（の発覚）という奇怪かつ物悲しい事件が発生したが、それ（犯行の成功）はまさに「事勿れ主義」の産物である。

一連の石器には、私のほかにも疑念を抱いた研究者はいたはずだが、声が大きくなることはなかった。研究者内での人間関係が何よりも重要だったからだ。（竹岡俊樹、「朝日」〇一・五・日は不明）

このように、日本の学界には厳正公平な評価の風土というものがない。そのため、評価はしばしば外部に頼ることになる。即ち、とりわけ海外である。*江崎玲於奈氏もこう指摘しておられる。

「日本は評価をしない、というより、避けようとする社会だ」（。なるほど、日本にも学会賞などの表彰制度はある。

しかし、」業績より、「順番」や「推薦者」がものを言うのが、……日本の学会賞の常だ。(「朝日」〇〇・一〇・二二)

確かにこういう「評価(?)」(差等)なら、逆に秩序に合致し「和」を強化するであろう!

＊　周知のように、海外で先に評価されて逆輸入されたり、国内で否定された画期的業績が海外で高く評価されたりする事例は、枚挙に暇がない。

私は七九年に徳島大大学院を修了して日亜(化学工業)に入社。八九年に青色LEDの開発を始めました。……九三年に商品化を発表したときはなかなか信じてもらえませんでした。日本では知名度が大事なんです。(中村修二、「日経」〇一・一一・八)

田中　八七年に日本の学会で発表した後、それを聞きつけたアメリカの研究者二人が私のところに来られて、「ぜひともこれを世界に紹介したい」と言われたのです。将来性を認めてくれたこうした「目利き」のような方がいなければ、今の(受賞)騒ぎにはなっていなかったと思います。

――日本ではあまり知られていなかった。

田中　島津製作所の中でも私たちがそういう研究をしていることを知らない人が多いくらいですからね。(田中耕一、「朝日」〇二・一〇・一一)

そして、こうした現象を象徴的かつ劇的に物語っていることがある。それは、ノーベル賞を授与された日本人学者がその年俄かに「文化功労者」に選ばれ、しかも異例なことに、同時に「文化勲章」も与えられるという事実、それが珍しくないという事実である。

これらの科学者たちが国際的に最高の栄誉とされるノーベル賞を受賞した後に、いわゆる後出しの形で国内賞の文化勲章を受章する「ねじれ現象」が続いている……。外国の権威ある賞をもらって初めて国内の評価が定まるとすれば、何とも恥ずかしい話である。……こんな事態が起こるのは日本の学界が科学性とは無縁の閉鎖社会で、自国の研究者の成果さえも正当に評価する機能を失っているからだ。(志村幸雄、「日経産業」一〇・一一・一九)

ところで、「海外」という救いのある理系はまだマシであり、文系の場合は概して絶望的である。文系の独創的研究が陽の目を見るには、しばしば運も必要とされるのである。

こうした指摘は、さまざまの学問分野の人々によって数多くなされている。* そして注目すべきは、江崎氏に限らず他のノーベル賞受賞者および同クラスの学者も異口同音に指摘されていることである。

〔日本では〕他の研究者を主体的に評価することを避ける傾向がある。憎まれるのが嫌なので、自分の判断でなくその人の研究論文の数とか引用回数に頼って評価する。結果的に、まず海外で評価を受けないと国内でも評価を得られないことになる。（本庶佑、「日経」〇〇・一〇・二八）

日本では、何の先入観も持たずに評価をする風土が育っていないんじゃないかという気がするんです。外国で評価され、日本に逆輸入されて見直されることが現在でも繰り返されているのではないかなと。……日本には、厳しく人を評価することをなるべく避けて通ろうとする習慣があります。（白川英樹、「朝日」〇〇・一二・三〇）

日本の研究者は異分野の人間を排除する傾向がある。／日本には独創の芽をつぶす風土がある。（和田昭允、「日経産業」〇一・七・二／「日経」〇一・七・二七）

研究を評価することが日本では一番遅れている。日本人は他人の仕事を評価することに慣れていない。（小柴昌俊、「日経」〇二・一〇・一一）

＊　例えば、次のように指摘されている。

日本語で学術論文・学術書を書いても書いても、読者つまり同学・同僚からの手応えがあまりない。小さな世界での義理と人情でがんじがらめになり、客観的な研究評価がほとんど不可能になっている。（猪口孝、「朝日」〇一・

三・三一）

日本は評価が下手。権威が認めたものは評価する。（高柳英明、「東洋経済」〇二・一一・二五）

日本は個人評価が得意でなく、あまり力も入れてこなかった。個人に差をつけず、全員が横一列でゴールインするのが長年の美風だった。評価は組織単位ではなく、個人単位で行うべきだ。日本では、これが決定的に欠けていた。（相原惇一、新聞記事）

世界的な仕事が目の前にあっても、日本人は評価の仕方を知らない。（橋爪大三郎、「日経」一二・三・一七）

（C）「同質志向」の同質とは他人との同質性であるから、それは判断や行動における他律性をもたらす。つまり、それらの動機ないし理由が他人や社会に由来する傾向が強まるのである。

〔多くの日本人は〕「みんながこういっているから」「他人がこうするから」「みんながこうしろというから」ということによって、自己の考え、行動にオリエンテーションが与えられ、また一方、「こうしたことはすべきではない」「そう考えるのはまちがっている」「その考えは古い」というような表現によって、他人の考え・行動を規制する。（中根・一七〇頁）

また、これと同種の現象ないし一つのバリエイションに、「〇〇らしさ」が意識され重視されるということがある。例えば、「男らしさ」とか「若者らしさ」のように。（阿久津・一一四‐五頁参照）そして、こういう心的傾向は当然躾や教育に反映する。

個々の家庭はその家なりの強い規範をもつのではなく、両親は子供に対して「人様に笑われないような」、つまり、社会一般の通念に合う人になるように教育をほどこすのである。（河合『中空構造日本の深層』二一〇頁。駒井・二八

頁〔田中洋子〕参照）

このようなことから、一般に「横並び」と呼ばれる社会現象が各方面に現出する（「田植えの論理」*という言い方もある）。即ち、日本人はよく一斉に同じ行動をとろうとするその現象である。それは日本企業および労使のさまざまの判断・行動、特に業界ごとのそれに典型的に見られるが、その他、地方や地域のレベルで、また世代・学年・職種などいろいろなグループごとにも、認められる。例えば、思いつくままに挙げれば、春闘・新卒一括採用・リクルートスーツ・喪中はがき・バレンタインチョコ・謝罪会見（の礼）などなどである。

＊ 昔の田植えでは、横一列に並んだ農民が掛け声とともに一斉に早苗を植えた。先を進む人はなく遅れる人もいない。日本に根強い横並びをよしとする「田植えの論理」〔である。〕（中村雅美・編集委員、「日経」〇一・二・一〇）

ところで、かつて「日本の子育ては息が詰まる」という新聞記事（「朝日」〇〇・一〇・二〇）に出会ったことがある。そこでは、その原因は「横並び」意識にあるとされていた。周りの親たちから無視されるようになった主婦によれば、

人と違ったことをすれば、いじめの対象となる。周りの目ばかりを気にし、自分にとって何が大切かを見失わされる生活は、窒息してしまいそう。自分を貫いて孤立するか、自分をおし殺して妥協するか……

また、或る外国人女性もそれにストレスを感じてこう語っている。

日本の親の多くは独自の価値観を持てず、横並び意識が強い。だからちょっとでも異質な人がいると、よってたかって干渉する。

なお、母親や生徒が「仲間はずれ」にならないよう、「みんなと同じ」ということに大変な神経を使っていることが、調査の結果明らかになっている（駒井・三九頁〔田中洋子〕、七七‐九頁〔土井隆義〕参照。但し、その原因についての彼ら

の見解〔二・一二頁〕には、同意できない）。

また、別のケースだが、日常化して殆ど自覚されていない「横並び」として、次のような例がある。

昼ご飯に一人がてんぷらそばを注文すると皆がマネするでしょう。〔R・ヘルムステッター〔キャロウェイゴルフ開発最高責任者〕、「日経産業」〇二・一一・一九〕

日本人と食事に行くと「同じものでいい」と、みんな右へならえで同じ料理を頼むことを外国人は不思議がります。〔井形・一二四頁〕

（D）日本には、ファッション、ギャグ、ドラマ、食べ物など、各分野にわたって流行やブームというものが顕著に存在する。むろん、外国にもあるが、日本は別格である。日本の場合、流行・ブームは次から次へと発生し、その盛り上りぶりも全国的・全国民的である。そして驚くべきことに、それは純粋に知的であるべき学問の世界にも存在している。日本の学界、特に思想分野においては、しばしば流行・ブームが見られる。いったん或る思想または思想家に「火がつく」と、猫も杓子も〔失礼！〕という状態になってしまうのである。

（E）「同質性」の社会においては、当然「嫉妬」というものが生まれ易く、それが内向的に蔓延することになる。そして、人々も自分がその対象にならないよう用心し、慎重に行動しようとするのである。

「この国ではハッピーリタイアを広言することを許さない雰囲気がある。」〔と、会社を売却した起業家たちは語った。〕……「貧しきを憂えず、等しからざるを憂う」という嫉妬の文化が強いこの国では、起業家が途中で会社を売り払い、ジャパニーズドリームを実現するのはなかなか難しい。〔「朝日」〔「経済気象台」〕〇一・九・一七〕

また、次のような事実もそうした「嫉妬の文化」の一つの現れであろう。

奇妙といえば、宝くじの当籤者の写真が新聞に載らないことも、その一つです。当籤者は自分の幸運をひた隠しにしているようですが、なぜでしょうか。多分、そのような行動にも日本人特有の考え方とか、伝統の枷があるのかもしれません。例えば、賞金を親戚や友人に分けないとエゴイスト呼ばわりされるとか。スペインなら、クリスマスの宝くじで一等を引き当てて、それを当然のごとく一人占めしたとしても、彼のことを決してエゴイストだとは考えません。

（ヨンパルト・一八〇頁）

そう言えば、アメリカからときどき、誰それが幸運にも何々で大変な大金を手にしたというニュースが届く。従って、アメリカも公表しているようである。日本の場合、宝くじに限らず（トンデモナク）「幸運」な人の名前を伏せる一つの理由として、犯罪の予防ということが考えられるが、しかし、日本は欧米に比べて犯罪がはるかに少ないのであるから、その理由は（単独では）成立しない。やはり、嫉妬に絡む諸問題（それによる犯罪も含めて）が秘匿の理由であろう。

（F）日本においては、「マニュアル志向」と言うか、「マニュアル信仰」と言うか、マニュアルというものが過度に尊重される傾向にある。全国一律、殆ど自動的に追従しがちである。例えば、伝統的に根強く支持されているものとして、儀礼に関するマニュアル類がある。

形式儀礼型とは「型通り」ということです。キマリ文句をなぞっていれば無難、安全。規範に従うことがむしろ気楽で、独創はかえって苦痛とされる傾向があります。……横並び志向、あるいはマニュアル志向です。「式辞あいさつスピーチ模範集」とか「手紙の書き方」が本になってかくれたベストセラーという現象は、「型通り」志向の強さを物語ります。

（芳賀・二五二頁）

また例えば、近年話題となったが、ウェイトレスの接客マニュアルやレジでの対応マニュアルがある。それらは共に変な日本語（そのために有名になったのであるが）というオマケまでついた。即ち、前者は「以上でよろしかったでしょうか」であり、後者は「何円からいただきます」である。

ともあれ、こうしたマニュアルの隆盛が「同質志向」を基盤としていることは、言うまでもなかろう。

（G）人々の間に「和」の存在する、「仲間」同士の社会——そうした社会に暮らす人間は、必然的に温和・善良・繊細・内気……といったタイプが一般的となる。また、困難な人間関係を自ら積極的に打開するという必要がないので、社交性の点で消極的・受動的となってしまう。よく日本人は「恥かしがり屋」「はにかみ屋」「照れ屋」などと言われるが、ここに起因しているのである。

他者の心をのぞき込みながら、他者の日に自分がどううつるかを、四六時中気にする日本人の神経は極度にデリケートです。……キマリガ悪イ・バツガ悪イ・間ガ悪イ・テレクサイ……。……他者をいたわる、やさしい日本人は、反面、積極的に心を開くことが下手で、ギコチナイ対人態度に終始しがちです。内気……です。

こうして、ハニカミ・恥ジライの強い日本人は、総じてシャイ（shy）な人間たちで、互いにもじもじし合う気ヅマリな状況や人間関係を打開する勇気や工夫には欠けています。……テレカクシは日本人の日常に欠かせない対人行動の工夫です。（芳賀・九二－三頁）

但し、これはそうした性格の形成の基盤ではあるが、それだけでは不十分である。決定的な原因は、「仲間主義」の中でも特に「同質志向」にあると考えられる。それは何故か。「羞恥や私恥」は「一種特別の注視」によって生ずるが（作田啓一『恥の文化再考』一〇－三頁）、後者は強烈な非同質化に他ならないからである。「同質志向」をもつ人間にとって、自分だけが特別扱いされ、回りから浮き上がる非同質化は、まさに恥しいことであろう。

（H）　今述べた「恥かしがり屋」と関係がある、或いはその中に含めることができるし、また後述する「非発話的傾向」とも関りがあるが、「同質志向」の一つの現象として、「尻込み」とか「引っこみ思案」ということがある。この場合は、教室や諸々の集会における、また多勢の人々を前にしてのそれである。そういう情況で自ら名乗り出て発言するのをためらわせる精神的なバリアーが、存在しているということである。先に指摘した、議論や論争を忌避するという段階以前の、発言自体に関しての逡巡であり躊躇である（従って、合わせて三重のバリアーがあることになる）。

パブリックな席で……「自分の個人的立場から」何ごとかを「語る」ということ……わが国の風土はこれを徹底的に排除する。（中島義道『うるさい日本の私』一二三六頁）

私はさまざまな大学で哲学やドイツ語を教えているが、……こちらが何を語ろうが無表情……「何か質問は？」と聞いても無言。「わかった人？」と聞いても無言。「わからない人？」と聞いても無言。何を聞いても無言……。（同二二三頁。齋藤孝・三八 - 九頁参照）

何故そういうことが起きるのか。発言者は他の多数の人々のもつ圧倒的な同質性に対してただ一人異質の立場に追いやられるからである。

日本では、授業でも会議でもそうですが、「何か質問はありませんか？」と問いかけても、手が挙がることはほとんどありません。周囲の人たちの反応を予想して、あまり目立つような行動は避けるからです。……日本人がなぜ質問しないかと言えば、「質問する人は目立ちたがり屋で、自分をアピールしていると思われるのが嫌」という心理が働くからです。（山岸俊男、「朝日」一四・二・一六）

（Ⅰ）　よく知られているように、日本には社会全般において「ブランド信仰」が存在している。

日本人ほどブランド志向の強い国民は少ない。（橘フクシマ咲江〔日本コーン・フェリー・インターナショナル社長〕、「日経産業」〇三・三・一四）

「自分の国では考えられない」と驚きの声を上げるという。日本人の「ブランド好き」……（清水克雄・編集委員、「朝日」〇四・八・一八）

最も目立つのは、ファッション方面におけるそれであり、私のように最も縁遠い人間でも、有名ブランド名がスラスラ出てくる。シャネル、イブ・サンローラン、ルイ・ヴィトン、グッチ、ニナリッチ……。もちろん、ブランドというものの存在自体はどの国でも見られる普遍的な現象であろう。日本の場合特異なのは、「猫も杓子も」という点と、一つ又は少数のブランドに集中する点である。

日本の女性たちがみな同じブランドのバッグを持っている姿は衝撃的だ。異常なことだ。……なぜ個性的であろうとしないのか。（P・スミス〔ファッション・デザイナー〕、「朝日」〇二・一一・二三）

その原因はどこにあるのか。それが「同質志向」に基づいていることは、明らかであろう。「流行」の場合と同じように、その直接的な帰結である。「流行」が一過性であるのに対し、これは或る程度恒常的、従って、「流行」の固定化と言えようか。

（J）「同質」と「平等」は（むろん全く同義ではないが）ほぼ同じことであり、「同質志向」の中核ないし基礎をなす価値意識は平等主義であると言うことができる。そして確かに、日本社会にはそれが根強く見られるのである（「呆れるほどの〝平等感〟」「日本人のもつほとんど絶対と言えるほどの〝平等感〟」「まったく没個性的な絶対平等感」〔河合『日本文化のゆくえ』一一三、一一四、一一六頁〕）。

伝統的に日本人は「働き者」とか「なまけ者」というように、個人の努力差には注目するが、「誰でもやればできるんだ」という能力平等観が非常に根強く存在している。（中根・七七頁）

こうした〔「お家」意識という〕日本的イデオロギーの底にあるものは、極端な、ある意味では素朴（プリミティブ）ともいえるような、人間平等主義（無差別悪平等というものに通ずる、理性的立場からというよりは、感情的に要求されるもの）である。……

これは、……「能力差」を認めようとしない性向に密接に関係している。日本人は、たとえ、貧乏人でも、成功しない者でも、教育のない者でも（同等の能力をもっているということを前提としているから）、そうでない者と同等に扱われる権利があると信じこんでいる。そういう悪い状態にある者は、たまたま運が悪くて、恵まれなかったので、そうあるのであって、決して、自分の能力がないゆえではないと自他ともに認めなければいけないことになっている。*（同右、九九－一〇〇頁。山本『「空気」の研究』一二七、二一一頁、河合『Q&Aこころの子育て』一七七頁参照）

＊　岸田秀氏も、（「現代日本の教育の崩壊を招いている固定観念」として）「みんな潜在的には平等な能力を持っているという観念」の存在を指摘しておられる（「朝日」〇二・六・一六）

因に、こうした「能力平等観」の帰結に、従ってまたその一つの証拠でもあるが、「序列偏重」ということがある。

社会というものは、何らかの方法で人口が組織されなければならないわけで、こうした平等主義の社会が発達させた組織は、一定の方式による序列である。能力平等ということを前提とするために、その序列はむしろ個々人の能力自体と直接関係のないインディシスをとることになる。すなわち、それは生年とか、入社年・学歴年数ということになる。実際、日本社会において学歴が大きく取りあげられたり、また、それへの反発が異常なまでに強いということは、この根強い能力平等観に根ざしているといえよう。……能力平等観にたてばたつほど、その結果として序列偏重に片よらざるをえない。……明らかに、能力平等観と序列偏重は、相関関係にあるのである。（中根・七八－九頁）

具体的な〔この（J）自体がそうだから、更に具体的な〕事例を少し示しておこう。

長野県小海町で、町の予算で人件費を負担し、一クラス二〇人以下のクラスにしようとしたら、県教育委員会から「熱意はわかる。でも、財政に余裕のある市町村が勝手に先生を増やし、少人数学級をつくったのでは、教育水準の公平さの問題が生じる」と横槍が入ったという。日本は良くも悪くも「平等志向」の国だ。（松山・一七二頁）

また、荒井一博氏は「平等主義的価値観」の実例として、次の諸点を指摘しておられる（『文化の経済学』一三－四頁）。

〔ある限度額まで〕通勤費を全額負担するのも、広範囲に居住する労働者が同一の金銭的条件で通勤できるようにする、という平等主義のためであると解釈できる〔外国の組織は通勤費を必ずしも負担しない〕〔し、〕日本の義務教育では全員が同時に進級することも、また能力別コース分けがないことも〔同様である。〕……すべての成員が同じユニフォームを着用する慣習、同じ社内食堂や厚生施設を使う慣習〔なども含めて、〕組織内の報酬格差が小さい。

（K）　先に、日本の「自然的統合」の異例の高さ、その大家族的性格に関して、ガイジンの問題を取り上げた。しかし、ここにもう一つのガイジン、「内なるガイジン」とも言うべき人間が存在している。それは「同質志向」の一つの現象と解することができるであろう。

異文化体験をもった人をこれまで数多く送り迎えしてきていながら、そういう人の受け入れという面で、日本の社会はいまだに閉鎖的である。……子どもたちがもっとも安心できるはずの日本人社会に帰ってきていながら、むしろ海外に住んでいたときより緊張感をおぼえ、適応に時間がかかり、異質性や疎外感を感じてしまいがちなのである。……

異質なものを排除することで成り立っている仲間意識にもとづく集団志向は、大人の世界でも同じである。海外駐在経験者のなかに、帰国後の仕事への適応が円滑にいかず、子どもともども「リハビリテーション」に苦労する人が少なくないのだ。……純血主義的な同質性志向が「本来同じはずなのに異質なもの」として排除するという論理をはたらかせている。（高木・二八－九頁）

（L）　十年間、美容整形をテーマに研究している川添裕子さんが、日本と韓国の大学病院で聞き取り調査をした。次に引用するのはその結果である。それは「同質志向」を物語っているであろう。なお、比較対象である韓国であるが、大陸の一角に位置しているため、外敵の侵入が絶えず、「自然的統合」レベルは伝統的に高くない。

韓国では、親しい間柄なら、美容院と同じ感覚で情報を交換したり一緒に病院へ行ったりしていた。それに対して日本の女性は、ひそかに人並みになることを望むという。美しくはなりたいが、大変身したら、手術をしたことを隠せないからだ。新しい人間関係が始まる転職や入学、引っ越しなどに合わせて手術する人が多かった。

韓国の女性は、日本人が「普通」になるためにわざわざ手術を受けると聞き、その心理を理解できなかったという。「日本人は、他の人と違うことをせず、〝目立たないのが一番〟という意識が強い。これが美容整形にも通じる」と川添さん。（「朝日」〇五・八・二〇）

（M）　先に「仲間主義」の現れとして指摘した「気配り」と前節の「事勿れ主義」、それらと「同質志向」の結合の産物と言えるものに、演奏や演劇などにおける一つのお馴染みの光景、半ば恒例化した行事がある。それは終了後に生ずるアンコールやカーテンコールであり、注目すべきは、それらが儀礼的・習慣的に行われているという事実である。日本においては、自己自身による評価と無関係に、言わばエチケット感覚で繰り返されているのである。

〔付論Ⅰ〕閉鎖集団

主に、以上述べてきた「事勿れ主義」と「同質志向」の複合的な結果として、全体を構成する部分的集団（部や課といった公式的な下位組織とか、派や閥といった非公式的な下位グループ）の閉鎖的共同体化、それによる部分的集団の外部世界との断絶と対立という現象が存在している。或いは、「事勿れ主義」および「同質志向」と、部分的集団の閉鎖的共同体化とは、相互的ないし相即相入的であり、後者が前者をもたらす面もあるが、いずれにせよ、それらの根底にはむろん「仲間主義」がある。

「仲間主義」の「仲間」は一般的・抽象的な概念であり、現実にはさまざまの規範やレベルのそれがある。即ち、友人や家族から、職場や地域社会を経て、最後は日本全体に至るまで、いろいろな「仲間」が存在している。そして「仲間主義」は、日本または日本人にあっては、単に友人や家族のみならず職場や地域社会、更には日本全体までもが、多かれ少なかれ共同体的だと言うのである。

しかし当然のことながら、その規模が小さいほど、つまり、より狭い直接的な共同体ほど、一般にその共同体的性格（従って、例えば親密度や一体性）は強いし、逆に、前者が大きいほど、後者は弱い。それ故、自分の属する二つの共同体の要求が対立するとき、その間で板バサミになるとき、日本人はより身近な共同体の利益を計ろうとする傾向がある。即ち、「内集団びいき」（高野・二四〇－一頁、山岸・一一九－二一頁）である。むろん他方で、より大きい共同体のヨリ普遍的な要求に従うべきだという道徳的な規範意識も存在している。「仲間主義」とは逆の「個人主義」であり、従ってまた、「内集団びいき」とは逆の「普遍主義」である。だが日本においては、国家的な統合についても、「自然的統合」の力が大きく寄与しているから、つまり、そこでも「仲間主義」が支配的であるから、そうした規範意識、従って公共精神が薄弱である。また、相互理解のための積極的なコミュニケーションの意欲も乏しい。それ故、仲間意識を克服して、より大きな全体のために直接的な共同体を「裏切る」ということは、なかなか困難なのである。

ルツボ内での民族の融合は、アメリカとは比較にならぬほど進展していながら、アメリカ人のような根なし草でなく、同じ土地に定着し、身内や仲間をつくっている日本人は、今日になっても、自分の派閥から抜け出すことができない。派閥性はあらゆる職業にみられ、政治においても、主義や綱領よりも派閥が優先し、学界でも、「学派」が育たず「学閥」が支配し、あらゆる領域に、門閥閨閥といったものが根強いのは、部落性の精神が——その後の封建時代の藩の制度のうちで、この精神が発展したわけだが——脈々として存続している証拠である。（宮城・一八五頁）

共同体の社会学的特徴は二重規範である。共同体の「ウチの規範」と「ソトの規範」とは、まったく異なる。「してよいこと」と「してはならぬこと」とが、共同体のウチとソトでは、異なるのである。つまり、ウチでもソトでも共通に通用する普遍的な規範が存在しないことが、共同体の特徴なのである。（小室・三〇四－五頁）

今、日本人はより直接的な共同体の規範に従いがちだと述べた。だが、人間は誰しも身近な人々に親しみを覚え、その人たちの利益を優先しようとするのではないか。従って、上述の事柄は何も日本人に限らない、外国人にも当てはまるのではないか。このような反論が出されるかもしれない。確かに、一般的傾向としてはその通りであり、日本人と外国人の違いは程度の差であると言えなくもない。しかし、弁証法に「量質転化の法則」というのがあるが、両者の間には質的な相違がある。即ち、共同体的な性格の有無である。日本の場合、集団は共同体的であるが故に、「内集団びいき」が強烈なのである。

共同体は、集団を集団として維持することそれ自体を目的にするものなので、そもそも集団として果たすべき目的などどうでもよくなってしまう傾向がある。たとえば軍隊は、戦争に勝つことが目的だし、企業なら、利潤を上げることが本来の目的のはず。機能集団とはそうしたものです。ところが日本人は、基本的にムラ原理しか知らないので、そういう集団も、運命共同体的なやり方で運営しがちである。そこで、集団のはたすべき機能はそっちのけで、集団の維持そのものが自己目的化してしまう。その結果、機能集団が、組織ぐるみ愚かな破滅に向かって突き進んでいく、ということにもなる。（橋爪『政治の教室』一一二頁）

なお、こうした、「集団の維持そのものが自己目的化」した共同体的な在り方について、近年よく使われている言葉がある。それは「組織の論理」という言い方である。

組織の論理とは、社会全体の利益よりも、会社や団体など、自分が属している小組織の繁栄や存続を優先させる思想である。（中谷厳、「朝日」〇二・二・九）

以上のように、「仲間主義」、とりわけ「事勿れ主義」と「同質志向」が「内集団びいき」又は「組織の論理」を生み出す。そこで以下、その具体的な事例をいくつか挙げておこう。

（A）「組織の論理」の最も典型的な現れは、それが社会的不祥事（「組織ぐるみ犯罪」）の温床になる場合である。つまり、それが、組織（そのメンバー）のなす不正行為に対して組織内のチェックが働くことを阻害してしまうのである。その結果、明白な犯罪行為であるにもかかわらず、且つまた、罪悪感を抱いている人間が内部にいるにもかかわらず、敢えて異を唱えられずに、その種の行為が黙認されたり、慣行化されたりすることになる。

「不正」を感づいていた社員もいただろう。実際にかかわった社員も少なくないと思われる。そのなかのだれかが「こ

れは良くない。やめよう」と言って、やめさせられなかったものか。(「朝日」〔「天声人語」〕〇二・二・七)

(B) 「幅広く活躍した池田〔満寿夫〕だが、その位置づけははっきりと定まっていない。美術評論家の中原佑介氏は〝日本ではこの道一筋という人が評価され、多才な人ほど認められない雰囲気がある。岡本太郎もそうだが、池田も高い知名度に反して、美術界で作品がきちんと批評されていない。今もその状況は変わっておらず、今後もっと批評を深めるべきだ〟と指摘する。」(「日経」〇七・一二・四)

その「雰囲気」の原因は何か。それは、「多才な人」はどの「道」に関しても門外漢だからである。その「道」プロパーの人々にとって外部の人間であり、異質の存在だからである。それぞれの分野で評価されるためには、その世界に住まう同質的な人間、即ち共同体の一員になる必要がある。専門家仲間として認められて初めて、多少とも真剣な(曲がりなりにも)評価の対象となりうるのである。

(C) 「私も、国文学や国史学の世界を瞥見することがあって、個々の学者は時代別に専門を決められ(決めさせられ)、そこから逸脱して、中世専門の人が近世に口を出したりすると、いじめられて異端学者にされたりする、というのを知っている。……実にあほらしい話である。近代をやるには徳川時代も知らねばできないだろうと思うのだが、それをやると〝侵略〟になってしまうらしい。」(小谷野敦『日本文化論のインチキ』五九頁)

これも(B)と殆ど同じ話である。歴史関係の学界には、時代別や分野別の研究者共同体のようなものが厳然と存在しており、そのメンバーとして認知されない限り、殆ど相手にされない。研究の内容や成果の如何にかかわらず、部外者ないし異分子というだけで、たいていまともに取り上げてはもらえないのである。

(D) 「内集団びいき」の一つの典型、最もよく知られた事例の一つに、旧日本軍の陸軍と海軍の確執・角逐がある。そこでは、その現象が嵩じて、両者の分立・独走の組織化・制度化すら認められたのである。

日本軍は〔戦前・戦中の主要な〕六つの作戦すべてにおいて、作戦目的に関する全軍的一致を確立することに失敗している。このなかには、いくつかの陸海協同作戦も含まれていたが、往々にして両者の妥協による両論併記的折衷案が採用されることが多かったのである。……日本軍においては、陸・海・空の三位一体作戦についての陸海軍による共同研究らしいものはほとんどなかった。……陸海軍の間には、戦略思想の相違、機構上の分立、組織の思考・行動の様式の違いなどの根本的な対立が存在し、その一致は容易には達成できなかった。……陸海軍の統合的作戦展開を実現するという大本営の目的が十分達成できなかったのは、組織機構上の不備が大きな理由としてあげられる。大本営にあっては陸海軍部は各々独自の機構とスタッフを持ち、相互に完全に独立し、併存していた。（戸部他・二七四、三一〇－一一頁）

〔付論Ⅱ〕或る名コラムについて

次のコラムはなかなかの名作である。むろん、それは私の主観的な立場からの評価であり、またこの場合の規準または根拠、つまり、名作と称する所以は、私が「我意を得たり」と思う箇所が多々あったからである。即ち、そこには、第一部で論じてきた「政治の貧困」「事勿れ主義」「同質志向」の三つの議論が共に存在しているのである。

政治家が尊敬されない職業の代表のように思われているこのご時世に、選挙に出ようとする人々がたくさん存在するのにはつくづく頭が下がる。作り笑いした自分の顔写真が街中にべたべた張られるのを我慢し、たすきをかけたり胸に花をつけたり、白い手袋をはめたりする〝屈辱〟にも耐え、声を振り絞る。

敬意を表して今回も何カ所かで候補者の演説を聴いた。性能のいいマイクを使っているのだから、普通に話せばいいのに、と思うのだが、なぜか絶叫するのである。就職活動をする学生に「リクルートファッション」という定番があるように、「候補者ファッション」もあるようだ。スーツは明るいグレーか濃紺、赤系のネクタイ。女性候補はピンク、黄色、水色など明るい色調一色のスーツ。イヤリングやネックレスはおおかたつけない。みな同じような服装で、同じようにしみじみとしない表情を浮かべる。よほど注意して聴かないとどの政党の候補者かわからないぐらい話も同じである。

「二十一世紀の明るい未来のために」「お年寄りやからだの不自由な人々、そして明日を担う子供たちのために」「みなさま方の声を国政に反映させるために」。感極まって涙声で「苦しい戦いですががんばっています」などと叫ぶ候補者もいた。まず外交や安全保障などの話は出てこない。「環境にやさしい社会」などという言葉は飛び出すが、意味は不明だ。これでは判断のしようがないのでテレビの政見放送を我慢して聴いてみる。これがまた気の毒になるほどひどい。何も伝わってこないのである。選挙法に「有権者を感動させてはならない」という規定でもあるかと思うほどだ。……
金大中氏らからは「命をかけている」という迫力が伝わってくる。それに比べるとわが国の政治家の「軽さ」にはめまいがする思いだ。（田勢康弘・記者、「日経」〇〇・六・一九）

第三節 相互信頼

「和」と「相互信頼」は不可分の関係にあり、実質的には殆ど同義であると言える。「相互信頼」なくして「和」はありえないし、また、「和」は「相互信頼」を育む。では、こうした「相互信頼」（「言うに言われぬ人間同士の信頼感」（高木・一六九頁））の存在は、具体的にどのような形で現れているのであろうか。それに関して以下、「相互信頼そのもの」とその必然的帰結である「安全性」とに分けて論ずることにしよう。

まず「相互信頼そのもの」のほうから。日本人の間におけるその存在、その異例の強さ*については、よく指摘されてきたところである（例えば、荒井・一三九頁、袴田茂樹『現代ロシアを読み解く』一五頁、パルバース・一八三－四頁）。

いろいろな国を訪れたが、これほど互いが信用し合っている国はない。（渡部他・三一頁（屋山太郎））

「良心と信頼の文化を持つ日本は、最もだまされやすい国だよ」。二〇〇八年に来日したことがあるミトニック氏（伝説のハッカー）は警告する。（「朝日」一一・八・一六）

＊ よく知られているように、土居健郎氏は日本人の心性の核心を「甘え」に求められたが、その形成の出発点たる母子関係についてこう指摘しておられる。

母と子の間に一種の信頼関係が生まれる。子供は母親が必ず世話してくれると信頼し、母親の方も子供が世話に応えてくれると信頼する。すなわち信頼は相互的であり、実際また相互的であるということが信頼の本質である。健康な甘えというものはこのような相互的な信頼に根ざして維持されると言ってよい。(『続「甘え」の構造』九五頁)

そうであるとするならば、日本人の「相互信頼」は非常に早い段階から、まず母親を通して、従って、人格の形成とともに、植えつけられると言うことができる。それがその後の学習や社会によって強化され、「相互信頼」はまことに強固なものとなるのである。

これには、さまざまの具体例がある。典型的なのは、商取引やビジネスの世界におけるそれであろう。そこでは、「相互信頼」に基づく仕組みや仕方がよく見受けられるのである。

(A)「日本的経営」および日本特有の商習慣の基本的特徴の一つに、広義の「信用取引」(「現金取引」の対概念としてのそれではなく広義の)がある。即ち、長期的観点に立ち、互いに譲り合いながら共に利益を得ようとする取引である。それは当然、取引相手が自社の利益だけでなくこちらの利益も考えてくれているという全般的な信頼感、言わば運命共同体的な連帯感に基づいて成立する。そして、そのような基盤を確認し強化する一つの有力な手段および儀式が、「接待」である。そのような取引関係においては、その信頼性と長期性により、一時的な損失には目をつむり、相手の多少無理な要求も聞き入れようとするのである。*

＊　こうした日本的な「信用取引」の神髄を示す或るエピソードがある(この場合は、取引関係にある二社の間ではなく、逆に同業者間、従ってライバル同士の出来事であるが。しかしなればこそ、それはいっそう「神髄」を際立たせているであろう)。

任天堂が以前、バンダイの権利を誤って侵害したことがあったという。おわびにきた山内さんが「こちらが一方的に悪かった。いくらでも書いてくれ」と言い、金額が入っていない小切手を差し出したという。バンダイ側は「0」と書いて返した。「商売とは人と人との信頼関係で成り立っている」という哲学として、今も社内に伝わっているという。(「朝日」一

三・九・二〇）

これに対して、日本以外の、特にアメリカに代表される一般的なビジネス手法は、一回の取引でその都度最大の自己利益を計ろうとする。その関係はまさにビジネスライクであり、ドライなものである。そこでは、契約が全てであって、それ以外の好意は期待できないのである。（荒井・八三－四頁参照）

（B）「日本人のビジネス論理…〔の〕…一つ…〔に〕…〝腹を割る〟というのがある…。…これは、取引の相手に〝本心を打ち明ける〟、〝包み隠さず自分の立場をすべて語る〟という意味で、日本のビジネスマンたちは商取引の相手方との間で行き詰ったときに議論を止め、これをはじめる。……

〝腹を割る〟という行為は、〝赤裸々な姿を見せ合うこと〟が互いの信用を高めるという、日本独自の価値観から生まれた文化であると私は思う。……日本人は相手の立場を理解して譲歩する、つまり〝人情〟によって条件を引き下げる民族である……。……何人かの日本人に訊ねてみると、相手に〝腹を割られ〟れば、割られた方にはある種のカタルシスが生じ、〝無理をしても何らかの譲歩をしよう。会社にもどって上司と交渉しよう〟という気になるそうだ。」（シャルマ・二八八－三〇一頁）

利益第一・利益優先の観点からすれば、「腹を割る」ことは不利である。相手に付け込まれる隙を与えてしまう。しかし、そういうことにはならず、それが逆に合意（妥協）に導くのは、相手の誠意を評価し、相手との共存を希求するように仕向けるからである。そしてそのことを、「腹を割る」側も期待し、或る程度信じているのである。ここに「相互信頼」が基盤となっていることは、言うまでもない。

（C）このように日本のビジネスにおいては、「相互信頼」が前提となっているから、契約の意識に乏しい。そのため、契約書は不完全な場合が多い。

日本の契約書はしばしば簡潔で比較的にあいまいである。弁護士でない人が草案を担当する場合があり、解釈の相違や、明示のない問題の解決を「別途誠意をもって協議する」ことに依存する場合が多い。（ブルース・ホルコム〔レク

シス社長〕、「日経」〇三・六・一〇。「誠意」とは日本的だなー）

また、そもそも契約というものを重視しておらず、形骸化しているケースもある。

日本人が契約内容を精査しないまま判を押すというのは、有名な話である。実際、日本では契約行為が形式的になっている面があり、多くは交渉すら行われない。（柯隆、「日経産業」〇二・四・二五）

日本では文書ビジネスの歴史が浅く、長いこと「口約束」が主流であった。だから彼らは、契約書の時代がやって来ても条項を詳しく読まないままサインをし、……。……まず信じ合うという無垢な、天使のような彼らの行為は、……伝統的信頼文化の所産であり、……。（シャルマ・二八四－五頁）

いやそれどころか、契約書を作成しないことすらありうる（袴田・一七四－五頁参照）。それでも支障なくやっていけるのである。

ヨーロッパではサインした契約書さえあれば安心していられます。法律が契約者を守り、条項に違反した側は法廷にひき出されるのですから。どちらの側にも等しく適用される以上、双方ともに法に対する大いなる信頼が前提です。ところが日本的な考え方では、契約書を交すことから既にして相互信頼の欠如になりかねず、それは往々にして人間味を欠く威圧的なやり方で、なにもそこ迄しなくても、ということになるのです。要は相互信頼。信頼に勝るものなしです。（ヨンパルト・一六六頁）

二社との交渉で印象深いのは、一人の弁護士も介さず、一枚の契約書も交わさず、「できすか?」「やりましょう」で済んだことだ。アメリカでは考えられない。本当に人間と人間の契約だった。（R・マッカラム〔映画プロデューサー〕、「朝日」〇二・七・六）

有能な日本人エグゼクティブは実に信頼できる。西洋のように契約書を取り交わさず口約束でも、一度言ったことは絶対に守り裏切られたことはない。「この件に関して交渉相手から承認を取ったが文書化していない」と米国本社に言うと、弁護士や法務部が大騒ぎするが、私は日本人の言葉を信じられる。（ジェームス・オーエンス〔UPSヤマト・エクスプレス社長〕、「日経」〇三・五・二〇）

「相互信頼」は以上のようなビジネス慣行においてのみ見られるのではない。それはいろいろな形で生活の中に根を張り、その基盤となっているのである。

（A）「友人に紹介されて、ドイツ人の男性とお酒を飲む機会があった。……そこで、初めて日本に来たころ、なにかびっくりしたことはなかったか、と質問してみた。……彼があげたいくつかの〝えっ〟のなかで、いちばん印象深かったのは、〝ボトルキープ〟である。ああいうシステムは、ドイツでは見たことがないという。〝すごい、信用商売ですね。お客さんは、自分の買ったものを、店に預けていくわけでしょう？　それが、次に来るときまで、ちゃんと保管されているっていうのが驚きだなあ〟……　〝まだ飲んでもいない酒の支払いを事前にする、というのも納得できない〟」（俵万智、「朝日」〇二・五・一六）

（B）「約十五年前、クリエートがニューヨークでポケットティッシュを配ったことがあった。しかし、この試みは不発だった。〝私がこれを受け取る理由があるのか〟と通行人が怪しみ、受け取ってくれなかったのだ。米経営コンサルティング会社社長で、日本での生活経験もあるロッシェル・カップさんは来日して初めて街頭配りの光景を目にした時、驚いたという。〝知らない人から自分の体に触れるものをもらうのは怖い〟。博報堂生活総合研究所の林光所長代理は、〝日本人は基本的に他人を信用する。近所付き合いの中で贈り物をしあうことに近い感覚ではないか〟と分析する。……食料品や化粧品の試供品配布についても〝米国では街でサンプルなどが配られることはゼロといっていい〟（カップさん）。」（「日経」〇三・一一・一六）

（C）「最初に意外に感じたのは留学の準備で必要だったのが保証人であることでした。私たちの常識では保証といえば普通は保証金の話が先に出る。つまり日本は人間の信用が大切な国であることが印象的でした。」（ラフマット・ゴーベル〔インドネシア日本友好協会理事長〕、「日経」〇八・一一・二六）

（D）「相互信頼」の強さは必然的に社会的強制力への、従って、その中核たる法への依存を少なくする。そのような社会にあっては、法は敬遠されがちとなり、法への眼差しは冷たくなるであろう。

日本では、……法律は単なる目安にすぎない。……法よりも信頼関係を重視する日本では、法律を四角四面にとらえる者は融通の利かない愚か者とみなされる。（袴田・一七頁）

（E）「カウンターの雰囲気は、インドとはちがっていた。客の誰もがもの静かで、請求書をちらっと見ただけで勘定をすませる。釣りを確かめないのにはおどろいた。荷物は離れたソファに置きっぱなしである。……一面識もない相手を信じ、誰も裏切らない。……安全な国だと聞いていたが、これはほんとうにおどろくべきことだ。……このように〝信頼が先行する文化〟を実現している国は、世界的にひじょうに稀だと思う。」（シャルマ・六四－五頁。高木哲也『謝らないアメリカ人 すぐ謝る日本人』二一二頁参照）

（F）日本人はよくお互いに謙遜し合ったり遠慮し合ったりしている。必要以上に、また本心でないのに、そうしている。こうした行動の根底には、「相互信頼」があるであろう。

私たちはえてして人の気持ちを察するあまり、謙遜したり、遠慮することが最高の社交術だと考えがちです。……自分をおとしめたり、我慢したりして相手を立てるという感覚は、日本人独特の考え方です。それはどこかに、相手が自分の配慮に気づき、評価してくれるだろうという期待があるからです（井形・一七二、一七四頁）

（G）「われわれの社会は結局〝よろしくお願いします〟という言葉が通じる社会である。こういう言葉は、たとえばユダヤ人の間には絶対に存在しない。この言葉は、いわば白紙委任だが、本当に相手に白紙ですべてを委任したら、何をされても文句がいえないからである。しかし日本では〝よろしくとお願いしたのに、こんなひどいことをする〟と怒っても、人は別に不思議に思わない。というのは、この言葉の前に〝日本の伝統的な考え方と不文律に従って、あなたがその通りにして下さるという前提のもとに、よろしくお願いします〟の意味であって、この前提を口にしなくともそれはすべての人に理解され、すべての人はその通りにすると、きまっている社会だからである。この日本の文化様式に基づく不文律は、われわれにとって空気のようなもので、だれもそれを意識しないのである。」(山本七平『存亡の条件』二三五頁)

(H) 日本人は「相互信頼」の中で暮らしているから、それが言わば血肉化している。そのためついうっかり、外国(人)であっても簡単に信用してしまうのであり、その意味で日本人は(文明国民の中では)世界で最も「お人好し」な国民、オメデタイ国民である。そして、それが例えば外交において悪影響を及ぼしてきたことは、歴史の証明するところであろう。「複雑怪奇」然り、ソ連仲介案然り、「ニクソン・ショック」然り……。大陸の人間は、当然のことながら我々とは逆である。

異民族や外国に何度もひどい目に遭わされた経験をもつ人間は、本能的に他所者に対して恐れ、憎しみ、警戒そして不信の念を抱くようになる。ゼノフォビア(外国人恐怖、不信症)はユーラシアの民族すべてが強くもっている自己防衛本能とでも言うべきものなのである。(大野晋他『日本・日本語・日本人』一五一頁〔鈴木孝夫〕)

(I) 次のような現象の基礎には「相互信頼」がある。

がんらい日本人は秘密が守れず、特に飲酒した場合には、まず絶対に守れないといっても過言ではありません。(山本七平〔イザヤ・ベンダサン〕『日本教について』一七九頁)

(J) 今や一つの産業および職業(?)として確立した観のある「振り込め詐欺」だが、その基礎に「相互信頼」のあることは、明らかであろう。子供騙しに類するそのように珍妙な仕業がこうも成功しているのは、まことに不思議なことだが、それだけ我々は他人を信じ易いということであろう。それは互いに無警戒な日本社会の特産物なのである。(デュラン・二〇五‐六頁参照)

(K) 「ある牧場を訪れた時に目にした、野菜の無人販売所には衝撃を受けた。日本社会は他者への尊敬と信頼とで成り立っており、これは世界に誇れる文化だ。」(ダグラス・ウッド〔昭和シェル石油代表取締役〕、「日経」一四・六・一〇)

更にまた、「相互信頼」は歴史的事象に関しても指摘することができる(ここでは、次の一例に止まるが)。

それに関して特筆すべき事例が存在している。それは、明治初期に敢行された岩倉使節団の派遣である。これは日本人の間における「相互信頼」、従ってまた、安定と秩序に対する安心感を示す象徴的な出来事と言えるであろう。

「廃藩置県」の政治的混乱がまだ収まらないこの時期、国家の主要な指導者が一斉に洋行するなど、世界史にも例がなく、これはまさしく日本の国全体が〝大バクチ〟に打って出た、といってもよいでしょう。(中西輝政・一二五四頁)

維新の激動期に、新政府のかなりの数の中心人物たちが二年近くにわたって国を空けるという常識外れの試みがなされ、そして成功した。それはまさに信頼――政治家同士の、および政治家の国民に対する信頼の、また日本国民の間に漂う信頼感の、賜物であろう。

次に、「相互信頼」のもう一つの要素である「安全性」についての具体例に移ろう。この場合の安全とはむろん社会的なそれを意味しているが、前世紀の終り頃から、オウム真理教の地下鉄サリン事件がきっかけであったろうか、「安全神話の崩壊」ということが言われだした。しかし、日本の社会的安全性が諸外国に較べて依然として群を抜いていることは、明白であろう。

確かに日本でも年々犯罪率が高まってきているとはいえ、他の先進諸国に比べれば、その水準ははるかに低い。日本は……他の多くの国よりも、ずっと治安がいいことは間違いない。(ローン・ボールドウィン〔GEエジソン生命社長〕、「日経」〇二・三・一九)

(A)「私が東京で快適に暮らせている要因のひとつに、治安の良さがある。私には二人の娘がいるが、彼女たちの行動ひとつをとってみてもそれがよく分かる。子供たちは米国にいたら自分たちだけではとることが許されない行動も、日本にいる間は許されるのである。米国では、親の監視なしに子供たちだけで友達の家へ遊びに行ったり、近所の店へ歩いて買い物に行き来するなど考えられないことだ。しかし日本では平気で許すことができる。」(同右)

同様に、次のようにも指摘されている。「地下鉄から電車、バスを乗り継いで片道一時間半もかけて学校に急ぐランドセル姿の有名私立校の小学生。世界中でどこにも類をみない光景だ。それほど東京の治安がよいということでもある。こんなことはニューヨークでもパリでもバンコクでもありえない。子供たちは歩いて通える学校に行くか、スクールバスを使うか、親が車で送り迎えをする。」（寺澤芳男、「日経」〇〇・一二・一一）

（B）「それ〔睡眠〕は日本人の最も完成された技能の一つである。彼らはどんな姿勢ででも、またわれわれにはとても眠れそうに思われないような状況のもとにおいても、楽々とよく眠る。このことは多くの西欧の日本研究家を驚かせた事柄である。」（R・ベネディクト『菊と刀』二〇七頁）

これ（特に、電車・バス等での居眠り）は現在においてもよく指摘される事実であり、それについては、いくつかの解釈が提出されている。そしてその一つに、日本社会の安全性の反映であるとする見方がある。安全性が直接的および基本的な要因であるか否かはともかく、それがその現象の根底にあることは、間違いない。そもそも安全でなければ、それはありえないことだからである。（選書メチエ編集部・八九‐九〇頁〔ブリギッテ・シテーガ〕参照）

（C）「日本に帰るとキャッシュが乱れとんでいるのでびっくりする。……世界の先進国の中で多額の金額を小切手でもなくキャッシュカードでもなく現金でやりとりしている国はめずらしい。」（寺澤芳男、「日経」一〇・九・四。デュラン・二〇四頁参照。）

これは基本的に安全性の高さから来ていると考えられる（寺澤氏もキャッシュ社会の原因に関する三つの可能性の一つとして、安全性を挙げておられる）。人々が互いに警戒し合っている社会においては、こうはならないであろう。事実、例えばアメリカでは、現金の所持および（公衆の面前での）勘定や使用は危険とされている。

（D）「明治に来日した西欧人が、日本の社会生活を観察して最初の驚きは、日本人は鍵を知らない民族であることだった。夜、集落の家々が鍵をかけず、外から寝ている姿が見えても、平気で暮らしていることだった。

西欧では人を見たら泥棒と思え、自分以外は信用するな、いたる所にカギをかけ、カギは常時持ち歩く、キーライフは当たり前だ。日本のみ、キーライフを長く知らなかった世界でも珍しい文明国である。」（清水馨八郎『侵略の世界史』二六七頁。同四四頁参照）

なるほど、現在はもはやこの通りではない。しかし、こうした伝統が失われてしまったわけではなかろう。今でも田舎においては、そのようなスタイルがわりと残っているし、都会の人間も鍵に関してそれほど神経質ではない。因に、鍵の役割のこのような乏しさは、次のような結果を必然的にもたらす。

錠前と鍵との発達の程度はヨーロッパと日本において恐ろしく異なっている。ヨーロッパ中世といえども、その錠前と鍵との精巧さにおいて、現代日本よりはるかにすぐれている。それに比すれば日本のかんぬきや土蔵の鍵などはほとんど原始的と言ってよい。（和辻・一五五頁）

（E）「街でこんな風景を見かける。たとえばセルフサービスの飲食店でのことだ。バッグをいすに置いてパンや飲み物を買いに行く。そこから自分のバッグが見えなくても気にしているふうはない。そして悠々とバッグで占領していた〝予約席〟に向う。これが、たとえば某国だったらこうなるだろう。たちまち銃を構えた連中が現れ、バッグ周辺は立ち入り禁止になり、厳重な警戒下に置かれる。もし〝私のバッグです〟と名乗り出れば、彼女（彼）は身柄を拘束され厳しく追及されるだろう。別の国の場合はもっと簡単だ。〝予約席〟に戻ったら、単にバッグが消えているだけだ。〝どうぞ、お持ちください〟といっているようなものだからやむを得まい。」（『朝日』「天声人語」〇二・一・一〇）

（F）「野菜からポルノビデオにいたるまで、そこらじゅう販売機だらけなのが、この日本という国である。……そうか、と私は思った。仮に、これと同じような自動販売機をイギリスの町などに置いたならば、三日もしないうちに壊されて中の金品を奪われてしまう可能性があるだろう。まして一巻五千円のビデオなど、盗まれないほうが不可思議であるが、実際は、どれも壊された形跡は認められず、隆々として盛業中の如くに見受けられる。たしかに、この自動販売機の氾濫は、日本の安全さということを抜きしては考えられぬ。」（マクブライト・四七頁）

一言付け加えておくと、私の三〇年ほど前の限られた体験（目撃）だが、アメリカの自販機があたかもオリに入れられたように鉄格子で囲われているのを見て、驚いた記憶がある。

〔付論〕情報管理・危機管理

本節で論じてきた「相互信頼」そのものと「安全性」に由来する現象の一つ、逆に言えば、それらの証拠の一つに、「情報」に関る根本的な欠陥ということがある。その欠陥とは、情報というものの死活的重要性についての認識不足であり、従ってまた、情報管理体制の不備である。

日本政府の情報体制には問題が多い。中でも、①情報が回らない②情報が上がらない③情報が漏れる、という三大欠陥がある。(船橋洋一、「朝日」〇一・一〇・四)

一つ言いたいのは、日本企業の技術情報管理の甘さだ。日本人は元来、農耕民族として共同意識が強いためか、他人に対し無防備、無警戒に陥りやすい。このため秘匿情報の管理も抜け穴だらけで、外部流出の格好の標的になる。(志村幸雄、「日経産業」一二・八・二四)

日本人の間には、「人を見たら泥棒と思え」というような緊張関係がない。それ故、情報そのものおよびその管理の大切さに対して鈍感なのである。それは特に対外的な面において致命的な弱点と言えよう。

こういった「情報」に関る欠陥に加えて、もう一つの現象および証拠が存在している。それは、日本における危機管理の杜撰さ、お粗末さということである。東日本大震災のときに改めて痛感され、各方面から指摘されたように、企業、とりわけ日本政府に問題がある。「政府の危機管理は幼稚園の年少組のレベルだ」(「朝日」〇一・一一・一)とすら言われているのである。統合に苦労せず、平和と安全を当り前と思い、更に、危機にあっても秩序を保てる日本人は、非常事態に対する危機意識が乏しい。そのため、日頃から備えに切実感がないのである。

第四節　反個人主義

「仲間」中心で「和」が尊重されるということは、一体的であるということ、人々の意識の間の距離が短かく断絶がないということである。ということは、言い換えれば、個人というものが明確に自覚されていないということ、個人の意識が稀薄だということである。日本社会においては、個人が究極的な実体であり絶対的な単位であるという考え方、従って、確固とした自我というものが、存在していないのである。一言でいえば、個人主義に対立的、即ち「反個人主義」である。

日本人は「個人」ということを発想の出発点に置くのが極めて苦手である。（河合『日本文化のゆくえ』五五頁）

個人がいないということはどういうことか。一人ひとりが集団のなかに埋没しているためです。あえて言えば日本に〔は〕個人がいないと私は思っています。それはヨーロッパ的な意味での個人です。つまり、明治政府のもとで Individual の訳語として個人という言葉が生まれる以前に、日本には個人と言う言葉はなかったわけですから、Individual に当たる言葉をつくる必要がなかったのです。日本の社会はそれでよかったのです。したがって、個人という意識もなかったと思います。（阿部謹也『日本社会で生きるということ』六三頁。同九－一一、五三－四頁参照）

こうした心理傾向ないし根本思想は当然、行動にも現れる。即ち、単独行動ではなく集団行動である。

日本人は概して集団行動を好む。集団を超越して単独で行動するということは日本人にとって甚だしく困難である。それは日本人が自分の所属する集団を顧慮しないで単独行動することを何事によらず裏切り行為と取り、さらにまた単独では恥ずか

しいと感ずるためであると考えられるのである。（土居健郎『「甘え」の構造』七一－二頁）

このように、「仲間主義」は「個人」又は「自我」と対立的であるが、その対立はどのような構造をしているのであろうか。そこにおいて、自他の関係はどうなっているのであろうか。次の説明はたいへん説得的（persuasive）であろう。

私たち日本人は、絶えず自分の本当の気持、意のあるところを誰か適当な他人に分って貰うことを求めているらしい。他の人に賛成して貰いたい、同意して欲しい、共感を味わいたいという願望は私たちの他人との関係の中で、手を変え品を変え各種の行動に現われてくる。何もかもぶちまけてしまいたい、すっかりしゃべって胸がせいせいするというような態度、日本の犯罪者の自白率が驚くほど高いという事実、外交の舞台でしばしば問題になる日本人の機密や秘密を保持することの難しさ、それらはすべて、重大な問題を一人心にしまって、それの重みにじっと耐えて行くという固く閉ざされた自我のしくみが、私たち日本人にはきわめて弱いのではないかと思われる。

いま述べたようなきわめて印象的で大づかみな日本人の自我の構造は、私の考えでは私たちの人間関係の把握の様式と深い関係がある。それは日本人は自分がなんであるかという自己同一性の確認を他者を基準にして行う傾向が強いからである。他者の存在を先ず前提とし、自己をその上に拡大投影して自他の合一をはかるか、他者との具体的な関係において、自己の座標を決定しながら自己確認を行うかのどちらかの方式をとる。どちらも相手を基準とする自己確認である点では共通のものと言える。（鈴木・一八二－三頁。同一八六頁参照）

この引用文にある「相手を基準とする自己確認」ということは、言語的にも現れている。これは「気配り」とも通底する精神構造であり、前章の「仲間主義」のところでも（第二節の(三)「〝仲間主義〟の例証」）言及したことだが、日本語の特殊性がそれを物語っているのである。

年齢四十歳の小学校の先生Aには妻と男の子一人、そしてまだ大学生の弟がいる。他に近い親戚としては別居している父と兄がいる。この先生が、いくつ自分の呼び方を持っているかというと、少なく見て七種もあるのである。自分の子に対しては「おとうさん」、弟に対する時は「にいさん」、妻と話すときは「おれ」、父に対しては「ぼく」、兄に対しても同様である。隣の子に向っているときは「おじさん」、学校で生徒に教える時は「先生」、同僚に対しては「ぼく」、校長に対しては「私」であることが分った。

この人は話の相手が誰で、自分に対してどのような地位、資格を持っているかを見きわめた上で、その場に最も適切な言葉選びをしている。つまり相手の性質が、自分の自己を言語的に把握する角度に直接反映するのである。「自分は何者であるのか」ということが、「相手は誰か」に依存する構造になっていると言える。このような言語による自己把握の相対性は、少なくとも西欧諸国の言語にはまったく見られないことは特筆に価する。

英、独、仏のようなヨーロッパの言語では、話者が自己を言語的に表現する角度は、原則として一定不変であって、用語としては一人称代名詞のみが用いられる。私はこの型の自己把握を絶対的な自己表現と呼んで、日本型の相対的自己表現と区別したのである。（鈴木・一八五頁）

日本語社会の成員は、たえず相手が自分をどう見ているか、上か下か、遠いか近いかと神経をまわしています。自分もまた相手をどう遇したらよいか、そのほどよい度合いを求めて、それに応じて言葉づかいを適応させます。日本語の社会はそういう社会です。（大野『日本語練習帳』一六二頁）

ともあれ、日本人は個人という意識が乏しい、従ってまた、自我が弱いのであるが、このことから、個人というものに依拠し個人というものに関る諸々の観念が十分に形成されない、或いは確立されないということが生ずる。では、その個人主義的な諸観念とは何か。一つは、自由・人権・自己責任・個性・プライバシー・主体性・自律性といったものである（マクブライト・三九頁参照）。

日本では、集団から独立して個人のプライベートな領域の価値が認められていない、したがって人格の統合の価値が認められるということもあまりない。（土居『「甘え」の構造』五三、二八五頁参照）

このことは日本人の話し方にも反映している。

日本社会は個人の言葉を圧殺する社会なんですね。それも頭からではなくて、優しく圧殺するんですね。つまり、そんなことを言ったらかわいそうだよ、傷つけるよ、というふうに。

西洋型個人主義の基本は、人を傷つけてもいいから真実を語りなさい、その代わりに責任を持ちなさいということだと思うんですよ。自分が相手を批判した。そのために相手は死んでしまった、しようがないんですね。でも、あなたは何らかの責任を持て、これですね。ところが日本社会は、相手を傷つけないような言葉を使いなさいと言うんですね。（中島『たまたま地上にぼくは生まれた』一〇六頁。同一三九頁参照）

なお、こういった個人主義的観念に関して、日本人は明治以来、日本を西欧諸国と比較し、自らの後進性を批判の対象としてきた。即ち、近代的自我が未確立であるとか、市民社会が未成立であるなどと、糾弾してきた。しかし、それは進歩や発展の問題ではなく文化のそれ、価値の問題ではなく個性や特徴のそれなのである。*（阿部・六三頁参照）。

＊　この観点から、プライバシーの問題を取り上げ、少し立ち入って考察しておこう。「仲間主義」ないし「和」の生み出す文化のさまざまの様相、例えば生活スタイルや建築様式において、日本人がプライバシーというものに如何に無頓着であり無関心であり鈍感であるか――次の描写は極めて雄弁に物語っている。

「プライバシー」に当たる日本語は存在せず、こうした考えを表わすわずかな言葉は、「私怨」「私利」など、みな必然的に孤立や利己心を意味するものばかりである。西洋の風習に強く染まった人々を除けば、プライバシーという言葉のみならず、そういう考え方すら未知のものなのである。日本の家の中でプライバシーにもっとも近づける場所は便所である。部屋と部屋をへだてる紙製の仕切りは、隣室に発する物音が伝わってくるのをさえぎるにはほとんど役をなさない。だが、このわずかなプライバシーをすら破壊するかのように、裕福な家庭にある念入りに彫刻をほどこした欄間は、ほんの微かな衣ずれの音や咳ばらいさえ確実に耳にできる仕組みになっている。部屋部屋の扉はしばしば向うが透視できる雪見障子になっていて、あたかも内部を観察してくれといわんばかりである。……

日本人がプライバシーに無関心なのは家庭だけではない。日本式の旅館では、部屋に（便所でさえ）鍵がないのがふつうだし、部屋と部屋との間の仕切りは一般家庭と同じように薄い。朝ともなると、ときには腰まで裸になったまったく見知らぬ人々と隣り合わせに、廊下の洗面所で洗面を行い、彼らの猛然とした「ガラガラ、ゲエゲエ」に取り囲まれる。夜は夜で、特に温泉場では、見知らぬ男女とともに入浴することになる。水や配管設備が不足しているせいではけっしてない。それどころか、観光地のホテルは、一度に千人を収容できる大風呂を持っていることを自慢にして広告する。たった一人で入浴するのは悲しく淋しいことと考えられているのである。ごく最近まで、たいがいの日本人の日常生活で大きな楽しみのひとつは、近所の風呂屋であった。そこで彼らは、素っ裸の友人たちに出会い、自分たちが幸福な一大家族に属しているという感動を楽しんだのである。（キーン『果てしなく美しい日本』三七－八頁）

また次の論述は、これと同じようなポイントに着目しながらも、因果関係を逆に見ている。

夏のむし暑さを避けるためには開放的な家が不可欠であった。家の内部は、障子、唐紙、御簾というもので簡単に仕切って、独立の部屋をつくらなかった。

このような家屋としての家（ハウス）は、家族としての家（ファミリー）に影響を与える。個人個人が別々の生活をしなかったために、家族全体が一つの単位として行動しやすい。家のなかに自分の場所をもたない日本の子は、自分で考え、自分のことを自分でする習慣をもちにくい。このように住宅の構造にもとづく日本人の性格は、派閥性とも結びついて、個人のパーソナリティーの発達を阻害する。（宮城・一九三頁）

ここでは、家の造りが、更には気温と湿度が原因で、「反個人主義」はその結果とされており、私見とは相容れない。しかし、家の造りが「反個人主義」を逆に促進・強化する面は、確かにあるわけで、そのような形で私見に包摂することができる。

ところで、こうした、家屋の構造と人間関係の相関性を説く議論は、おそらくあの和辻哲郎の風土論に始まる。それは日本とヨーロッパの比較を基礎として構築されている。

最も日常的な現象として、日本人は「家」を「うち」として把握している。家の外の世間が「そと」である。そうしてその「うち」においては個人の区別は消滅する。妻にとっては夫は「うち」「うちの人」「宅」であり、夫にとっては妻は「家内」である。家族もまた「うちの者」であって、外の者との区別は顕著であるが内部の区別は無視せられる。すなわち「うち」としてはまさに「距てなき間柄」としての家族の全体性が把捉せられ、それが「そと」なる世間と距てられるのである。このような「うち」と「そと」の区別は、ヨーロッパの言語には見いだすことができない。室の内外、家の内外を言うことはあっても、家族の間柄の内外を言うことはない。……

かく言語において表現せられていることは同時に「家」の構造にも現わされている。すなわち人間の間柄としての家の構造はそのまま家屋としての家の構造に反映しているのである。まず第一に「家」はその内部において「距てなき結合」を表現する。どの部屋も距ての意志の表現としての錠前や締まりによって他から区別せらるることがない。すなわち個々の部屋の区別は消滅している。たとい襖や障子で仕切られているとしても、それはただ相互の信頼において仕切られるのみであって、それをあけることを拒む意志は現わされておらぬ。……

第二に「家」はそとに対して明白に区別せられる。部屋には締まりをつけないにしても外に対しては必ず戸締まりをつける。のみならずその外にはさらに垣根があり塀があり、はなはだしい時には逆茂木や濠がある。そとから帰れば、玄関において下駄や靴をぬぎ、それによって外と内とを截然区別する。そとに対する距てが露骨に現れているのである。

かくのごとき家が日本においては依然として存続している。そうして単に外形的にのみならず生活の仕方をも規定しているのである。それが人間の存在の仕方としていかに特殊的であるかは、ヨーロッパのそれと比較することによって明らかになる。ヨーロッパの家の内部は個々独立の部屋に区切られ、その間は厚い壁と頑丈な戸とによって距てられている。その戸は一々精巧な錠前によって締まりをすることができ、従ってただ鍵を持つもののみが自由に出入りし得るのである。これは原理的に言って個々相距てる構造と言わねばならぬ。内外《うちそと》が第一に個人の心の内外を意味することは、家の構造に反映して、個別的な部屋の内外となるのである。だから部屋の戸口から出ることはちょうど日本において玄関から出ることと同様な意味を持つ。室の中では、すなわち個人的には、真裸でもよい。しかし室を出て家族の間に加わるときには、きちんとしていなくてはならぬ。一歩室を出れば、家庭内の食堂であると街のレストランであると大差はない。すなわち家庭内の食堂がすでに日本の意味における「そと」であるとともに、レストランやオペラなどもいわば茶の間や居間の役目をつとめるのである。だから一方では日本の家に当たるものが戸締まりをする個人の部屋にまで縮小せられるとともに、他方では日本の家庭内の団欒に当たるものが町全体にひろがって行く。そこには「距てなき間柄」ではなくして距てある個人の間の社交が行なわれる。しかしそれは部屋に対してこそ外であっても、共同生活の意味においては内である。町の公園も往来も「内」である。そこで日本の家の塀

> や垣根に当たるものが、一方で部屋の錠前にまで縮小したとともに他方で町の城壁や濠にまで拡大する。日本の玄関に当たるものは町の城門である。だから部屋と城壁との中間に存する家はさほど重大な意味を持たない。人はきわめて個人主義的であり従って距てがあるとともに、またきわめて社交的であり従って距てにおける共同に慣れている。すなわちまさしく「家」に規定せられるということがないのである。（『風土』一四四－六頁。同一六二－五頁参照）

これはなかなか魅力的な議論である。そして、それは「統合主義」と対立したり、「統合主義」を否定したりするものではない。逆に、そのような考え、和辻説の基礎には、「統合主義」がある。それはどういうことかと言えば――社会の最も基本的な単位が、日本の場合は家族、ヨーロッパの場合は町だということは、それぞれの統合情況に起因しているということである。即ち、「自然的統合」が高水準であるからこそ、私的で非力な家族というものが、言わば剥き出しのままで社会構成単位となりうるのであり、また、「自然的統合」力が弱く「人為的統合」に頼らざるをえないが故に、対内的政治と対外的防御力をもつ町が単位となるのである。

> 城壁の内部においては、人々は共同の敵に対して団結し、共同の力をもっておのれが生命を護った。共同を危うくすることは隣人のみならずおのが生存をも危うくすることであった。（同右、一六五頁）

日本において成立し難い（自由やプライバシーなどの観念と並ぶ）もう一つの、個人に依拠する観念、つまり、日本人の馴染めないもう一つの観念とは何か。それは契約である。個人が社会の実体であり単位であるならば、各個人はこのようなものとして対等であり、従って、社会はバラバラの個人から成ることになる。そしてそのような場合、それらを結びつけるものは契約であり、それしかない。ところが、日本人は絶対的な意味において対等ではなく、常にお互いの所属や関係、位置などを意識せざるをえない（阿部・九一頁参照）。

> 日本では人間は常に自分が家庭とか、共同体とか、会社とか、なにかのグループの一部分であると感じている。かれはそのグループの意見に服従し、そのグループのなかで自分の占める地位に応じて行動するようにしつけられている。（オフチンニコフ・四－五頁）

それ故、個人主義的な欧米社会は契約社会であるが、日本社会は基本的にそういう社会ではないのである。

筆者の分析によると、「コントラクト」精神は日本人にはまったく欠如しているものであり、ほとんど絶望に近いと思われるのである。……もともとコントラクトなどという観念は存在しないといえよう……。（中根・一五九、一六一頁）

以上のように、「仲間主義」の生み出す四番目の傾向ないし現象形態として「反個人主義」を挙げることができる。

そこで次に、それを物語る具体的な事例を示さなければならない。

ところでその場合、それらの事例と、既に述べた「同質志向」に関する諸例との区別に、注意を要するであろう。と言うのも、他人との「同質化」ということは、主体性の喪失や没個性化ということであり、その点で「反個人主義」化に近い、或は、と重なるからである。従って、私は両者（「同質志向」と「反個人主義」）のポイントの置き方をずらすことによって区別できるようにした。ともあれ、「反個人主義」の具体例は以下の如く豊富に存在している。*

* 「統合史観」によれば、「自然的統合」が自由化・民主化の基礎であり、前者のレベルアップが後者の可能性を高める。そうすると、日本に関する「反個人主義」という規定はこれと矛盾するのではあるまいか。日本の「自然的統合」が（大規模近代国家の中で）世界最高水準にある以上、そこでは（個人の）自由と（個人間の）平等の大いなる発展が見られるはずだからである。これについては、どう考えればよいのであろうか。

三点ある。第一に、自由化・民主化は共同体的・家族的な社会と両立しうるから、それは必ずしも個人主義化（個性・プライバシー・主体性など）を意味するわけではない。第二に、「統合史観」で言う自由化・民主化とは、政治的・権力的なそれであり、それは日常生活における「反個人主義」と矛盾しない。第三に、「反個人主義」により、自由・平等（それらが個人主義と仮に不可分であるとして）という抽象的観念が社会的な価値意識として存在していなくても、実質的にそういうものが尊重されるということは、十分にありうる。

以上の諸点を考えれば、日本における高度な「自然的統合」と「反個人主義」との並存は、決して不可解な事実ではないであろう。

（A）プライバシーの観念、従ってその尊重は、個人の存立や自我の確立そのもの、又はその必然性である。即ち、プライバシーと個人主義とは本質的に結びついているのであるが、日本人はプライバシーの意識が低い。それに対して鈍感である。

自分の家庭のこと、恋愛のことなどを同僚に語る者が日本人にはいかに多いか……（中根・三八頁）

日航機の事故があった時のことですが、御巣鷹山で五百七十名が死んだ時に、日本の新聞は、全員の死傷者、負傷者、あるいは行方不明者の名簿を掲げた。その時に、私の知っているドイツ人が、「なぜこんなことするのか」と、実に憤っていたわけです。ところが、当時キャスターだった人は、事故の報道よりも、まず遭難者の氏名を発表せよと主張し、大方の喝采を受けた。

ヨーロッパであれば、交通事故の死傷者であろうと名前は出さない。年令と性別ぐらいですね。……これはなぜかと聞けば、もちろんプライバシーの問題だということになります。……しかし、日本人はみなそういうことには抵抗があると思うんです。私たちにとっては、交通事故の人名の報道は不可欠なんです。（阿部・一一－一二頁）

「ひらがなタイムズ」が主催した国際交流パーティーで、スペイン人の女の子が真っ赤になって怒りながら私のところへやって来た。「日本人はなんて失礼なの！」「どうしたの」と聞くと、彼女は興奮ぎみにまくし立てた。「今日、五人の日本人と話をしたわ。全員初対面なのに、会ってすぐにこう聞いたのよ。〝どこに住んでいますか〟〝仕事は何ですか〟〝日本語をどのくらい習っていますか〟。」私は「それのどこが問題なの」と言いかけて言葉をのんだ。「日本人は初対面の人にこんなプライベートな質問をするの。私がどこに住んでいようと、何の仕事をしていようと関係ないじゃない。」さらに彼女は「こんな質問をするのは、私の社会的地位がどれくらいかを知りたいためでしょう。本当に不愉快だわ！」と吐きすてた。（佐々木瑞枝、「日経」・日付不明）

それから、こんなのもありますねー（これは、私も昔からヒドイと思ってました）。

日本にはプライバシーを無視したシステムや構造が目立つ。その代表の一つが病院の診察室だ。カーテンの向こうから「この影はがんでしょう」「中絶の経験は？」といった医師と患者のやり取りが聞こえてくる。……診察室とカーテンで区切っただけの「中待ち」はおそらく日本独特だ。（田辺功・記者、「朝日」〇二・九・七。なお、私の昔の体験だが、個人の医院では、「中待ち」がないので、待合室から丸聞こえであった。）

（B）「反個人主義」の一つの典型はパターナリズム（あたかも（父）親が子に対するように、庇護者の立場から過剰に世話を焼くこと）であるが、日本では特に安全に関してそれが目立つ。即ち、そもそも各個人の判断と責任に帰すべき社会生活上の常識や注意事項について、至る所で公的指導が繰り返されているのである。

拡声器が発する命令に従うよう訓練されて、現代の日本人は公共放送中毒にかかっている。ホテルのロビーでも、デパートでも、駅でも、エンドレステープのアナウンスがわめき続ける――忘れ物をするな、切符を出せ、通路は右側を歩け。……アナウンスの最大の特徴は、その徹底した子供っぽさである。（カー・三二四、三二六頁）

駅のホームに立てば、列車が入線するから気を付けろ、エスカレーターに乗ろうとすれば、黄色い線の内側の中央に立ち、お子さま連れはちゃんと手を持って、などとやたらと親切で、大人も幼稚園児並みの扱いだ。危険な場所は柵で囲み、屋上は金網を張りめぐらす、というように至れり尽くせりの感さえある。（児玉清〔俳優〕、「日経」〇六・一〇・六）

日本に来た外国人が驚くことの一つが、日本の街にあふれるガイダンスです。……「電車に乗るだけでこれだけ指示される国は他にない」と外国人はそのやかましさに驚き、あきれるのです。イギリス、フランスなどヨーロッパでは、よほど慎重に時計を見ておかないと発車のベルも鳴らないまま、電車はプラットホームからおごそかに出発します。（井形・八七頁）

因に、このようなアナウンスの生み出す騒音、「音の洪水」、従って「音漬け社会」を精力的に糾弾し啓蒙活動をしている人々がいるが、私もその趣旨に基本的に賛同する。そのうち最も戦闘的な中島義道氏は、「子どもに対するような煩瑣な注意を〝一律な放送〟によってするというのは、本来人格に対するはなはだしい侵害」（『うるさい日本の私』四六頁）であるにもかかわらず、「わが国をすっぽりおおっている〝機械音地獄〟は、今やどう考えても病的段階に達している」（同一〇七頁）として、日本を「幼稚園国家」（同一九五頁）と呼んでおられる。（中島『たまたま地上にぼくは生まれた』一〇五頁参照）。宜なるかなである。

（C）欧米の企業等の団体や組織においては、個人ごとに業務の、従ってまた責任の分担が明確に決められている。即ち、これは私の仕事、あれは誰それの仕事というわけである。従って、その範囲を超えて他人の仕事を助けるということはない。日常的にはもちろん、臨時的にもありえない。そのため例えば、担当者が不在の場合、外から問い合わせが来ても応えられないし、そもそも隣のデスクの電話をとることもないのである。まさに個人主義である。

ところが日本の場合には、仕事の分担はあってないようなものである。互に越権して助け合うことが、むしろ日常化している。

和が存在するとき、それぞれの仕事の範囲は不明確となる。同僚を助けることは当然とされる。（高際・八九頁）

英米のレジスターは、お客の長蛇の列をものともせず自分のペースで悠然と勘定をこなしますが、日本人は混雑すると自分の売り場を片づけ、臨時のレジ係を担当して列を一刻も早く解消しようとします。（「朝日」〔投書〕〇〇・七・一二）

日本人は働き者であるだけではない。一つのグループに一つの仕事が与えられると、メンバーの中に、皆でこのプロジェクトを成功させなければならないという不思議なほど強い一体感が生まれる。どこからどこまで僕の仕事なのかは大切ではなくなる。調子が悪い時は誰かが手伝ってくれるし、調子が良い時は他の人の分までやってあげる。人とのチームワークが楽しいので、日本では数学以外にも色々な仕事ができた。（ピーター・フランクル、「日経」〇二・一・一二）

何かミスがあったとき、米国人の意識では、自分が責任者でないんであれば怒られたらおかしいし、怒られても「私の責任じゃないよ」と説明する。日本では、自分が近くにいるだけでも「自分が何をやれば、もっとうまくいけたのか。

こう動いたら、仕事もないのに残業につき合うことすら、しばしば行われているのである。そして何と、そうならなかったのに」と〔反省する〕。(D・E・グリーン〔J・フォン社長〕、「朝日」〇二・六・二二)

(D) こうした分担の否定は、責任に関る場合は連帯責任ということである。それは「反個人主義」のまた一つの典型と言えよう。その例だが、恒例の行事と化したケースに、不祥事を起こした野球部に対する処分がある。注目を集めるのは、高校野球で甲子園出場が絡む場合であるが、常に部長・監督や少数の部員の非行により全部員がペナルティー(対外試合の禁止)を受けてしまう。出場の条件に、部としての健全性とか模範性というようなことがあるらしいが、ヘンな人間は何処にでもいるもので、どう考えても不合理だが、そうした慣行が罷り通っているところに、「反個人主義」の強さが現れていよう。

さて、この連帯責任というのは、よく知られているように、永年にわたって日本社会の基層を成してきた伝統的なムラ(村落共同体)の在り方に由来している。

全員一致で、しかも連帯責任を負う。……それがムラの政治でした。そして、このムラの結束が強固である点が、中世から近世にかけての日本社会の特徴です。政治的な自治組織として自立したことはないが、こうしたムラのあり方が、日本の統治機構の末端を支えた。(橋爪『政治の教室』一〇五頁。同一一一頁参照)

そして、こうした組織内における互助と連帯責任という体制は、必然的に全体としての無責任という結果を招来せざるをえない。各人の業務内容と責任範囲がはっきりしていないから、ミスやトラブルが生じたとき、誰に責任があるのかわからないということになるのである。それはまた、(先に第一節「事勿れ主義」で指摘した)責任追及に対する消極的態度によって拍車がかけられることは、言うまでもない。

最も近代的な組織の運営において、欧米諸国から見ればまったく不可解としか思えないような、統合性のない、誰が中心において責任を有しているのかが不明確な体制がとられていたのである。……日本の近代的組織は、時に驚くべき無責任体制であることを示す事実は、枚挙に遑がないであろう。(河合『中空構造日本の深層』六二頁)

従って、例えば、企業の不祥事に際しても、処分に手心が加えられたりするのである。

責任があいまいだから処罰も甘くなるのが日本的経営だ。企業事件の直接の責任者がひっそりと子会社に転出する例は過去、数え切れないほどあった。（吉野源太郎・記者、「日経」〇二・九・八）

とはいえ、誰も責任をとらないことは、社会が許さないし、それでは企業がもたない。そこで、一件落着の最終的方策はこういうことになる。と言うより、これしかない。

日本企業は経営トップが記者会見で「陳謝」するのに、米企業のトップは頭を下げない。米国では問われるのが経営者の個人的責任だからだ。米企業では責任の所在は初めから明確だ。経営者が責任を認め陳謝すれば直ちに犯罪者になる。片や日本では隠ぺいや犯罪的行為が社長の指示で行われたケースがたぶん皆無なのに、社長たちは謝り辞任する。（同右）

（E）日本に独特の昇進システムとして有名な「年功制」（グローバリゼイション等により、企業によってはかなり崩れつつあるが、一般的および基本的には現在も健在と言えよう）は、「反個人主義」を表している。個人の能力よりも組織の力、団結によるチームプレイを重視するから、そうした反能力主義・反業績主義が成立するのである。

私の会社は年配の人に来てほしい。でも、日本の50歳代の人に、「何ができるか」と聞くと、「部長ならできる」という。これじゃ話にならない。日本の社員教育は専門性を高めないし、個人の自立も促していない。それに、新卒社員の初任給が、みんな一緒というのも信じられない。大卒でも、荷物を届けてもらいたい人もいれば、顧客の役員とケンカできる人間もほしい。同じ人間はいらない。なのに、なぜ同じ給料なのか。（宋文洲〔ソフトブレーン会長〕、「朝日」〇三・五・一〇）

従って、例えば、従業員が発明した場合の対応も、「反個人主義」的である。

戦前から終身雇用、年功序列を基本としてきた日本社会は個人の顔が目立つ個人戦よりも、集団としての功績をたたえる団体戦を優先してきた。その結果、発明という個人の独創性、創造性に依存する部分を犠牲にしてきた。企業研究者の論文や特許申請に、実際に研究開発には携わっていない上司が共同研究者として名を連ねることは典型的な例だ。「成果は組織で出したもの」という考えだ。（内田裕久、「日経産業」〇一・一〇・一六）

こうした「年功制」と並んで「学歴主義」も（これもその神通力に衰えが見えるとはいえ、いろいろな場面で生き残っている）、一見そうでないようだが実は「反個人主義」の産物であろう。各人の評価と処遇を実質的な能力や業績、およびそれらに基づく競争に依らしめないことから、そのようなものが幅をきかすようになる。年令と同じく、学歴というものは絶対的・客観的な基準であり、誰もが認めざるをえない。従って、それによって競争を回避ないし緩和せしめ、かくして、「和」を保ちつつ、一定の合理性の下に評価・処遇を行うことができるのである。*

＊　なお、「年功制」にせよ「学歴主義」にせよ、或る面で、「和」を志向する「反個人主義」的な「序列好き」又は「身分好き」（河合『日本文化のゆくえ』五六、五七頁）として括ることができる。

日本人は、二人以上の人間が集ると、その成員に一様に序列がつき、一番、二番、……と決まっていないと落ち着かない。「先輩」「後輩」などということに強くこだわる。〔……〕個人が各人の個性に基づいて判断を下すことはせずに、前もって決まっている序列によって、その人の位置を定めてしまう。これは昔は「長幼序あり」で年齢によって運命的に決められていた。〔……〕

西洋の影響で、ある程度能力差を認めるようになったときも、昔の軍隊にあったように、たとえば陸軍士官学校や海軍兵学校の卒業時の成績順位がずっと後まで効力をもつ、というような現象が生じる。つまり、卒業の試験は個人の能力による差を認め、競争原理を承認しているが、卒業後は、その順番が一種の「身分」のようになってくる。運命的で変更不能となるのである。そうなると、「××大学」出身ということが一種の身分のようになる。〔……〕進学指導をする人も、実際にあった例であるが、ある高校生が「A大学の教育学部に行きたい」と言うと、「お前の成績ではそんなのはもったいない、B大学の医学部を受けなさい」と指導したりする。〔……〕いかに「個性」と無関係の選択を考えているかがよくわかる。（同右、五六－七頁）

（F）個人としての意識や自覚に欠ける、或いは乏しいということは、「私」というものが確立していないということである。そしてそれは、逆に言えば、「公」というものもしっかりと形成されてはいないということである。言い換えると、「私」と「公」が互いに他に紛れ込み、それらの境界・区別が曖昧になっているのである。以前に誰かが（忘れて申し訳ない！）或る新聞で、日本人の電車の中での居眠りについて、「公の空間であるはずの電車が、半分は私的空間になっている。電車内で化粧するのもそう」と語っていたが、まさに（一面または半面）その通りであろう。日本においては、個人的独立・私的自由の観念の漠然たるに対応して、公共的精神・公的責任感が稀薄なのである。それは、「公私混同」というお馴染みの言葉の存在が端的に物語っていよう。我々は「公私混同」の罪悪に対して鈍感である。それをあまり重大に考えず、気軽に犯してしまうのである。

こうした公私の間の不分明ということは、次のような事実にも現れている。

日本人は喜怒哀楽を非常に率直に表します。例えば集まりの時に、お酒を飲む席や、あるいは日常的な電車のなかでも、会社や学校のなかでも、何人かで集まって話をしているときに、突然キャッというふうに騒いだり、大きな声を出して、笑ったり、あるいは時に口をとんがらせて怒ったりと、非常に喜怒哀楽が率直です。* ……ところがヨーロッパの人々は、……子供の頃からそういうふうにならないように努力をしている。つまり躾けられる。社会的な躾けなんですね。そうしないと大人になれない。大人になるということは感情を表面に表さないように少なくとも表現しないようにすることなのです。（阿部・一二二頁）

そして、大人がこうであるから、況や子供においてをやである。

電車やレストランでも日本のこどもたちは実にわがままだ。親もだらしない。泣いたりわめいたりしているわが子を叱りつけるどころか、反対にきげんをとっている。（佐藤洋二郎、「日経」〇二・一二・五）

＊ 他方、逆に、日本人は感情表現が乏しい、無表情であるという、外国人からの一般的見方があり、我々もそれを信じている。しかし、双方の見方は互いに矛盾しているわけではない。この引用文で言われているのは、公衆の面前、公共的な場で

の話である。また、日本人は親しい関係や内輪同士の場合には直截的であり、見ず知らずの他人や打ち解けた間柄でない人に対してはおとなしい。このように、両方の見解はその焦点ないし注目点を異にしているのである。

またもう一つ、このような事例も挙げておこう。それは結婚式でよくみかける或る光景である。

急にわざとらしい花束なんかを持ってきて、それをヤマシタ〔新郎〕とトキコ〔新婦〕さんが持ち、それぞれ相手の両親に捧げるという儀式が最後に来るのである。……「この良き日に、今までお育てくださったご両親さまに、感謝の思いを込めて、新婦のトキコさまから、ご両親さまにお手紙を書いていただきましたので、これにてトキコさまに朗読していただきます。」げっ、それはまたなんと恥ずかしい趣向であろう。「ヤマシタのお父さま、お母さま、そしてパパとママ、今日まで大きな愛情をいっぱいに、育ててくださって、ほんとうにありがとうございました……。」あああああ、あああーーーっと叫びたいほど、それは恥ずかしい文面であった。よくもまあ、ああいうことを平気で人前で言えるものである。（マクブライト・二五四‐五頁）

言われてみれば、なるほどその通りなのだが、我々日本人はおそらくそれに気付かない。つまり、たいして恥かしいこととは思っていない。子供じみた演出過剰な演技とは感じても、その瞬間は全員が家族と化すのであり、それほどの違和感はないであろう。これはまさしく「反個人主義」の一つの証拠なのである。

（G）「反個人主義」の仲間中心・和優先の空気は、各個人に対して抑制的・否定的に作用する。人々の個性よりも社会との適合、美点の伸長よりも欠点の矯正に、力点が置かれることになる。そこで、例えばこういう現象が生まれる。

アメリカの先生などは生徒が少しでもいいことをすると褒める。親も同じようにいいことは褒める。……日本人はどうも褒めることを忘れているのではないかと思われる。……褒める習慣がなかったし、褒めようとする態度もなかった。……それから、日本語には褒める言葉があまりないことにも気付く。英語にはたくさんある。我々日本人が単に「いい」というべきことを英語では「すごくいい」とか「すごい」とかいうような表現をよく使う。（阿久津・一〇六‐七頁）

確かに、このことは近頃の教育論やコーチ論でよく指摘される点であり、多くの人々の認める事実なのである。

（H）日本文化のよく知られた特色の一つである「恥の文化」や「世間（体）」の意識（阿部・一二三、一二五、七六、七九、八二、一八二頁参照）は、「反個人主義」の（先述の「同質志向」とも関るが）ストレートな反映である。「和」が支配し、人間関係が濃密であるが故に、集合体としての他人の目が気になり、それによって規制されるのである。典型的な例に、企業の不祥事の際に行われる社長の記者会見での決まり文句がある。謂く、「世間をお騒がせして申し訳ございません。」

日本の社長たちの会見は誰に対して謝っているのか判然としない。米国の経営者は「世の中」や「社会」などという漠然とした相手に頭を下げることはまずない。（吉野源太郎・記者、「日経」〇二・九・八）

そして、こういう心情は最悪の場合にはとんでもない悲劇をもたらす。

大勢が死んでいった。祖国のため、愛する者のために勇敢に散った人たちもいるが、無謀な命令による死も少なくなかった。この陣地を死守しろとか、あの丘を攻略しろとか、大局から見るとちっぽけなことにこだわり、死が美化された。面子、生き恥、卑怯という言葉のために多くの兵士たちが逝った。（水木しげる、「日経」〇三・八・一五）

（I）社会人の（例えば自己紹介における）自己規定の仕方は一般に二つある。一つは職種であり、もう一つは所属集団である。そのうち、前者は個人主義的であり、後者は「反個人主義」的であると言えよう。そして日本人の場合、次のような現実がある。

日本人が外に向かって（他人に対して）自分を社会的に位置づける場合、好んでするのは、資格よりも場を優先することである。記者であるとか、エンジニアであるということよりも、まず、A社、S社の者ということである。

ここで、はっきりいえることは、場、すなわち会社とか大学とかいう枠が、社会的に集団構成、集団認識に大きな役割をもっているということであって、個人のもつ資格自体は第二の問題となってくるということである。（中根・三〇頁）

（J） 第二節で「同質志向」の具体例の一つとして、「ブランド信仰」というものを挙げたが、それはまた、「反個人主義」の現れでもある。一人一人の人間に独立性・自立性の、従ってまた独自性・個性の意識が乏しいということは、各人が自らのアイデンティティー、存在基盤、或いは自尊心の拠り所といったものが稀薄であり、そのため、それらを外部に求めがちだということになるであろう。外部的な価値に対して批判的・反発的になるのではなく、逆にそれを受け容れ、それによって自らを補塡し強化しようとするのである。

当時〔一九六〇年代？〕、ルイ・ヴィトンのかばんなんて、こんな色で売れるのかな、と思ってました。ところが、売れましたね。売っておきながら、こう言うのは不謹慎かもしれませんが、日本人は権威に弱い。欧州の貴族が旅行のときにつかったかばん、貴族の馬具商がつくった製品という権威に弱い。日本人のブランド信仰の根っこです。（堤清二、「朝日」一三・一一・四）

（K） 日本人は外国人や素性の知れぬ他人に対して接し方がわからず、ドギマギしてしまうが、この現象は「反個人主義」に起因するであろう。即ち、先に鈴木孝夫氏の、相手との関係によって自己を規定しようとする、日本人に特有の自己認識の仕方という分析を採用し、それに依拠したが、そうした「反個人主義」的な自我の在り方がそのような現象をもたらすのであろう。

〔日本人的な、〕相手にたよる相対的な自己確認のパタンは、……日本人の欧米人に対する心理的動揺をも説明することができる。私たちが人間関係における自己の座標を決定できるためには、相手が誰であって、その人が自分より上か下かといった相手の位置づけが先決条件となっている。ところが外国人は、私たちがこのような位置づけを行う一切の手がかりを与えてくれない。そこで私たちは相手が決定できないために、結果として自己の位置づけもできないという心理的な不安定の状態に置かれることになる。また私たちは見知らぬ他人に対しては、顔見知りの人に対する場合とは非常に異なった接し方をするので有名である。これも、自分が位置づけすることが不可能な相手に対しては、相手を無視することによって自己の不安定化を避けようとするからに他ならない。日本人は相手の正体が不明のときは、その相

手と正常な人間関係を組めないと言っても言い過ぎではないと思う。（鈴木・一八六－七頁。齋藤・一三二頁参照）

（L）日本語の特徴の一つに、「受け身表現」の乱発ということがある。それは自我の弱さや主体性の乏しさの現れと言えよう。

韓国のエッセイスト呉善花《オソンファ》氏によると、日本に来て驚いたのは、受け身の言葉の多さだったという。そういえば私自身も「雨に降られた」「風に吹かれた」「泥棒に入られた」といい、「雨が降った」「風が吹いた」といわず、「させて頂きます」などを乱発する。（杉山平一、「朝日」〇二・六・八）

（M）これは単に「反個人主義」の現れでなく、これまで指摘してきた、「仲間主義」の一例である「気配り」の現れ、および「事勿れ主義」の一要素たる、対立・紛争の回避ということのそれでもあるが、つまり、それらの複合的な現象であるが、「空気」の支配または影響力ということがある。日本人はその場の「空気」、即ち、集団の全体的な動向、その無言の圧力に弱く、流され易い。それに逆らうのが何となく憚られるのである。（齋藤・五八－九、六四－七頁参照）

「空気」これは確かに、ある状態を示すまことに的確な表現である。人は確かに、無色透明でその存在を意識的に確認できにくい空気に拘束されている。従って、何かわけのわからぬ絶対的拘束は「精神的な空気」であろう。以前から私は、この「空気」という言葉が少々気にはなっていた。そして気になり出すと、この言葉は一つの〝絶対の権威〟の如くに至る所に顔を出して、驚くべき力を振っているのに気づく。（山本七平『「空気」の研究』一五頁）

「空気」とはなんであろうか。それは非常に強固でほぼ絶対的な支配力をもつ「判断の基準」であり、それに抵抗する者を異端として、「抗空気罪」で社会的に葬るほどの力をもつ超能力であることは明らかである。（同二二頁）

昨今、「空気を読む・読めない（KY）」ということが若者たちの顕著な傾向であり、関心事であるようだが、そういった現象は時代的・世代的に限定されたものではない。程度や現れ方に違いはあれ、基本的に日本文化そのものの体質なのである。*

＊　山本七平は、「空気支配」は「明治以来の誤れる啓蒙主義的行き方の結果」であり（同四〇頁）、特に昭和期に「全員空気拘束主義の独裁化を招来した」（同二一三頁）としている。しかし彼は、「猛威を振い出したのはおそらく近代化進行期で、徳川時代と明治初期には、少なくとも指導者には〝空気〟に支配されることを〝恥〟とする一面があったと思われる」（同二一一頁）と語っており、それ以前における「空気」の力についても間接的に認めている。また、「空気」の支配を日本文化と結びつける次のような論述もある。

〔「空気」の醸成の〕前提となるのは、感情移入の日常化・無意識化乃至は生活化であり、一言でいえば、それをしないと、「生きている」という実感がなくなる世界、すなわち日本的世界であらねばならないのである。（同三八頁）

われわれの世界は、〔一神教ではなく〕一言でいえばアニミズムの世界である。……アニマの意味は、〝空気〟に近い。従ってアニミズムとは〝空気〟主義といえる。（同六九頁）

なお、もし彼の言うように、「空気」の支配が近代化によって強まったとすれば、それは経済発展による「自然的統合」の強化、それに伴う「仲間主義」の進展が関係しているであろう。

〔付論〕教育問題

本章で述べた「同質志向」（第二節）と「反個人主義」（本節）に大いに関係する事柄に、日本の教育の在り方という根本問題がある。本書の趣旨からはやや逸脱する面があるが、教育論は文化論でもあるので、少し論じておきたい。

周知のように、日本の教育は現在（相対的にはともかく、また見方にもよるが）危機的な情況にある。むろん、その情況の様相は多面的であり、小学校（初等教育）から大学（高等教育）に至るまで、それぞれいくつかの問題を抱えている。これから論ずるのは、そのうちの高校以下（中等教育まで）の問題に関してであり、しかもその全てを対象とするわけではない。しかし私は、初等・中等教育に関する限り、そこに見られる多くの問題の根底に、或る共通の欠陥、そこに一貫する根本的な欠陥が存在していると思う。言わば諸悪の根源であり、そしてそれは、上述の「同質志向」ならびに「反個人主義」に由来していると考えられるのである。

中等教育までの段階で大きな問題となっているものに、不登校・いじめ・落ちこぼれ・学級崩壊・非行・無気力などがあるが、それら全ての普遍的な原因となっている或る事実が認められる。それは何か。一言でいえば、学校が楽しくないということである。学校が面白い場所ではなく、全ての児童・生徒が喜んで通う所ではなくなってしまっているということである。従って逆に、もし彼らが学校に楽しみを見出すことができれば、それによって、ストレスを感ずることがなくなれば、大半の問題は解消または大幅に軽減されるであろう。

それでは、そうした普遍的原因の更にその原因はどこにあるのであろうか。何故、学校が楽しくないのか。楽しいというのは、欲求が充足されるということ、或る程度の満足が得られるということである。そしてむろん、その欲求は自己自身の真のそれでなければならない。ところが、欲求とは内面的・主観的なものであるから、その内容は（基本的な共通性はあるものの）各個人によって異なる。また、欲求と不可分の関係にある能力も同様である。従って、大多数の人間あるいは集団全体に相当の満足を与えるためには、人々や集団の内部に多様性とか異質性がなければならない。学校の場合も同じである。では、学校内部における多様性・異質性とは何を意味するのか。抽象的に言えば、価値観のそれである。即ち、児童・生徒を指導するに当たっての目標・理想における、従ってまた、児童・生徒の評価の規準におけるそれである。学校はそれぞれの児童・生徒の欲求・能力に適合した多様な目標、多様な評価規準を設定すべきなのである。

しかるに、現状はどうか。そこには一つの価値観しかない。従って、一つのモノサシしかない。それによって、全ての児童・生徒を一つの鋳型に嵌め込もうとし、一つの尺度でランクづけしようとしているのである。

その価値観・モノサシには、二つの種類ないし次元がある。一つは、言うまでもなく学業成績であり偏差値である。

その向上が最大・最高の、いや事実上殆ど唯一と言ってよい目標なのである。

その子の「個性」を全然見ていないんです。ひとりひとり違っているところをほとんど見ないで、学校の勉強で何番か、ということしか問題にしない。（河合『Q&Aこころの子育て』一七九頁）

日本の教育制度の欠点は、大学に進学すること、さらに銘柄大学に進学する競争に明け暮れしている点にある。ほとんどの普通科高校においては大学受験対策に教師・学生ともに追われており、勉強の好きでない学生や就職希望の学生がないがしろにされた結果、こういう人がフリーターになっていることがわかっている。（橋木俊昭、「朝日」〇六・一一・七）

そうすると必然的に、成績の優秀な児童・生徒が、そのような児童・生徒のみが、「良い子」「偉い子」となる。だが、その恩恵に浴する児童・生徒は当然僅かしかいない。これでは、多くの児童・生徒は浮かばれないのである。*

＊　それだけではない。日本の初等・中等教育にあっては、授業そのもの、学習そのものも決して楽しいものではない。それは基本的に忍耐を要するものである。従って、良くできる児童・生徒にとっても、授業はしばしば苦痛であり、ましてや、授業についてゆけず成績の悪い児童・生徒にとっては、もはや我慢できないものとなっているのである。その一つの大きな要因として、次のような事情がある。

日本の伝統的な芸能である、茶道、華道、舞踊などでは、ともかく誰でも熱心に訓練して、よい「型」を身につけると師匠クラスになれるという考えがある。この方法の背後には……日本式の絶対平等感があり、個人差とか能力差をまったく不問にして、ともかく誰でも型を身につけると成功する、というので、「易行《いぎょう》」と呼ばれたりする。……

スタンフォード大学教授の文化人類学者、トーマス・ローレンは一年間、日本の高校で自ら生徒と同様に教室で学んだりしながら、綿密な調査を行った。その報告は実に興味深いが、そのなかで、彼が日本の高校の授業が単調で退屈なこと、および日本の高校生がその退屈さに耐える能力をもつことを指摘している。アメリカの生徒だったら、これには絶対に耐えられないだろうと言う。アメリカでは、生徒の一人一人が活躍し楽しく学んでいる。

これは日本において「学ぶ」ということは「型」の修得のための単調な繰り返しであり、それに耐えてこそ学習がすすむ、という考えが非常に強いことを示している。ここで注目すべきことは、日本の芸能修得の易行の方法が、西洋の学問を学ぶ際にまで拡大されている、という事実である。そこには「型」などはないが、教師の示すこと(手本)をできるだけ早く身につけるべきだという考えがある。従って、勉強というものは苦しく面白くないものだという前提がある。(河合『日本文化のゆくえ』五八-九頁)

このようなわけで、授業についてゆける児童・生徒は、いくつかの外的動機、例えば名誉欲・自尊心・競争心・目的意識などから、勉学意欲を大なり小なり持ち続けることができるが、ついてゆけない児童・生徒はドロップアウトないしエスケープしてしまうのである。

もう一つの種類・次元とは、内容的な学業成績に対して、形式的なものを指す。即ちそれは、価値観の唯一性そのもの、ということはつまり、全体的な一体性、換言すれば集団主義(全体主義?)や平等主義である。それは二つに分けられる。

第一に、学習について言えば、初等・中等教育は全員漏れなく一定の水準に引き上げようとする。その結果、水準以下のかなりの生徒には、無理な努力が強いられ、他方、一部の優秀な児童・生徒は劣等生に足を引っ張られるのである。そして更に、落第なしの一斉進級というシステムがそれに拍車をかけ、悪循環に陥る。因に、アメリカは個人本位であり(西欧もそうである(同右、五四頁参照))、成績の上位者に対しても下位者に対しても能力主義的に対応しており、飛び級と落第、英才クラスと補習などが制度化されているのである。

第二に、学習以外の面、行動や生活の面について言えば、生徒に対して集団主義的・平等主義的な精神を植え付け、涵養しようとする。

日本の教育システムは平凡な人間をつくるのが目的です。言われた通りに平凡にやればいいので、日本人は「平凡」、「つまらなさ」というものに対して慣れています。(アレックス・カー『美しき日本の残像』一一〇頁)

〔「足並みそろえて行動すること」と「人と違うのは悪いこと」とを教え込まれて〕幼稚園を出た子供はいよいよ義務教育に入り、教育の場は今や「軍隊」さながらの様相を呈し始め、それは高校を卒業するまで続く。(同二九八‐九頁)

学校行事の遂行のしかたを見ていると、この国では、教育がなにか軍隊的な組織とシステムによって運営されていると考えざるを得ないのだ。……〔私の疑問に同僚教師の〕ヤマシタは、答えた。「……修学旅行のような行事には、社会勉強をするという意味づけのほかに、〝団体行動を学ぶ〟ということがある……」……

なるほど、教育課程の最後の仕上げは「団体行動」か。この国では、どんなに優れた成績の生徒であろうとも、団体行動ができなければ、それは「問題児」もしくは「ドロップアウト」として扱われる、とそういうことである。そういう事実はまた、「誰もが同じように数学ができ、国語ができ、英語ができ、あれもでき、これもでき」というふうに、生徒たちの能力はすべて同等であるという、まったく誤った前提に立った横並びの「平等主義」と、たぶんその根のところではつながっているものと見られる。しかも、このファッショ的団体教育を指して「民主教育」であると吹聴している人々があるというのは、なんとしてもわれわれ西欧人の理解を超えた不可思議であると言わざるを得ない。(マクブライト・九八‐九頁)

父が銀行マンだった関係で、米国のシアトル市に幼稚園の最後の一年と小学校の一年の時に住んでいたんです。向うでは「粘土で人を作りなさい」と言われると、みな思い思いに作ります。ある子は顔だけ、他の子は耳だけ、また別の子は鼻だけという具合です。先生はそれを見て「あなたは耳を作ったんだね。すごいね」と褒めます。日本では同じような授業で、顔だけ作ると「吉永君は何で顔だけなの。みんなを見てごらん。みな手や足を付けているでしょう」と言われます。(吉永泰之〔富士重工業社長〕、「日経」一三・五・一四)

このように、日本の初等・中等教育は単一的価値観によって強く支配されている。しかしながら、人間には学力以外にさまざまの能力がある。例えば、芸術・スポーツ・芸能・社交・徳等々。それらは全て人間生活を豊かにし、それぞれが素晴らしい。そして、それらの享有の状態は人によって異なる。

年をとると分かってきますが、人間の可能性や能力は多方面・多次元で、人柄やほかの能力も大事だし、学力一本やりでは測れません。（蒲島郁夫、「日経」〇一・二・一九）

ところが、学力、しかもその、試験の点数につながるような一側面以外は、学校生活においてあまり又は殆ど評価されない。

組織のロボットになる「永遠のサラリーマン」を量産してきた受験制度を変える必要があります。／野球選手とか科学者とか、子供はだれも夢を持っています。そんな個性を磨いてやるべきなのに、超難関ウルトラクイズへの参加だけを強いてきた。子供たちはいつの間にか、夢を失うばかりか、何をしたらいいかも分からず、組織頼みの安定志向となる。（中村修二、「朝日」〇二・一・九）

例えば、これは見事なまでに象徴的だが、運動会の競走で順位をつけない（又は少なくとも、順位がつきにくいようにする）などというトンデモナイことが、かなり或いは一般に行われているらしい。それを示す一つのニュースだが、「個人差がつくのはどうか」という配慮から二年前に短距離走を止めた或る小学校が、今度は更に「一位や最下位になるチームが事前に決まっているリレー競技」を発明したということが、報じられた（「朝日」〇〇・一〇・九）。何と（！）それは、「一人一人の児童を等しく尊重した結果」であり、「童心を傷つけないため」であると言う（エッ？ マジ？）。

他にもこんなやり方がある。

運動会の種目から徒競走を外した小学校がある。一等からビリまで足の速さに序列をつけるのは不平等だからだと言う。

ゴールの直前で立ち止まり、最後はみんなで手をつないでテープを切る学校もある。（橘玲、「日経」〇三・九・七）

ゲーッ吐気がするよー！　唖然として声も出ないネ。[*]　挙句の果てに、「運動会を廃止した学校も少なくない」（『本』一七頁〔小林寛道〕）らしい。

＊　こんなエピソードもある。卓球の福原愛選手（アイちゃん）が全国中学校大会に出場しようとしたときのことだが、「〝強すぎて他選手がやる気をなくす〟と今回、中体連の中には出場自粛を促そうとする動きもあった……。」（「朝日」〇三・八・二三）

そしてもちろん、こうした極端な悪平等・無競争・過保護は何もスポーツに限らない。例えば、これはいくら何でも極端な例だと思うが（そう願いたいが）、鳥取県の取組み（スポーツ関係も含めて）について次のように報道されている。

(1)　学級委員長は他の児童を差別することにつながるので、他の図書委員長等と同格の「運営委員」とする。
(2)　運動会の徒競走で、児童の能力にあわせてコース内に「近道」を作ってゴール付近で接戦になるように調整する。
(3)　学芸会で、一つの劇の主役を複数の児童が途中で交代して演じる。（「朝日」〇九・二・八）

もはや、何をか言わんやだ。それだったら、学業の評価もヤメテシマエ！

この問題に関する正論は明白である。次のような考え方が断然正しい[*]（クライン孝子『お人好しの日本人　したたかなドイツ人』一二三－四頁、井形・一三四頁参照）。

福田　平等主義こそは現在の日本の諸悪の根源である、私はそう考えていますが、それが教育にいちばん端的に、しかも恐ろしい形で現れていると思いますね。

鈴木〔重信〕　まったく同感で、……落ちこぼれがあるから個人の個性とか持ち味も出てくるわけですね。その落ちこぼれ方、ある人間がどういうふうに、落ちこぼれるかの見きわめが、教育というか、教師の役割といっていいくらいです。だから、落ちこぼれがないんだったら人間は教育なんていらないわけで……**（『福田恆存対談・座談集』第三巻、二九〇頁）

子どもの持っている才能はそれぞれ違うのに学校は同じように教育しようとする。これが日本の教育の一番ダメなところで、今の学校は天才を凡才にするだけです。勉強ができる、できないというのは人間の値打ちとは関係ない。同じように教えれば勉強のできる子はつまらないし、ついていけない子どもはつらいだけです。いろいろな才能があることを認めたうえで、それに合わせた教育をするべきなのです。（瀬戸内寂聴、「日経」〇一・六・三〇）

勉強したい人は大いにやればよい。学校の成績が悪くても、ひょうきんなら人気者になれる。歌や運動が好きだとか、得意なものがいろいろあるはずです。競争によって、自分の居場所が分かるんです。それぞれ個性にあった生き方をすることで、社会の均衡が保たれるわけです。（古森重隆〔富士フイルム社長〕、「日経」一〇・一〇・一八）

横並び教育は、世界最悪です。競争させなければいけない。音楽でも、趣味でも競争させる。競うことによって他人とは違うことを考え、相手に伝え、実践するようになる。（柳井正〔ファーストリテイリング社長〕、「朝日」一二・七・一〇）

*　齋藤孝氏は、第一に、日本人は個人としては押しが弱いので、チームワークが大事である、第二に、そのためには、〝ゆとり〟ではなく、むしろ〝負荷〟をかけた教育」、即ち「いろいろと厳しく要求していく教育」が必要である、しかるに第三に、いわゆる「ゆとり教育」は失敗した――という判断に基いて、日本人には「個性的な教育」は向かない、個性を重視するのは間違っている、と結論しておられる（『日本人は、なぜ世界一押しが弱いのか？』二三一-三頁）。

「ゆとり教育」の否定には、私も賛成である。しかし、個性尊重と「ゆとり教育」は同じではない。前者には、いろいろな意味や仕方があり、後者はその一つにすぎない。従って、仮に第一と第二の命題を認めるとしても、そこから個性的教育の否定が導き出されるわけではないのである。

**　ここでの「落ちこぼれ」は、単に学業成績の不振・低位ということを意味している。それに対して、始めに私が日本の教育問題の一つとして挙げた「落ちこぼれ」は、学校生活全般に関るそれである。前者の発生自体はごく自然なこと、避けられないことであり、後者とは意味が異なる。

因に、『五体不満足』で有名になった、かの乙武さんは、三年間小学校の教員を経験されたが、そのとき「公教育への疑問」が生まれたとおっしゃる。それは「突出を許さない雰囲気に対する疑問」である。

「お手々つないでゴールイン」式教育があちこちに根付いている……。……最終的に目指すのは「オンリーワン」であっても、ナンバーワンを目指す競争を経験しなければ自分の得手不得手がわからない。僕は障害があるから何かをあきらめるなんてイヤだったし、人より前に出たいと思っていた。おかげで今がある。(「朝日」一一・一〇・二七)

殆ど絶対的なハンディキャップを背負った彼にして、このように正しく主張しておられるのである。

以上のように、日本の学校教育は一元的な価値観によって支配されており、それが諸々の基本的問題の元凶をなしている。そしてこうしたことは、もちろん学校だけの現象ではない。学校とは一つの社会制度であるから、それは社会とその文化の一部であり、それらを反映している。

日本の教育の問題は日本文化の問題と不可分にからみ合っている。このことを自覚せずに、制度を変えることによって教育を改革しようとしても、うまくいくはずがない。(河合『日本文化のゆくえ』七三頁)

ここに、冒頭に述べたことが当てはまる。即ち、日本社会の「同質志向」と「反個人主義」が教育に大きな影響を与え、その性格を規定しているということである。それらは明らかに一元的価値観の基盤ないし温床を成すものだからである。そのように、社会全体が同じ価値観に染まるが故に、学校教育においてもそうなのである。

それでは、学校に関する唯一の価値観、その内容は具体的に何か。大多数の日本人は大学受験、できるだけ有名な大学への進学ということしか頭にない。進学実績の高い（中学・）高校が良い（中学・）高校と見られている。それは必然的に（特定グループ内ではなく）全員参加の受験戦争を生まざるをえず、その結果が前述の如き成績一本槍の教育なのである。

しかし、仮に一流大学を出て、サラリーマンとして出世したり専門職に就いたりしたとして、それはむろん幸福を保証するものではない。またそもそも、どの世界でも重要なのは実力であるが、全ての分野の実力が（一流）大学の教育と結びついているわけではない。なるほど、大学は最高の教育機関であるから、成功のためのヨリ高い確率を求めて（一流）大学をめざすのは合理的であるが、そうしたタイプの人生に一体どれだけの人が向いているであろうか。別の道に生甲斐を見出す人々、（一流）大卒の適合しない職業に魅力を感ずる人々が、相当いるはずであろう。しかも、収入が最大の基準ではないが、高収入の職種は他にいくらでもある。だとすれば、教育も当然それに対応したものでなければならない。即ち、先に述べた多様性であり、競争である。多様な分野と規準を用意した上での競争である。

これからの日本の教育は、競争をなくすのではなく競争は必要な限り行ない、論争も歓迎するが、その勝負によって人間の価値を決めてしまわない、という方向に向かうべきだと思われる。人間の個性ということが明確にわかり、人間のほんとうの価値ということがわかってくると、学科やスポーツなどの優劣によって人を測ることなどしなくなるだろう。（河合『日本文化のゆくえ』六三頁）

それによって、児童・生徒たちは各々自分の得意分野に注力することができる。そして、その達成に対して、それぞれの尺度で評価される。それらは互いに比較不可能であり、一元的尺度によってランク付けされない。つまり、多元的価値観であり、評価規準の多元化である。これによる個性の伸長が今後の教育の在るべき姿であろう。

これからの学校においては、いっそうの多様性が望まれるだろう。しかし、そのときに、人間の価値という点について、一人ひとりの命の尊厳という点について、日本人のそれぞれが相当に確固とした考えをもつことが必要であろう。少なくとも一様の序列によって人を測らない、ということが大切である。個性の輝きということは、測定を超えることを認識しなくてはならない。（同右七一頁）

学校は、学校的な価値観を相対化する必要がある。学校は、勉強を教えるところであるが、それだけであることをはっきりさせる。学力でははかりきれない人間としての価値があることを、あらゆる機会に強調する。そして、子どもたち（児童・生徒）を一律に、ひとつの基準からみることをやめる（たとえば、偏差値や相対評価をやめる）。一人ひとりが違っていてよいのだ、あなたはあなたのままでよいのだということを、子どもたちにはっきり伝える。（橋爪『その先の日本国へ』一六〇頁。山内昌之『政治家とリーダーシップ』一六九頁参照）

勉強の成績だけで子供を評価することをやめ、運動でも美術でも音楽でもいい、その分野の一等賞を褒めたたえてあげたい。（北野大、「朝日」〇二・四・一三）

以上述べてきたような教育理念からするとき、改革の具体的方向は自ずと明らかであろう。それは、学習内容の、より早い段階からの多様化・差異化である。例えば、実業的な教育、職業教育などは、早期に、そして本格的かつ大規模に実施すべきであろう。

高校生たちの空虚な目が、アルバイトの時は一転していきいきと輝きだすのは事実である。（西垣通、「日経」〇三・五・七）

むろん、そのためだけではない。単に個人的・主観的な満足（「いきいき」）というレベルの問題ではない。そもそも仕事・労働・職業といったものは、人間や人生そのもの、そしてまた社会にとっても、その本質ないし中核を成す極めて重要な要素である。従って、実業教育・職業教育は本来、教育全般の大きな柱たるべきなのである。

偏差値教育への偏りが、日本社会の職業観をいびつにしていると思っています。学業の出来る子と苦手な子をえり分け、落ちこぼれと呼ばれる層を作りだし、それが職業の選択にまで影響を及ぼしている。そういう仕事の在り方はおかしいのではないか。

たとえば小学生の時から、世の中にはこれだけ多くの職業があり、それぞれの人が懸命に働いているから暮らしが成り立っていることを教えるべきでしょう。たとえば理髪師になりたいという子には、どのような学校へ進み、どのような資格を取ればなれるのかを先生は教えるべきではないでしょうか。しかし日本には、私が幼い頃から、そういう指導がありませんでした。官公庁や大企業に入って仕事をすることを皆が望む。その歪みが社会に影を落としていると私は感じています。ただ勉強が出来るという特性だけで仕事を優先的に選び、手先が器用だったり、人と接することが得意だったりという個性は置き去りにされていく現状で良いのでしょうか。

美しい家具を作る職人、大工、縫製の仕事や多くの技術職、農林業など、どんな仕事であれ、それに打ち込めば、必ず人を磨くことになります。その仕事が好きで生涯をかけて続けたいと願う若い人たちが、真っすぐためらわず進んでいけるように、周囲の大人たちは心するべきではないでしょうか。（稲盛和夫〔談〕、「朝日」〇四・一・一二）

高校の段階において、普通科よりも実業教育をもっと充実させ、多くの学生を入学させる必要がある。社会で役立つ技能を徹底して習得して、誇りをもった熟練労働者として育つような教育を行い、それらの人に高い賃金を支払う社会がよい。（橘木俊昭、「朝日」〇六・一一・七）

また、普通科の各教科にしても改善を要する。第一に、基礎的・必修的な科目の授業内容を簡素化し、最低限に止める（従って、教科書はかなり薄くなる）、第二に、それ以上の内容およびその他の科目については選択制にする、そして第三に、バラエティーに富んだ新しい教科をいろいろ設ける……といったことが考えられよう。具体的には、例えば、歴史は最重要科目の一つだが（「歴史」は単なる「社会」の中の一科目ではなく、「国語」に匹敵する基礎科目である）、必修としての日本史・世界史（地理・公民はむろん選択科目）は今の半分ないしそれ以下にしてもよいであろう。また新設科目については、例えば金融論（お金の話）、育児論、演芸（落語・漫才・講談・演劇など）、工芸、社会奉仕などはどうであろうか。

人間が生きていく上で大切なこと、社会で暮らしていくのに不可欠なことは、自己の存在意義を自覚できるということである。生き甲斐または自尊心と言ってもよい。そのためには、何でもよいから何らか得意の分野をもち、それについて人々から評価されることが必要である。つまり、一定の自信をもちえなければならない。教育の目的とは、畢竟、各人に自信をつけさせることだと言えよう。上述した改革の理念・方向がそれに寄与することは、疑いない。改めて一言しておくが、従来の学校教育はそういう点で全く逆を行っている。即ち、多くの児童・生徒に自信を失わせている。愚かにも、それを組織的・機械的にやっているのである。

それはともかく、今後の改革の重要な柱として職業教育（および学科の根本的再編）を挙げたが、もう一つの柱を見逃すわけにはいかないであろう。それはエリート教育である。何故なら、個性・多様性の尊重ということは優秀な児童・生徒にも当然適用さるべきだからである。彼らもまた、平等信仰の犠牲にされてはならない。いろいろな分野において、幸いにも恵まれた才能を与えられた人間は、それをいっそう伸ばすような教育を受けて然るべきなのである。なお、エリート教育に関しては、もう一つ正当根拠がある。それは、エリート教育は社会および国家にとって必要とされているという点、社会的および国家的な要請だという点である。それはどういうことであろうか。

諸々の団体や組織にせよ、或いは国家や社会にせよ、その規模の大小にかかわらず、およそ人間集団にあっては、リーダーというものの存在が欠かせない。リーダー（およびリーダーシップ）の存在なくして、如何なる人間集団も安定的かつ持続的に存在しえない。そして、リーダーたりうるためには、当然並外れた資質・能力を備えていなければならないから、リーダーはエリートと言い換えることができる。人間集団、とりわけ（最大かつ最も複雑なそれである）国家は、一群のエリート、より優秀なエリートを継続的に産出することが求められるのである。しかるに、エリートの自然的な出現には自ずと限界があるから、その確実な調達のためには、国家としての人為的な産出システムがなければならない。それがエリート教育であり、その確立と充実は常に死活的な国家的課題なのである。
ところが日本の場合、エリート教育はこれまで無きに等しかった。それが前述の悪しき平等主義に由来することは、言うまでもない。

〔例えばスポーツ界などと違って〕一般の世界ではエリート教育に対する日本人の抵抗は根強い。……／エリートとは本来ラテン語で「神に選ばれし者」という意味だ。キリスト教世界では他人のために死ぬ用意がある人を含意している。欧米のエリートには他人や社会に尽くす義務が課せられるのだ。／欧米では伝統的なエリート教育が今も存在する。彼らは政治・企業経営・芸術・学問などの世界で独特の存在感を放つ。一方、中国やインドでもトップ層にはスーパーエリートの姿が垣間見える。それに比べ日本のトップ人材の層の薄さは心配である。（佐藤慎次郎〔テルモ経営企画室副室長〕、「日経」〇九・五・二六）

日本は「エリート」や「リーダー」を育てることを嫌い、ただただ平等を讃えてきた。（内館牧子、「日経」一一・四・九）

日本では、幼児期に才能を発見したとしても、育てていく教育システムがないの。幼児期に称賛されても、公立の小中学校では極めて普通のカリキュラム、みんな横並びで一斉主義。……個別教育でない日本で、天才が伸びるのは非常に厳しい。（尾木直樹、「朝日」一二・二・一五）

こうした情況は改められなければならない。今後は、日本もエリート教育に本格的に取り組むべきなのである。ただ、誤解のないように一言しておくが、エリートの規準は一元的ではない。エリートは単に社会的・政治的なエリートだけを意味するわけではない。人間能力の多様性に対応して、エリートの種類もまた多様である。それはあらゆる分野において存在している。従って、ここで言われているエリート教育とは、人権の平等を損なうものではない。それは、上述したように、多様な個性に適合した教育、長所を伸ばそうとする教育の一環なのである。

第五節　非発話的傾向

人々の間のコミュニケーションの目的は、お互いに意志の疎通を計り相互の理解を促進することにある。それは、言うまでもなく、人々の「統合」の基盤を成す。「統合」は、人々における共通性・類似性の認識が存在することによって形成され成立するが、そうした認識はコミュニケーションを通して初めて可能になるからである。そして、そのコミュニケーションの中心をなすもの、それはむろん言語または言葉、とりわけ発話によるそれである。かくして、発話行為が「統合」の達成に大きな役割を果たしていると言うことができる。特に、「自然的統合」の条件が劣悪な場合には、発話行為の重要性は決定的なものとなるのである。

人種、宗教、言語、風俗習慣、生活様式のすべてが基本的に異なり、時には対蹠的とも言えるほどの対立さえ見せるユーラシア大陸の諸民族にとって、事実理解の面での相互の一致は望めないのである。だからと言って相手を無視して生きて行くことも出来ず、また相手を力で圧伏させることも常に可能とは限らない。基本的な不一致、重大な前提の違いをふまえながら、せめてもの妥協をはかる必要が生じてくる。異質の相手と自己との間に横たわるこの相違を乗り越え、相互の距離を少しでも縮める唯一の手段として、ことばによる説得、ことばによる自己主張がここに登場してくるのである。（鈴木・一九〇‐一頁）

それはむろん、既述の如く、ザインとしての（即ち現実の）「自然的統合力」とゾレンとしての（即ち必要とされる）「人為的統合力」とが反比例の関係にあるからである。従って逆に、「自然的統合」の水準が高い場合、「人為的統合」たる発話的コミュニケーションの意義は低下する。そして、もし「自然的統合」が、「人為的統合」を日常的には殆ど不要にするほど強固であるならば、それは発話的コミュニケーションの不活発・衰退をもたらすであろう。日本がまさにそうである。確かに、それは日本において顕著に見られる現象なのである。*

結局単一の民族だし、それが随分古くからのことで、いろいろなものが外から入るにしたって、圧倒的にこっちが支配されちゃう形では入ってこないから、日本人としての連続性、一貫性は、そのまま保たれてきて、エモーショナルなコミュニケーションというのは、極度に洗練もされるし、それが主軸として中心を占めてもくるから、共有している部分が本当に多すぎるくらいになって、……（『福田恆存対談・座談集』第三巻、一二六頁〔佐伯彰一〕）

一民族一国家で、ツーと言えばカーで、お互いに相手を説得したりごまかしたりする必要がないような世の中に暮してきているんですからね。（同右、三六一頁〔福田〕）

日本人が理屈を好まず、説明をあまり求めないのは、この国の風土、歴史と深くかかわっている。小さな島国に一万年以上も定着しつづけ、それなりの社会生活を営んでくれば、住人同士の気ごころは充分に知り合える。だから俗にいう、ツーと言えばカーといった状況が、そのまま言葉に反映されることになる。そういう社会では、なにも、いちいち説明などしなくても、「一を聞いて十を知る」ことが可能なのだ。それが以上のような日本語の特性をつくりあげたのである。（大野他・一〇七頁〔森本哲郎〕。同一八九頁〔大野晋〕参照）

欧州と圧倒的に違うのは、コミュニケーションを経験する場がない、あるいはしなくても済んでしまうところだ。（雑賀大介〔三井物産常務〕、「日経」一一・一二・二四）

＊　既に旧著『統合史観』において、私は次のように指摘しておいた。

元来日本人はペラペラ喋る人を軽蔑し、逆に寡黙な人物を上品な人とか大人《たいじん》などと見なして重んじてきた。日本においては、「沈黙は金、雄弁は銀」なのである。そしてそもそも、言語によるコミュニケーションを高等とは見ていない。最高のコミュニケーションは「以心伝心」であり、従って「腹芸」などにえも言われぬ魅力を感じてきた。はっきり言わないと判らない人は、野暮なのである。こうした事実は、言語によって明白な意志表示をしなくてもお互いに理解し合える（「気心が知れる」）ということを示しているであろう。また、日本語自体について見ても、それは省略や曖昧な表現を多く含み、それらは各ケースに応じて多義的である。主語のない文章や、「どうも」とか「ちょっと」などはその典型であるが、我々は種々のケースにおけるそれらの異なった意味を苦もなく了解することができる。これもやはり、日本人同士の間の同質性・親近性を物語っているのである。（四七頁・註20）

また、一つ付け加えておくが――社会生活においては、身体に発する言語以外の表現手段、例えば、表情・態度・仕草・振舞いなどによるコミュニケーションも、もちろん大きな役割を果たしている。従って、発話的コミュニケーションの必要性が低下するということは、当然それらに関しても同様だということである。そして確かに、日本人は外見的に喜怒哀楽が激しくない。その感情表現・態度表明・立居振舞いなどは控え目である。大げさであったり目立ったりすることは、好まれないのである。

このように、日本においては、言語、特に発話によるコミュニケーションが十全に機能していないが、それは具体的にどういうことであろうか。量的な限定性以外に、言わば質的にはどのように現れているのであろうか。機能不全の現象形態は主に三つの種類に分けることができるであろう。

第一に、発話そのものの価値が消極的・否定的に見られている。従ってまた、発話はコミュニケーション手段として副次的に位置づけられているのである。第二に、それ故、発話の仕方や在り方については、簡略化・省略化や不明確化・曖昧化が宗とされている。そして、それが人々の「和」の精神、従って美意識に合致しているのである。第三に、それ故また、相手の人間には、発話者の意図や心情に対する洞察力・推察力が求められる。そのことがコミュニケーションにおいて前提されているのである。

これらの諸点については、既に多くの人々が、実に多くの人々が、個別的・非体系的にではあるが指摘している。以下、そのいくつかを紹介しておこう。まず第一点の、発話（又は言語*）に対する消極的評価ということに関して。

颺言と書いて、ようげんと読む。和語では「言挙《ことあ》げ」つまり言葉に出しておおっぴらに言うこと。古来日本では善い行いとされないどころか「言挙げせぬ国」が「あれこれとことばで言い争わない平穏な国。日本の美称」（小学館・日本国語大辞典）であった。（「日経」〔「春秋」〕、日付不明）

現在まで日本人というのは、ことばというのを武器として使ったことのない文化環境に生きてきました。日本人にとってことばというのは、お互いの親睦を深めるためのナアナア、ヤアヤアであって、ことばでものを決着していくということはできません。非常に簡単に言いますと、「そりゃ君、理屈だよ」というのは、日本じゃ、「だめだ」ということですね。しかしフランス語で「ブ・ザヴェ・レゾン」と言えば、「おまえが正しい。おれ負けた」ということなんです。それに対応する日本語の「君、それは理屈だよ」というのは、「おまえの言ってることは、理屈としては正しいが事実ではない」というわけです。（鈴木『ことばの社会学』二一一頁）

子供のころに言葉の無力さを徹底的に教える社会（中島『哲学の教科書』二九五頁）

「腹」と違って「口」はどちらかといえば軽んじられてきた。「口弁慶」や「口八丁手八丁」などは、普通ほめ言葉にはつかわれない。だいたい「口と腹」といって互いに逆をいくと見られた。そのうえ「口は禍の門」とさえいわれる。（「朝日」〇二・三・六）

日本人の消極的な言語行動の根本には、言語不信あるいは言語軽視の思想があります。――日本人は一面において〝言霊《ことだま》〟信仰の伝統を有しながら、語る・告げる・伝える行為を一段低く見る傾きを根強く持ち続けてきました。（芳賀・二五九頁）

日本では昔から、読み書きを教えるのは熱心だったが、話し聴く方はさっぱり、教える人もいない。……日本語は明治から言文一致であるように思われているが、実際はいまもなお、話すことばと書くことばは別々である。そして、なんとなく、文章の方が話より高級？なように思い、話すことを小バカにする傾向がある。（外山滋比古、「日経」一〇・一〇・二四）

なお、付け加えておくが、日本には、同じ趣旨の諺が多く存在している。例えば、「言わぬが花」「物言えば唇寒し秋の風」「雉も鳴かずば打たれまい」などである。この事実はまさにそうした文化を表現しているであろう。

＊ 「日本の世間では言葉や文字が重要な位置にない。〝行間を読む、眼光紙背に徹する〟と言われ、……。……日本では言葉は重視されていない……。」（阿部謹也、「朝日」〇五・二・一八）

次に第二点の、言語の簡略化・不明確化ということに関して。

われわれ日本人はすべてのことを言語的に明確にすることを嫌う傾向をもつ。日本語そのものがそのような特性をもつことは、多くの先賢が指摘しているところであるが、すべてをどこかで曖昧にし、非言語的了解によって全体がまとまってゆく。（河合『中空構造日本の深層』七一頁）

発言一般について消極的な上に、発言の工夫をしない、相手の心を開かせる誘導や説明・説得が下手でも劣等感の因にならない。これが特徴的な点です。

言語行動は、独り言などを除けば一般には対人行動です。つまりコミュニケーションです。コミュニケーションとは、やりとり・伝え合いです。自・他のダイナミックな関係を通して人の心に影響を与え合う行動です。……そこが日本人は違う。談話も文章も、もっと通り一ぺんです。通じるか、通じたか、と心を読みながら話したり書いたりする意識がとぼしい。双方のフィードバックに無関心で、独白的です。……千万語を費すより二言三言で理解が成り立つのが高級な表現だ、という哲学は否定しがたく、言いつくさなくても余白（行間）を読め、それで解らないやつは放っておけ。以心伝心の哲学・美学は意識下に深く根を張っています。（芳賀・二四四－五頁。同二四七頁参照）

日本人が口下手なことは、世界中に知れ渡っています。（パルバース・二一三頁。同二一四頁参照）

更に第三点の、発話者の意図に対する洞察ということに関して。

私たち日本人は言いたいことを言い合うより、互いの気持ちを読み合ってそれを尊重する。言葉に出さなくても分かりあえる「あうんの呼吸」、言葉に出さないで人や組織を動かす「腹芸」が大事にされる。（大野裕、「日経」〇二・九・一〇）

日本語ではむしろ言葉で語らないことに重要な意味を持たせることが多い。「沈黙は金」として「巧言令色」を嫌い、無言のうちに察することを尊ぶ。（斎藤兆史、「日経」〇四・三・一九）

日本人はしばしば集合的（自他一体的）といわれるように、もともと人間同士、言葉を使わなくてもわかり合えるということが重視される傾向がある。その意味で、社会的にも、言葉よりもむしろ非言語的なコミュニケーションのほうが大切な役割を果たしているといったところがある。

相手の気持を読み取ることや、行動から察知することが日本人にとっては、表面的な言葉よりも深い意味を持っている。たとえば「阿吽の呼吸」などといわれるようなことである。……日本人の場合は雰囲気だけでくみ取って、あえて言葉に出さなくても信用する。たとえば、話をしていて結論のところは「そんなわけでよろしく」といった言い方をして、内容としては何がよろしくなのかわからないけれど、それを感じ取れない人間はだめだというのが日本人の人間関係である。（千葉康則『「快脳」論』一五八 - 九頁）

身内や仲間の間では、コミュニケーションは以心伝心で行なわれ、合理的な言語に頼る必要はなかった。（宮城・一八五頁）

全体の空気を察して、言葉以上のものによって動くことを要求する社会（中島『哲学の教科書』二九五頁。同二九三 - 五頁参照）。「察する」ことを要求し「語る」ことを封じる日本の麗しい文化（同『うるさい日本の私』二四一頁）。「〝語る〟美学」に対する「〝察する〟美学」（同二二一頁）。

日本人の文化は〈察しの文化〉です。……相手が口ごもったら「都合が悪いんだな」「気が進まないんだな」と素早く察し

> て（気持ヲ汲ンデ）別の提案をしたほうがよい。それが気ヲキカセタ、気ノキイタ対応で、「自分を相手の立場に置く心」の発揮です。
>
> 口ごもった途端に相手の心中を読む、それは以心伝心です。……目ハ口ホドニ物ヲ言イ……「ほらさ……わかるでしょう」だけで飲ミ込ムのが勘ガイイとして評価されるのが日本社会の伝統で、江戸以来の下町の職人仲間では「アレはどうします？」「ナニは、ちょいとナニしといてくれ」でツーカーと通じるようでなければイキではなかったと言われます。……言外ノ言で通じる阿吽ノ呼吸……互いの心を相手の腹中に置く無言の肚芸が見事に出来れば、〝名人芸〟と賞讃され、……言い出しにくい頼み事や不面目の言い訳を、おずおずと切り出す相手を押しとどめ「皆マデ言ウナ。言いたいことはわかってる」と察しのよさを見せるワケ知りのかっこよさや、一ヲ聞イテ十ヲ知ル素早い理解こそ高級なコミュニケーションだという日本の伝統……（芳賀・六九－七頁）

> 言葉に頼らず、観察力と想像力を生かして、相手の気持ちを汲むというのは、日本独特のコミュニケーション法ですよね。（日向・三八頁。同三〇－一、三六－九頁参照）

次の引用文には、第三点のみならず第二点も含まれている。また、そこの中心概念である「慎み」は、前章第二節第四項の「気配り」に関する論述において既に取り上げられている。ということはつまり、第三点には「気配り」の要素・要因もあるということである。

> 日本人の教養は、……「慎み《リザーブ》」ということが非常に重要になっていると思います。基本的に文化的共通性がありますから、無理して自己表現しなくてもいい。それなのに自分のことをべらべらしゃべるのは、先方に失礼です。遠慮し、身を慎んで、最小限の表現でもって人と接し、思いを伝えるというのが、日本人の教養の大きな部分でしょう。それと同時に、もうひとつ、そういう慎み深い表現を読み取る能力も必要で、これは日本人はものすごく発達させてきていると思いますね。黙っていても人の思っていることが分かるという、慎みの中身を理解する能力も、日本人の教養の大きな部分だろうと思います。（亀井・四六頁）

以上、日本人の「非発話的傾向」についての言わば一般理論について説明した。そこで次に、それを具体的な事実ないし事例によって基礎づけるという作業に移ろう。それは、上述の議論に従って、大きく二つに分類される。即ち、先の第一点と第二・第三点である。第二点と第三点は結びつきが強いので、一つにまとめるのである。

まず第一点、言語そのもの・発話そのものに対する否定的・消極的評価に関して。

（A）「古来、日本では、男はぺちゃくちゃしゃべるものではないとされてきた。戦中派の私も、子供のころは父親からそのように言われて育てられてきた。当時は、あれこれ言わずに黙って行動するという〝不言実行〟が男の美学であった。今でも映画や小説のヒーローに、男のあるべき姿として色濃く残っている。言いたいことも言わずに、背中を見せて黙って去ってゆく男の後ろ姿の格好良さに観客や読者は感情移入してジーンとくるのである。」（「朝日」〔「あすへの話題」〕、日付不明。大野他・七九頁〔鈴木孝夫〕、デュラン・二八、一〇八頁参照）因に、こういうことに関して私が頭にすぐ思い浮かべるのは、ずいぶん昔に有名になったテレビ・コマーシャル、三船敏郎の「男は黙って○○ビール」である。

（B）「6月末にフランスで開催された第52回カンヌ国際広告祭に、ラジオCM部門が新設された。カンヌを取材したFM東京CM制作ルームの林屋創一部長に海外と日本の違いを聞いた。

〝世界45カ国1020作品中、7割がトーク（言葉）主体のCMだった〟という。言葉で説得するCM展開は明快で、上位入賞作品はほとんどこのスタイル。対して日本のCMは音楽や効果音を使って情緒性を盛り上げるが、20本エントリーしたうち入選は1本にとどまった。……言葉中心のCMは、日本人の好みに合わないのかも知れない。」（山家誠一〔ライター〕、「朝日」〇五・八・一七）

（C）「〔日本では〕国内外を問わず、人前でのスピーチや、アイデアの提示や説得を過小評価する傾向があるように見える。」（G・フクシマ、「朝日」〇〇・一〇・二八）

日本にはスピーチの伝統がない。スピーチは周知のように、明治時代に福沢諭吉によって「演説」と訳されたが、日本の場合、スピーチはまさにエンゼツであって、本来のスピーチとは異なる。スピーチが、形式上は一方向ながら、同等の立場での語りかけ及び（一方はむろん無言であっても）対話という性格をもつのに対して、演説のほうは一段上からの一方的な表明・伝達である。そして日本の場合、おまけにその仕方も、多くはスピーチ的でなく演説的である。即ち、それはコミュニケーションというより一種の儀式であり、その典型的イメージは、政治家によく見られるように、真面目くさった顔をし、目をつり上げ、大声を張り上げるという図である。

また、(一般に小集会での) 所謂スピーチであっても、それは基本的に「挨拶」であって、やはり儀式的である。従って、無事に済ます、つまり、ミスをしないとか、不適切なことや失礼なことを言わないといったことが主眼とされ、その結果一般に、その内容は紋切型、話し方は朗読調となるのである。

新郎側―新婦側―新郎側―新婦側というふうに交代で次々に客が立ち、口々にあいさつを述べる。しかし、そのどれもユーモアのセンスには徹底的に欠け、だいたいはなにか原稿を棒読みにしているだけで、その言うところは大同小異のように思われた。(マクブライト・二四九頁)

日本人の作るプレゼン資料は非常にリッチです。絵図は丁寧で、文章にボリュームがあり、重要なポイントは太字になっています。しかし、いざ現場で「しゃべる」段階になると、その表現手法は途端にプアになってしまう。資料を頭から順に、一字一句まで正確に読み上げるだけ。誰とも目も合わせずに一方的に既定事実を延々と話されては、聴衆は退屈するばかりでしょう。それはプレゼンテーションではなくリーディングです。(齋藤ウィリアム浩幸〔インテカー社長〕、「日経産業」一四・八・一)

日本では、日常的なレベルにおいても言語的コミュニケーションが軽視され疎かにされている。そのため、公の場や大勢の中という非日常的なケースにおいては、それが変則化し、芝居じみたりぎこちなくなったりしてしまうのである。

(D) 日本人は見ず知らずの人と会話することが稀である。特に、自分が (店などの) 客である場合には、たいがい返事もしない (どころか、無反応ですらある)。知り合い同士でも非発話的なのであるから、況や見知らぬ者同士においてをやである。

「なぜ日本人は返事をしないのでしょう」と外国人によく聞かれる。たしかに、相手に問かけられたとき、きちんと答えない日本人は多い。お店の人が「いらっしゃいませ」と出迎えても、黙って店の中に入っていく。コーヒーなどを飲み終えて店を出るとき、「ありがとうございます」とあいさつされても言葉を返さない。相手がだれであっても、話しかけられたら言葉で応じるという姿勢が、日本人には少し足りないようだ。(「日経」夕刊、日付不明)

日本の買い物には会話がないなと思う。フランスだったらどんな店でもまず互いの顔を見て、「こんにちは《ボンジュール》」と言うところから始まる。比べると日本はまるでロボットの国のようだ。(池澤夏樹、「朝日」〇九・一〇・三)

三年間のアメリカ暮らしを終えて帰ってきた。向うのスーパーでは、レジ係とお客が「どうだい」「まあまあだね」などと言葉を交わす。そして最後は「気を付けてね」などと言って別れる。これが日本だと、レジ係が「いらっしゃいませ」と言っても、客は何も言わない。「ありがとうございました」と言っても、やはり何も言わない。考えてみれば、日本人は見知らぬ者に対して、ほとんど声を発しない。……

息子が、ベランダで洗濯物を干している近所のおばさんに「ハロー」と声をかけた。当然、「あら、元気? 何歳なの?」など、いつもの会話が始まると思ったのだろう。しかし、おばさんは洗濯物の後ろに隠れてしまった。ぼく、何か悪いことをした?と、息子の困惑した表情。息子よ、日本人はできるだけ声を使わないように生きているのである。(「朝日」(投書)、日付不明)

「サヨナラ」、「サヨナラ」、「サヨナラ」、「サヨナラ」、「サヨナラ」、「サヨナラ」、「サヨナラ」、「サヨナラ」、「サヨナラ」……。数年前、成田空港に到着した「エール・フランス」機のフランス人スチュワーデスは、無言で降機していく日本人乗客たちに、ニコニコしながら根気《こんき》強く別れの挨拶を日本語で投げかけていた。「……」〔中略〕

挨拶しかけられてもそれに返す言葉を知らない日本人。日本に着いてその土を踏む前に、すでに日本が不思議に思う光景だ。(カイ・サワベ『ヘンな感じの日本人』一三六 - 七頁)

(E)　日本人の会話には、「うなずき」と「あいづち」がつきものであるが、それは日本人に独特のものであるらしい。

「うなずき」や「あいづち」を入れる話の聞き方は、きわめて日本的な流儀ではないか。欧米人を思い浮かべてみると、相手が話している間は黙って聞いている。（山口仲美、「日経」〇七・八・二八。オフチンニコフ・三一、一五四頁、金谷・四七頁参照）

欧米人だけではない。

日・韓・漢民族は見かけが似ていて西洋人には見分けがつきにくい。しかし、ベルギー人の言語学者W・A・グロータース神父によれば、ものの二分間も会話の様子を観察していれば日本人は忽ち判別できる。会話しながらワン・センテンスごとに首をタテに振る、つまりうなずきながら会話するのは日本人だけだそうです。（芳賀・七頁）

これは何故か。どうして日本人だけが話の合い間に「うなずき」を挟み「あいづち」を打つのであろうか。原因はおそらく「非発話的傾向」にあろう。つまり、そのため、日本人は純粋に言葉だけの会話では不安および不満なのである。「和」に生きる我々は、お互いの結びつきを確認するために、「うなずき」「あいづち」によって補強しようとするのである。また、もう一つ考えられるであろう。それは、前章で指摘した「気配り」である。どういうことかと言えば、「うなずき」等は、相手が気分良く話せるようにしようとする配慮なのである。

お辞儀は作法の一つですが、……日本人特有の「うなずき」は作法・マナーと言ったものとは違います。規範性のあるものではなく、相手への同意・同調を示す他人志向性の強さの現れです。相手の発言内容への賛同とはほとんど関係なく「質問の意味はわかります」「聞いていますよ」と合図し、自他の間の緊張を和らげるためだけのうなずきも少なくありません。（芳賀・二五六 - 七頁）

（F）　日本人の「非発話的傾向」および非言語主義を雄弁に物語っている伝統的かつ象徴的な存在がある。それは俳句である（短歌等も含めうる）。言うまでもなく、俳句は世界に類例のない短い文学、極限的に簡略化された言語的表現形態であり、その意味で「非発話的」・非言語的である。そうした特殊な文学が成立しうるためには、当然、それを可能にする特定の社会的基盤がなければならない。その基盤とはむろん、最小限の言葉による相互理解の可能性と、自然や社会に関する共通感覚（一定の感受性の共有）である。つまり、誰もが全般的に、言わば「一を聞いて十を知る」（というのは言い過ぎだが、まあ少なくとも「二とか三を知る」）ことができるような社会の存在である。こうした社会でなければ、俳句は本来の深みや含蓄を欠いてしまうであろう。* かくして、俳句は日本社会の高度な「自然的統合」の産物なのである。

＊　因に、だからと言って、英語（外国語）俳句が否定されるわけではないが、そこに一定の限界があることは、認めざるをえないであろう。

なお付け加えるに、俳句は伝統的に「季語」の存在を条件としているが、これは、前章第二節第一項で述べた、自然との間の「和」ということを明白に示しているであろう。

（G）いつ頃からであろうか、コミュニケーション手段としてのケータイ（更にはスマホ）の普及には、目を見張るものがある。それはもはやブームを通り越して生活必需品と化し、しかもその多機能化・高機能化に伴って、そのウェイトは高まる一方である。こうしたケータイ（スマホも）――もともとは「電話」だったが、日本の場合、その使用法に著しい特徴が見られるという。

日本の「ケータイ」の使われ方の大きな特徴は、電話機というよりは「メール機」だということです。……日本では、直接のコミュニケーションを避けるためにメールを使う。（松田美佐、「朝日」一〇・五・二八）

これはまさに「非発話的傾向」そのものであろう。

（H）政治の世界は言論の闘技場であり、政治家は言論のプロであることが求められる。「政治は言葉による闘いであり、論理に基づく説得力こそが最大の武器である。」（山口二郎、「日経」〇一・四・五）しかるに、日本の政治（家）はそうではない。「非発話的傾向」はそこにも認められるのである。

われわれ日本人は、それほど個人の「言葉」によって動くだろうか。演説を唯一の武器として大政治家になることなど、およそ日本では不可能であろう。われわれは言語を武器としない神話によって動いているのである。（河合『中空構造日本の深層』二三一–二頁）

日本の政治における最も深刻な欠落物は、……私の考えでは、……人々を動かすことができる「言葉」である。（野口悠紀雄、「朝日」〇二・三・三〇）

わが政界の大物はみな辻つまの合わないことを口にし、曖昧朦朧たる言辞を弄する。（丸谷才一、「朝日」〇二・七・三一）

日本の政治（家）は言葉や論理にあまり依拠していないし、討論というものに重きを置いていないのである（前章第一節二項において、日本政治の「貧困」について論じたが、そこにこの点を付け加えねばなるまい）。

それを明白に示す象徴的な事例がある。それは、イギリスに倣ってやっと前世紀末に設けられた、国会の「クエスチョン・タイム」、即ち、首相と野党々首との直接討論である。その、まことに寒々とした光景が、日本政治の言語的貧困を物語っているのである。というのも、本家本元が毎週やっているのに対し（日本もそれに準ずるという与野党申し合せはある）、日本では、驚く勿れ、年に数回しか行われず、しかもその時間（野党の持ち時間）たるや、一回四十五分、そしてその中で各野党に配分されるから、最大野党ですら二、三十分、小党の場合は数分（！）である。しかしさすがに野党側から苦情が出て、二〇〇三年に時間を延長することになったが、それが何と五分間！五分間デスヨ。

そして、こうした、政治（家）における言説の矮小性や機能不全は、当然その質も規定する。即ち、彼らの議論や討論のレベルが低いということである。本質的なポイントに関して合理的な議論が交されない。逆に、情緒的、些末的、屁理屈、揚足取り、ピント外れ、はぐらかし、トンチンカン、支離滅裂……等々の議論が横行している。むろんその根底には、既述の「政治の貧困」があるが、「非発話的傾向」がそれに拍車をかけているのである。

（Ⅰ）「非発話的傾向」の一環として、発話の単に量的な少なさのみならず、言わば質的なそれも認められる。この場合の質的とは、声の大きさである。日本人は会話のときの声が小さい、外国人（と言っても、むろんさまざまだが）に比べて総じて小さいのである。国民の話し声の大きさは、その国の「自然的統合」の強さに反比例する、という「法則」が成り立つのではなかろうか。「自然的統合」が弱いと、生存のために、明確な意志表示や積極的な自己主張が求められ、また「自然的統合」が強いと、その逆だからである。

諸外国の人に比べ、日本人は声が小さいと僕は思う。いつだったか、北京のホテルの部屋にいて、外の廊下でけんかが始まったと直感。激しく怒鳴り合っているのは、どうも男どうしだ。僕はドアをそっと、細めに開けて廊下をのぞいた。すると、……何のことはない、二人の男が掃除をしながら会話をしているだけだった。

とりわけ、中国人は声が大きい。上海や香港のレストランで、あまりのうるささに閉口したことも二度や三度ではない。（池辺晋一郎、「日経」一二・一〇・二一。なお、池辺氏は音楽家らしく、その原因が食生活にあるのではないかと推測しておられるが。）

次に第二点（先の第二点と第三点に相当する）、日本語における表現の簡略化・不明確化*と、従ってまた、発話者の意図を推量する必要性について。

＊　「ヨーロッパでは（、）言葉の明瞭であることを求め、曖昧な言葉は避ける。日本では（、）曖昧な言葉が一番優れた言葉で、もっとも重んぜられている。」（ルイス・フロイス『ヨーロッパ文化と日本文化』一八八頁）

但し、「曖昧」或いは「多義的」というのは、あくまで形態的・外形的にであって、実態的・実質的には必ずしもそうではない。それどころか、逆に「精確」「精細」という見方もできる。それは日本人同士の場合である。つまり、日本語は日本人にとっては十分明確であり、しかも、微妙なニュアンスの表現能力に優れているというのである。

ぼくはこれまでに、日本人から、数え切れないほど何度も、日本語は「曖昧な言語」だと言われたことがあります。申し訳ないけれど、それはまったく事実に反しています。そもそも、曖昧な、あるいは多義的な言語などというものは存在しないのです。もちろん、ある国民がその国の言語で曖昧な表現をして、そのような印象を与えることはありえます。しかしすべての言語は、いわば中立地帯なのです。

実は、ぼくは、日本人による日本語の使い方を曖昧だとも多義的だとも思っていません。たとえある一人の日本人の使った一つのフレーズが、外部の人にとって曖昧であると感じられたとしても、それが本当に曖昧なのかはわかりません。あるフレーズが曖昧あるいは多義的かどうかを判断する基準は、こうです。話し手が、明確な伝え方をしたときに、聞き手がその意味や話し手の意図を理解できたか？　もし理解できたなら、使われたフレーズは曖昧でも多義的でもありません。

実際、日本語はものごとをきわめて正確に表現できる言葉だと思います。たとえば「ですね」、「だな」、「じゃないか」、「だろうね」のように多様な語尾が使えることによって、日本人は細やかな感情を正確に表現しつつ話すことができるのです。（パルバース・三〇〇頁。同三〇六頁参照）

日本人の言語によるコミュニケーションは高文脈型といって、見たり聞いたりしたものの極く一部だけを言語で表現し、残りは聞き手の推測にまかせるという、文脈（コンテクスト）依存性の高いタイプなのです。これに対し英語などは低文脈型と呼ばれ、できる限り多くの情況をことば化する傾向の強いものです。その結果として英語では、ことばで表明されなかった情報は無かったこととして無視されますが、日本語ではしばしばそちらの方が重要な場合さえあるのです。

俳句などは高文脈型言語表現の典型で、見聞きしたこと感じたことの、ほんの一部だけが表現されているから、元の全体が理解できるためには、表現されなかった部分を読みとらなければならない。そのため同じような体験や見方を共有する人々の間では、この察知が可能ですが、文化や環境が全く異なる人にとっては、ことば化された僅かの情報だけでは、何が何だかわからず、それでどうした、となるのです。（大野他・一二七－八頁〔鈴木孝夫〕。ここに俳句についての言及があるが、俳句と日本語そのものとは区別しなければならないので、私は先の「第一点」のところで取り上げた。）

（A）「日本語を勉強している米国人が〝日本語って案外やさしいですね〟という。〝どうして？〟〝だって、結婚式でも葬式でも「このたびはどうも」と言えばいいんだから〟。たしかに日本人は察しのよい民族で、〝このたびはどうも〟といえば、祝意か弔意か、状況から察してくれる。」（松山・一一六頁）

（B）「ひとつよろしく。日々の暮らしで、この一言は重宝だ。言う方も聞く方も、何をどうしたいのかは、結構あいまいなままの場合が多い。それでも、たいてい物事はよろしく運ぶ。ふしぎなほどに。」（「朝日」「窓」〇〇・六・一五。芳賀・九八頁参照）

（C）「〝良かったら、この後、隣にある博物館をご案内しましょう〟と言われ、〝ええ、でも二時にほかの約束がありますから……〟と答えた。〝先生、今の文章も曖昧ですね。日本人ははっきりとは断らない。〈から……〉の後に続く〈行けません〉こそ言いたいことなのに、その部分の解釈を相手に任せてしまう〟

痛いところを突かれてしまった。日本人ははっきり断らずに〝忙しいので……〟〝用事があって……〟〝宿題があるし……〟などという〝言い差し表現〟を使う。」（「日経」、筆者・日付不明）

（D）「〝検討します〟という言葉がある。米国式の明快な答えを期待する時に〝検討する〟と言われたら、私はどう判断したらいいのか迷う。当社の看板をある公的施設に設置しようとした時、その許可を得るのに苦労した。〝設置していいか〟〝検討します〟。〝ある程度の大きさのものを設置できるか〟〝検討します〟。設置許可が出るようでもあり、出ないようでもある。しかし、この日本式の曖昧さは実は大変便利なもので〔ある。〕」（J・オーエンス〔UPS・ヤマト・エクスプレス副社長〕、「日経」〇二・九・一七）

（E）「私たちはよく〝ちょっと分かりません〟と言う。この〝ちょっと〟が、日本語を学ぶ外国人にはなかなか理解できないそうだ。〝分かりません〟だけだときつく感じるのを、〝ちょっと〟をつけて和らげているのである。このように、相手や場面に配慮した言葉遣いが日本語には多い。〝お待たせしました〟〝～してほしいんだけど〟〝電話が遠いようですが〟……。

京都外国語大教授の彭飛さんは、これを〝配慮表現〟や〝気配り表現〟と呼んで研究してきた。敬語が相手を上に置くのに対し、配慮表現では立場は対等。相手を傷つけず、自分の品位も落とさず、相手に不愉快な思いをさせまいと心がける表現である。しかし、それが外国人には曖昧で理解しにくい表現と映る。国際交流では文化摩擦を引き起こす原因にもなる。」（大峯伸之・記者、「朝日」〇三・六・二六）

なお、この「ちょっと」という言葉は、「ちょっと……」とか「ちょっと！ ちょっと！」というように言い方を変えることによって、さまざまの意味に変化する。例えば、断り・お詫び・依頼・注意・叱責などである。この事実も例証の一つに挙げられるであろう。

（F）「〝けっこう〟は、日常会話で多用される言葉の一つだが、これがけっこう、ややこしい。

漢字で〝結構〟と書くように、もとは、〝構えを結ぶ〟であり、建物などを組み立てること、あるいはその構造、仕組みを指した。〝文章の結構〟といえば、文の形のことである。さらには、計画や準備の意味も合わせ持った。それも、いいかげんにではなく、努力と工夫の末に美しく仕上げる状態を指し、そこから〝けっこうなお手前〟のごとく、優れて立派で、申し分ないさまを表す形容動詞の役割をになうようになる。さらに、十分、たくさん、相当に、満足、などの意味に広がり、〝けっこう飲める〟のように、まあまあ、なかなか、といった趣も表す。〝もうけっこう〟のように、〝もう〟が上に来ると、自分の満足を表現するだけではなく、明らかにお断りである。しかし〝もう〟や〝いえ〟がなくとも拒否になり、〝ことわるときに使う〟と付記した辞典もある。〝コーヒーでよろしいですか?〟と勧められ、〝けっこうです〟と答えたところ、コーヒーは出ずじまいだったという話を聞いたことがある。本人は〝いいですね、頂戴します〟のつもりだったのだろうが、この場合は〝けっこうですね〟とでも言えば、出てきたろう。

つまり、けっこうがどんなけっこうなのかは、前後の文脈や相手との対話内容、アクセント等々によって、いろいろ違ってくる。そのため、最近の国語辞典も、〝一杯やるか。けっこうですね〟〝お元気でけっこう〟〝けっこう役に立つ〟など、それぞれに用例をつけて説明している。」(「日経」、筆者・日付不明。シャルマ・九四頁参照)

ここで、「けっこう」が正反対の意味にとられるケースのあることが指摘されているが、それは決して拙論の反証というわけではない。逆に、有力な例証である。何故なら、そのことは第一に、それほどまでにデリケートな言葉が存在しているということ、第二に、それにもかかわらず、そのような言葉ですらたいがい誤解されずに使われているということを、示しているからである。

(G)「日本人は細かいものや特殊なものに神経を集中する傾向があります。そのくせ言葉となると、あいまいにする……。……〝……かもしれません〟〝……ではないかと思います〟〝ちょっとそこまで〟などは、もともと断定的に言わない日本人の意見や説明を、さらに霧に包んでしまいます。」(桐谷エリザベス、「朝日」〇二・三・二四)

「顔色を見、鼻息をうかがう対人意識が生んだ民族的口癖は、断定を避ける文末です。……デアルと思っているくせに……デアロウと書く論文の文体。思ウではなく思ワレル・思エル……と自然可能の形にしてしまい、主張があるのかないのか判然とさせない。」(芳賀・二一七頁)

(H)「〝お茶漬けでもいかがです?〟 客にそう言う主人のこころは食事をすすめているのではない。〝いいえ、今日は、いずれまた……〟と受けなくてはいけない。〝では、おことばに甘えて……〟などとやっては落語になってしまう。主人は遠まわしに、ひる時であるのを伝えようとしている。それがわからないのは野暮である。……

もともと日本語は、露骨、率直、バカ正直を喜ばない。やわらかく婉曲に、それとなくわからせるのが、床しく上品であるとする。相手を立てようとすればおのずから含みのある言い方になる。もののわからぬこどもならともかく、大人に向ってわかり切ったことを言っては失礼になるというのが成熟した社会である。」（外山滋比古、「日経」一〇・一〇・一七）

（Ⅰ）　日本語の発音、即ち音声としての日本語は、単純であり且つ僅少である。

日本人が口から出せるのはごくかんたんな音だけである。またその音の種類がいたってすくない。（高島俊男『漢字と日本人』四九頁）

日本語には単音節の言葉が多い。ローマ字で書けば一文字の言葉もある。……〔例えば、〕「鵜の胃と尾の絵（u no i to o no e）」……（ジョイス・四〇頁）

というのは、日本語は「開音節構造」であり、音節の数もたった百くらいだからである。それに対して例えば英語は、発音が複雑であり、音節も三千ほどもある。（高島・三二－三二頁参照）

この事実は何を意味しているのであろうか。それは、日本人の間における言語的コミュニケーションの密度または濃度が外国人の間におけるそれに劣るわけでない以上、日本人は日本語の音声表現を量的・質的にはるかに超えたコミュニケーションを実現しているということである。日本語は音声上たいへん効率的だということである。つまり、日本人は貧弱な音声を音声以外の要素によって補っているのである。その要素が世界稀に見る「仲間主義」ないし「和」から来ていることは、言うまでもない。

そして、こうした音節の少なさはまた、漢字の輸入と結びついて、同音異義語の異常な多さという事態をもたらした。

日本語の音韻組織はいたって簡単で、日本人が口から発することのできる音の数はごくかぎられている。その上、漢字は数千数万あっても字音の種類はわずかなものである（もともとはことなる音であるものが日本へくると同音になってしまうのである）。日本でコーとよむ字は三百以上ある（工、口、交、甲、高、好、校、硬、綱、鋼、抗、構、講、後、幸、広、郊、降、貢……）。トーとよむ字は二百以上ある。リョーとよむ字もそれくらいある。（高島・一五一頁。ライシャワー・五七頁、井上ひさし『日本語教室』九三、一四八‐九頁参照）

それらは更に二字熟語を形成する。その結果、「日本語には……相互に無関係だが偶然におなじ音をもつことばが、何千も何万もある」（高島・一〇頁）ことになる。

まあなんでもいいから適当に音のくみあわせを考えてみてください。たとえば――「コーセン」にしましょうか。これをごくふつうの小型国語辞典でひいてみると、交戦、好戦、抗戦、光線、公選、口銭、工銭、香煎、鉱泉、黄泉、と十のことばがならんでいる。これをひっくりかえした「センコー」をひいてみると、穿孔、専攻、専行、戦功、浅紅、鮮紅、纖巧、先考、先行、潜行、潜航、潜幸、遷幸、線香、選考、銓衡、選鉱、閃光、とこちらは十八もならんでいる。無論なかには日常あまりつかわないことばもふくまれているが、よくつかうことばもある。これが「セーコー」であれ「コーセー」であれ、また「セーコン」であれ「コンセー」であれ、ことばの数は多いのやすくないのやいろいろだが事情は同様で、こういうことが無数にあるわけだ。上に「何千何万」と言ったのは決して誇張ではありません。（同右、一一頁。フランクル・一〇七‐八頁参照）

ところが、我々はそれに全く不便を感じていないし、情報伝達において、それが原因で誤解を生ずることも、めったにない。それぞれのケースに応じて、その異なる意味を的確に認識しているのである。

その語を耳にした刹那、瞬間的に、その正しい一語の文字が脳中に出現して、相手の発言をあやまりなくとらえるのである。そういう神業のようなことを日本人は日常不断におこなって、自身はそのことに気づかない。（高島・一五四頁）

何故こうしたことが可能になるのであろうか。

瞬時に文字を思いうかべて相手の発言を正確にうけとる、その最大のヒントになるのは、その語の出てくる文脈、ないしは環境……である……（同右）

このように、「文脈ないしは環境」の理解ということが鍵を握っているのであるが、その根本的な可能根拠はやはり「仲間主義」にあると考えられる。そうであるならば、上述の日本語の事実もまた「仲間主義」を実証しているのである。

（J）前章第二節第四項において、「気配り」の一例として「ジャパニーズ・スマイル」を取り上げたが、その場合のそれは、相手に対する感情移入ないし共感に基づくものであった。しかし、「ジャパニーズ・スマイル」には、他者との間の緊張の緩和、ストレスの軽減という基本は同じでも、もう一つのタイプがある。それは、返答に窮したときや判断に迷ったとき、また本心を明かしずらいときなどに、ニヤニヤしたり微笑んだりする行動様式である。これは、何を考えているかわからない、不気味だ、笑ってごまかしているとして、外国人（特に欧米人）には評判が悪いが、まさに「非発話的傾向」の一つの現れなのである。スマイルする人は、はっきり口に出して言わなくてもわかるでしょ、それくらい察して下さいよ、と目で語っているのであり（「目は口ほどに物を言い」）、日本人同士ならそれでお互いにわかり合える。その人の気持ちが痛いほどよくわかるのである。*（三島由紀夫『日本人養成講座』一一―一二頁参照）

＊「昔から〝ジャパニーズ・スマイル〟の名で欧米人に知られた（不可解、神秘的？とされてきた）日本的微笑……も和合・同調の志向から生まれる、ダイナミックでない〝静的動作〟ですが、ほほ笑みさえすれば相手との緊張が和らぐ、というのは、日本人同士なら通用するが、異文化の相手との間には必ずしも成り立たないことです。」（芳賀・二五七頁）

（K）お馴染みの「ホンネとタテマエ」の使い分けも、一つの事例であろう。何故なら、そこでは、発話はあくまでタテマエであり、実際のコミュニケーション（ホンネ）は言外に行われるからである。

いかにも日本人ならでは、と言いますか、とにかく西洋人の観察者には不可解きわまるこの〔憲法九条の問題の処理に見られるような〕思考方法は、「タテマエ」「ホンネ」と呼ばれるものです。「タテマエ」とは文字どおり「前に建てるもの」、つまり、はっきりと口に出し、できればそうしたい事柄。かたや「ホンネ」は「真の音色」意味し、最終的にそうしたい事柄、というところでしょうか。相手を欺く手口か、と言えば、決してそうではありません。なぜなら聞き手は、話し手のホンネをたちどころに察するからです。ただし、議論の内容よりも形式と和が優先する社会では、という条件付きでですが。（ヨンパルト・一七二頁）

第二部　アメリカ──「ゲームの文化」

第一章　概　説——個人主義的競争社会

第一節　総　説

社会的な国民文化の基礎には、或る一定の社会的統合情況がある。統合の如何が国民文化の最も根本的な規定要因なのである。こうした観点から、第一部において日本文化論・日本人論が展開された。そうした、日本人の社会的文化の解明が（それを通した、「統合主義」の普遍妥当性の実証と共に）本書のメイン・テーマであるが、始めに述べたように、それは他の文化との比較によっていっそう深められる。そして日本の場合、最も対称的な（かつ最も身近で存在感のある）文化は、統合の情況からしてアメリカであると推定される*（安岡章太郎『アメリカ感情旅行』一九頁参照）。そこで第二部では、「統合主義」に基づいてアメリカの社会的な国民文化の解明を試るのである。その結果は、次第に明らかになるように、日本文化論に対して（また「統合主義」に対して）たいへん有益な材料を提供してくれるであろう。

＊　国土の巨大なアメリカほどではないが、ヨーロッパ各国も一般的に「自然的統合」に問題がある。それは一つには、大陸で陸続きであるから外国の影響を受け易いこと、もう一つは、同じく陸続きであるが故に、民族的な多様性および民族と国土の不一致が見られること——これらの要因による。ともあれ、以下アメリカについて述べることは、（文明的な共通性もあり）ヨーロッパにも当てはまる場合があり、「欧米」というくくり方がされることもある。

そこで、アメリカの国民文化であるが、それを明らかにするためには、まず同国の統合状況について問わねばならない。それに関しては、日本の場合と同様、既に旧著『統合史観』において簡単に触れておいた。そこでは、次のように述べられている。

なるほど、アメリカは広大な国土に多くの人口を抱えており、しかも世界有数の多民族国家である。従って、自然的統合が弱いように見受けられるかもしれない。しかしアメリカには、そのようなマイナスを補うプラスの要因が数多く存在している。まず第一に、何と言っても有効なのはその経済力であり、それが世界一の水準（今世紀以来）にあること、第二に、それと関連するが、交通と通信が最先端の発達を遂げてきたこと、第三に、国土が、旧世界から隔離された言わば一つの巨大な島国を成しているということ、第四に、建国期の国民の間には民族・信条・境遇などの点で大いなる共通性があり、その後多様な人々が加わったが、移民国家及びアメリカ的生活様式という根本的同質性は継続しているということ、第五に、国土の拡大がフロンティアの西進という形をとって漸次的であったこと、第六に、キリスト教というほぼ支配的な宗教が存在し、しかもそれが異例なほど定着していること、第七に、基本的な共通言語として英語が完全に（最近多少問題が出てきたが）普及していること、そして第八に、連邦制であり、しかも各州の独立性の強いそれであるということ――これらの諸点を指摘することができる。それらを勘案するならば、アメリカにおいて豊富な自由が存在していることは不思議ではあるまい。それは統合の観点から合理的に説明することができるのである。

だがそれにしても、やはりそれらの要因だけで、自由を保持しながらあのような巨大性・多様性を克服することはできないのではないかと言われるかもしれない。両者の両立はやはり解せないと主張されるかもしれない。確かにその通りである。そのため当然、それらを強力にバックアップするものとして、国民的・民主的選出に基づきつつも国王以上と言われるくらい強大な大統領権力、及びそれに伴う権威とシンボル機能などが存在しているが、そうしたものにも限界がある。従って、次のように考えざるをえない。即ち、真相はこうである――実は、人々は気づいていないが、（極論すれば）アメリカは決して近代国家、真の主権国家ではないのである。何故なら、アメリカにおいては、絶対的な中央権力に基づく平和と安全が基本的に存在していないからである。そこでは公権力に対する根本的な信頼がなく、（周知のように）銃による自衛を余儀なくされる。そしてまことに驚くべきことに、数万人以上を抱える大規模な私的武装集団（民兵団）すら存在し、公然と活動している。従って必然的に、殺人による大量の死傷者が生じ、その数は死者だけで年に二万人を越える。これは無秩序に他ならず、無法状態に等しい。つまり、アメリカという国は平和と安全を、即ち統合を犠牲に供することによって自由を手に入れているのであり、その自由は無理をした自由、十分な基礎を欠く、背伸びをした自由なのである。（三一－二頁）

このように、アメリカはその「自然的統合」レベルが十分に高くないにもかかわらず、従って本来ならば、人々の自由に相当の制約があって然るべきであるにもかかわらず、最高水準の自由を許容している。アメリカと言えば自由と言われ、アメリカの象徴ないし代名詞と目されているくらい広汎かつ高度な自由が認められているが（柴田・五〇、八六頁参照）、それは言わば分不相応な自由、贅沢な自由なのである。

そして、このアメリカの大いなるアンバランス、基本的な自己矛盾を一気に清算し、まさに乱暴に解消しようとするものが、上記の引用文でも指摘されている銃の所持である。本来ならば、公権力の強化とそれによる自由の制限を選択すべきところ（イメージとしては、ロシアや中国のように）、自由の享受と引き換えに、銃による公権力の補完を甘受しているのである。それは、程度の差はあれ、今も昔も変わりがない。

銃と暴力の文化はアメリカに定着し、すたれる気配もない。辺境では、人は自分が守れるものしか自分のものにできなかったし、先住民族を脅したり追い払ったりしていたので、たえず防衛が必要だった。ほかの居住者たちも脅威だった。ちょうど、権威となる書類ができないうちからアメリカに自由が存在していたように、有効な法の執行がなされるようになる前から、この国のいたるところに銃器があった。地所の境界線や水利権をめぐるけんかは銃の撃ち合いでけりがついたし、西部の、とりわけ財産が白昼に集積される鉱山の町の周辺では、強盗事件が日常茶飯事だった。（M・ハーツガード『だからアメリカは嫌われる』一四二頁）

アメリカは建国以来、「恐怖」に支配された国である…。…荒野の中、自分の身を守るのは自分だけ。（近藤康太郎『朝日新聞記者が書いたアメリカ人「アホ・マヌケ」論』一七四－五頁）

アメリカの自由という光は、その現実的基盤を欠くが故に、銃の私的所持の公認という影を伴わざるをえない。近代的な自由と、その代償としての中世的な武装自衛の受容——これがアメリカ国家の真相なのである。文明社会にあるまじき銃(私的暴力)の野放しという野蛮な世界、目を疑いたくなるようなおぞましい光景*の秘密は、そこにこそある。一般に言われている、「独立革命〔以来の〕民兵尊重の気風〔の〕伝承」(笹田直人他『アメリカ文化55のキーワード』三頁〔笹田〕)、「〔独立戦争以来の〕政府からの干渉を嫌う風土」(「日経」一二・一二・二四)、「開拓時代からの伝統」(「朝日」一二・一二・一三)などという捉え方は、説明になっていない。銃の問題は「統合主義」によってのみ本質的に解明されるのである。**

＊　アメリカは単純化して言えば暴力社会である。「暴力は、アメリカの起源や歴史を語る国民的物語の裏面でもある。……アメリカの歴史は、暴力を国家創出の力としてとらえてきた。」(笹田他・三二―三頁〔外岡尚美〕。同七五頁〔笹田〕参照)かく歴史的にそうであるのみならず、現在においても、例えば、発砲事件は日常茶飯事であるし、警察官も容疑者の逮捕に際してすぐに発砲し、気軽に射殺してしまう。それは「世界の警察官」としてもそうであって、しばしば国際法を無視して、武力行使してきたのである。
　ところが、そうした現実と矛盾するかに見える或る出来事が新聞報道され、私はたいへん興味深かった。それは、日本のアニメ映画『もののけ姫』に対して、「ぞっとするような戦闘場面があり」子供には刺激が強すぎるという理由で、十三歳未満は要注意という指定がアメリカ当局によって付けられたという一件である。何を今更！その記事にはまた、「暴力的な映像が子供たちの目に触れることに鋭敏な社会風土」という記述もあった。(宮川政明・記者、「日経」、日付不明)ソレ、ホンマカイナ？　そうした(偽善的な！)「社会風土」が真実だとして、それはむろんアメリカ社会の平和主義を意味するものではない。逆であろう。明らかに暴力社会の裏返し、目に余る暴力故の過剰反応なのである。そしてその根底にあるのは、日本なら、現実が平和的であるから、子供も映像をフィクションとして捉えられるが、アメリカは現実も暴力的であるから、映像と現実との区別がつかなくなるという恐れであろう。

＊＊　アメリカ国民の間における銃の所持の正当根拠とされているのは、「アメリカ合衆国憲法修正第二条」の規定である。そこでは、民兵(人民による武器の保有・携帯)の目的または理由として、「自由な国家の安全」ということが挙げられている。しかし、その規定は抽象的である。それは具体的に何を意味しているのか。普通に読めば、それは外国の侵略や干渉に対する自国の防衛ということを意味している。だが、その規定の主眼は別のところにあるらしい。即ちそれは、中央政府の専制に対する対抗、その防止ということである。(有賀夏紀他・編『アメリカの歴史』二一六頁〔久保文明〕、二九二頁〔油井大三郎〕、松尾文夫「未だに〝アメリカという国〟を捉えていない日本」一八五―六頁参照)。

いずれにせよ、修正第二条の趣旨がその二点にあるとすると、現代においては、憲法の規定は国民の間の銃の所持を正当化するものではないということになる。「銃」の根拠を「憲法」に求めるのは、明らかに的外れであり、ピントがずれている。何故なら、言うまでもなく、今や国家の防衛を担うのは、民兵ではなく職業的軍隊であり（徴兵もありうるが、武器はむろん私有ではない）、また政府の専制を防止するのは、武力ではなく（リベラル・デモクラシーの）政治意識と政治行動だからである。（小熊英二『市民と武装』一〇-二〇、六〇-一、六九頁参照）にもかかわらず、憲法に依拠して正当化するというトンチンカンな議論が何故罷り通っているのか、不思議なことである。

銃の問題はさておき、かくの如く、アメリカは中世と近代が同居している国家である。暴力および自力救済と、人権および近代国家システムとが並存している国家である。アメリカ人は世界最高の文明生活に恵まれながら、近代国家の国民であれば当然保障されるべき平和と安全に関して不断の不安に曝されているのであり、アメリカというのは非常に歪な社会なのである。こうしたアメリカの不均衡ぶり、未成熟さは、拙論の趣旨と全く同じではないものの、よく指摘されているところである（例えば、斎藤彰『アメリカはカムバックする！』二六、三七頁）。

遠心的なものと求心的なもの。誇り高い自主独立の精神と統合への願望。マサチューセッツ的なものへの愛着とアメリカ合衆国民としての自覚。父なる国家と母なる大地。アメリカはこうした対立概念に引き裂かれ、ゆれ動き、混乱している。その意味で、アメリカという国は未定義である。未定義で実体が漂っているがゆえに、不思議な大国である。（松尾弌之『不思議の国のアメリカ』二四二頁）

アメリカは、こういうわけで、広い土地に、世界中からいろいろな雑多な民族、人種が集まってきて、国をつくっています。いままだ建設途上の国といっていいでしょう。アメリカは物質的に発達していますから、私たちはつい文明先進国だと思いがちです。一面ではその通りなんですけれども、アメリカ社会、アメリカ文化は、いまも建設途上です。普遍性を一所懸命ひろげてきましたけれども、まだまだ限界がありますね。（亀井・四八頁）

アメリカという国家も、アメリカ人という概念も確立していない、いわば国家も国民も未完成の状態から誕生した国、それこそアメリカという国なのである。言い換えれば、アメリカは、人為的な国家建設と国民統合という、いつ完了するかもわからないような壮大な実験を宿命づけられて出発した実験国家なのである。（鈴木透『実験国家アメリカの履歴書』五頁）

第二節　「自然的統合」不足の例証

前節で示された見解、アメリカに対するそのような捉え方は、おそらく妥当であろう。それは本質的な理解として的を射ていると思われる。しかし、その説明は未だ概略的であり、実証的ではない。従って、それは事実に基づく裏付けを要する。そこで以下、日本に関する第一部と同様、証明に資する具体的な事例を指摘してゆくことにする。それはむろん網羅的ではありえないが、全体として合理的な説得力をもっていると言えるであろう。

そうした作業に入る前に、その構成について述べておく。まず本節において、アメリカが「自然的統合」に関して大きな問題を抱えていること、アメリカの「自然的統合」の水準がずいぶん低いということについて、具体例を挙げて説明する。むろん、そのように低レベルの「自然的統合」のままでは、安定した社会は成り立たない。それ故次節においては、その不足を補っている「人為的統合」について、同様に説明する。そして更に第四節において、それまでの分析の総合的な結論として、アメリカ社会の根本的な特徴を明らかにする。こうした理論展開によって、アメリカの社会的・心理的な国民文化についての「概説」（第一章）が完了するであろう。

そこで本節のテーマであるが、アメリカの「自然的統合」の不足ないし弱さに関して次のような諸々の事実を指摘することができる。

第一は、「自然的統合」のレベルと基本的かつ直接的に関連している犯罪の如何である。社会的一体性の弱さや、人々の間の不和・対立は、しばしば攻撃・敵対・紛争をもたらす。* そして、それは時に犯罪にまでエスカレートする。従って、理論的に見て、「自然的統合」が乏しければ乏しいほど犯罪の件数も多くなる、両者はほぼ比例している、と言うことができる。そして案の定、アメリカは犯罪大国である。（犯罪の多さの客観的な比較はなかなか難しいが）特に日本と較べれば、一目瞭然である。**

アメリカの受刑者の数は……現在は約二〇〇万人である。これは人口のほぼ一パーセントという大きな数である。『収容所群島』で知られるソビエトの文豪アレクサンドル・ソルジェニーツィンならば、「アメリカも強制収容所大陸ではないか」と言うところだろう。
二〇〇〇年、日本の刑務所に収監されている受刑者は約五万人。人口の〇・〇五パーセントである。（猪口孝『アメリカ大統領の正義』八頁）

アメリカでは犯罪学（クリミノロジー）という学問が盛んである。犯罪学部さえある。犯罪大国ゆえに、その対策をねるために犯罪についての多くの研究がなされている。（竹内洋、「日経」〇八・一一・一二）

* 「自然的統合」のレベルが低いということは、当然、日常生活における諸々のトラブル（揉め事・諍・喧嘩・争い）も多いということであるが、これについてたいへん興味深い事実がある。

英語は人をののしる表現が豊富ですが、日本語には乏しく、直訳しても違和感がある。（戸田奈津子、「朝日」一四・二・六。「英語」ということは、イギリス、更にはヨーロッパも含んでいるかもしれないが。しかし、ここで言われているのは、おそらく「米語」の表現についてであろう。）

** 日本では、例えば、強盗・殺人・行方不明などが全国レベルの大きなニュースとして放送されるが、アメリカではニュースにさえならないであろう。また、それと同じことだが、小さな犯罪はアメリカでは（「軽犯罪」どころか）犯罪と見做されないという事実がある。

米国の検事に頼まれ、日本の治安状況を説明したことがある。犯罪の少なさ以上に先方が驚いたのは、小さな事件まで漏らさずに記録する日本式の統計だ。自転車を盗んだり、けんかで軽いけがが人が出たりするぐらいでは、米国では犯罪として扱っていないようだった。（「日経」〔「春秋」〕一四・八・三）

第二は、「自然的統合」の弱さの間接的な現れ、即ち、その弱さを特定のものによって補おうとする現象である。或る程度の「自然的統合」は不可欠であるから、それが弱い場合、（ここでは「自然的統合」の範囲内で、つまり「人為的統合」は別として）何らかの代替物によってカバーしようとする動きが起きるのである。

（A）　アメリカでは、家族、とりわけ単婚家族が大きな役割を果たしており、非常に大事にされる。「アメリカは世界中で結婚紐帯が最も尊重されている国であり、配偶生活の幸福の最高の、そして最も正しい理念が抱かれている国でもある。」（A・トクヴィル『アメリカの民主主義』㈥二五三頁）そしてまた、家族は社会の中のいろいろな組織や人間関係の中で最も重視されているのである。

それを象徴的に示しているのは、大統領選挙に関る或る事実であろう。即ちそれは、各候補の家族の情況というものが立候補の資格要件になるという事実である（亀井俊介『わがアメリカ文化誌』一二八頁参照）。そして、その如何は当落にも影響するから、選挙は家族ぐるみで行われ、各候補は自分の家庭の良さを必死でアピールしようとするのである。

また例えば、日本のプロスポーツ（特に野球）でプレーしているアメリカ人選手が、妻の出産や家族の病気・入院などに際してシーズン中に一時帰国するということが、ときどき報じられている。彼らは私生活を優先させ、仮にチームが重大な山場を迎えていても、そうするのである。これは日本人の感覚からすれば、ありうべからざる話であるが、アメリカ人にとっては、それほどまでに家族が大切だということである。（柴田・八九頁、斎藤・五〇頁参照）　私生活に属しながら、一種の聖域として広く社会的に承認されているのである。

更にまた、次のような事実もある。これも我々にとっては大いに違和感があろう。

家族にたいする親愛の情の表現として、アメリカ人がほぼ例外なく大切にしているのは「写真」である。職場の机の

上や壁面に、自分の家族の写真を飾っていない社員はまずいない。（髙木『日本とアメリカのビジネスはどこが違うか』二〇二頁）

以上のような事実、家族の神聖化という事実は、何を物語っているのであろうか。何故それが「自然的統合」の水準と対応しているのか。

アメリカ人の人間関係は基本的にストレンジャー同士の結びつき、初めて出会った無縁の人が結びつくということです。地縁も血縁も「不思議なご縁」もない。ですから、この無縁の男女が結びつく恋愛ということが、たいへん重要になりまして、恋愛を神聖視する伝統は、日本では想像もつかない大きなものでした。日本でいう色恋ざたを越えた精神の営みなんです。そういう恋愛をし、結婚する。そして一夫一婦制度を保っていく。その一夫一婦の神聖さも、非常に強調されてきました。それは、しばしば、ピューリタニズムの伝統のおかげだといわれます。もちろん、それはピューリタンの信仰と無関係ではありませんが、社会組織上も、一夫一婦の家族の神聖さが要求されるのです。それをいい加減にすると、たちまち社会は崩壊してしまうのです。*（亀井『アメリカ文化と日本』七六-七頁）

人間関係が「一時性」をもとにする世界で、アメリカ人はより永続的な存在感を求めて苦闘してきているといえる。日常生活でそういう存在感を最も確実にしてくれると思えるものは、結婚であろう。結婚と、それにもとづく家族こそが、アメリカ人にとって社会のもととなる。日本人は、よく、アメリカでは家族の絆が弱いというが、それは誤りであろう。日本でのように、先祖から子孫へと継承される血縁中心の家族でなく、男と女の出会いによって生まれた夫婦中心の家族だという違いがあるだけである。（同『わがアメリカ文化誌』一九頁。二八、三一-二頁参照）

* 因に、だからこそ、「自然的統合」という点で似たような情況にある中国においても、家族の絆がたいへん強固なのである。但し中国の場合、長い歴史をもつ伝統社会であるから、家族の範囲が広い。それは夫婦単位ではないし、大家族的な広がりをもっている。

中国の社会は濃密な親族関係が特徴的で、日本よりもずっと濃いですね。日本では兄弟は他人のはじまりというように、兄弟関係の付き合いは、冠婚葬祭を除けばそれほど頻繁なものではないでしょう。兄弟でもこの十年顔を合わせたことがない、というのもよく聞くことです。中国では考えられないことですね。中国は家族中心の社会で、親族がお互いに助け合います。（黄文雄他・二〇八頁〔石平〕。渡部他・一七五頁〔渡辺利夫〕参照）

（B）シンボルとしての国王および王室の存在が統合に絶大な力を発揮することは、言うまでもない。アメリカでは、その脆弱な「自然的統合」の裏返しとして、即ち、それをバネとする無意識の求心力の結果として、国王・王室というものに対する強い憧れが潜在しているらしい（猪口・三六、三九頁参照）。そのため、アメリカの大統領およびその家族は擬似国王・疑似王室という側面をもっているのであり、大統領は単なる政治家以上の存在なのである。

それは（一時的な）大統領に止まらない。アメリカ人の王室好みは、それ以外にもいくつかの（世代を超えた）「王家」を創造する。その代表はもちろんケネディ家である。その「王家」ぶりは、例えば、一九九九年のJ・F・ケネディ・Jr.の遭難死の際の「異例ずくめの捜索態勢とマスコミ報道」に現れている。その六日間というもの、「全米が一大悲劇のクライマックスとでもいうしかない静かな興奮に包まれた」のである。（「朝日」、日付等不明）

第三は、国民同士の間の距離や関係、即ち親密度や信頼度に関る事実である。アメリカ人はその点どうかと言えば、互いに疎遠であり、不信感をもち、警戒し合っているのである。

（A）アメリカ人は人種的・民族的に多様であるから、互いに気心が知れない。完全に「赤の他人」同士であり、各人の間には心理的に大きな溝がある。他人は基本的に油断のならない存在、従ってまた、気を遣うべき存在なのである。その結果、他人との身体的接触を避けるという現象が生ずる。*

アメリカ人は……体がふれるのを極端に嫌う。……電車でもエレベーターでもバスでも、どんなに混んでこようが接触を許さない。ケンカするときだってそう。いきなりつかみ合いになることは少ないようだ。（近藤・四三、一〇九頁）

＊　日本では逆である。

身体の触れあいを避けさせる「文化」が、欧米にはかなり普遍的にあるらしい……。私たちの文化には、これはない。むしろ、私たちの間では、人と人との「触れあい」が大事なのである。これはかならずしも、ことばの綾ではなくて、実際「今晩、一杯どうだ」と同僚の肩をたたいたり、女の子が笑いころげて相手の身体に触れることは、日常よく目撃する事実である。

概していえば、私たちには「触れる」ということについての禁忌がない。だから町で肩と肩が触れても（ぶつかれば別だが）、とくにどうということも感じないのだろう。日本人が「不作法」というわけではない。（多田・六九-七〇頁）

そして、こうした事実は「仲間主義」の一つの現れ、従って例証と見ることができよう。

ところで、多田氏は、身体的接触を忌避する欧米の文化の原因を、「統合主義」とは別のところに求めておられる。即ち、個人の自立と触覚の蔑視である（同七一-二頁）。

こういうわけだから、道や通路で体が触れたり、ましてやぶつかったりするのは、一つの事件であり非礼に当たる。そのため当然、即座に「（アイム）ソリー」が要求されるのである。

最近一年ばかり住んでいたニューヨークの地下鉄を思い起こすと、不用意に体に触れてくる人はまずいなかった。よろけて他人にさわったような場合には、「失礼」「ごめんなさい」と必ず一声かける。腕に入れ墨をした一見怖そうな若者でも同じだ。そうかと言って、乗客のマナーが一般に特別よいとは思えない。（「日経」〔「春秋」〕〇〇・一一・二七）

そして以上のことは、（知人間の）挨拶の場合には逆であるという事実にも現れている。逆とは身体的接触（ボディー・コンタクト）、即ち握手・頬擦り・キス・抱擁などである。それらが何故要求されるのかと言えば、身体的接触はよほど親しいことの証であり、そこまでしないと、もともと人間関係が稀薄であるが故に、好意の表明あるいは親しさの確認という挨拶の機能が果たされないからである。日本ではお辞儀だけで十分であるのに、アメリカ（欧米など）では、そうまでして謦戒心を解き、一体化を演出しなければならないのである。*

＊「われわれの間では（、）別れる時や外から帰ってきた時に抱擁するのが習わしである。日本人は全くこういう習慣を持たない。むしろ（、）それを見ると笑う。」（ルイス・フロイス・一八六頁）

（B）アメリカにおいては、人々は互いに警戒し合っているから、そこには常に多少とも緊張がある。

ニューヨークでは、人びとは自前の錠を用意し、つねに携帯している。この街での犯罪の様態をよく物語っていよう。概してニューヨークは非常に安全な都市である。アメリカの大都市の中ではその治安のよさは抜きん出ている……しかし、この街にはつねに微妙に張り詰めた空気があり、人びとは自分や身の周りのものにいつも気を配っていなければならないのである。（C・ジョイス『「アメリカ社会」入門』一〇三頁）

ここから、その緊張を和げるために、見ず知らずの人々の間で、折りに触れてスマイル、即ち微笑（ほほえみ・びしょう）が交わされるという現象が生ずる。*

米国にきて一番慣れない習慣は「微笑」だった。エレベーターで先を譲ってもらって、ニコッ。電車で体が触れあって、すかさずスマイル。**（近藤康太郎・記者、「朝日」〇一・九・七。松尾・三六－七頁参照）

＊ヨーロッパに関しても、同様の指摘がある。

ヨーロッパの人々は知らない人同士でも顔が合うとにこっと笑う。何のためかといえば「私は、あなたを警戒してませんよ」という合図。ただそれだけなのだ。（デュラン・二〇〇頁）

また、先の（A）とこの（B）で述べた諸々の現象が、「ラテン世界」で見られるという指摘がある。「ラテン世界」はむろん「アメリカ」および「ヨーロッパ」と同一ではないが、それらと大部分重なるであろう。

日本と比べるとラテンの世界では人と人とのいわゆるボディーコンタクトが多い。初対面の握手。女性同士のキス、というより頬ずり。異性同士でも家族、親類はもちろん友達や知人でも頬ずり。余談だが主導権は女性、そして目上の人にある。

だが、不特定多数の人が相手だと話は別である。なんのゆかりもない人と接触することは避けるし、万一往来や車中で他人同士ぶつかった場合お互い謝るのが普通だ。バスで乗り合わせた人となにかの拍子に目があうと微笑しあう。（横田佐知子〈通訳〉、「日経」、日付不明）

＊＊ 念のために一言しておくが、ここにある「体が触れあって」というのは、（A）で述べた、ソリーの理由となる身体的接触とは異なる。後者は一方に原因があり、かつ接触の程度も強めである。

（C） 会話する者同士が空間的にどれくらい近づくかという問題があり、それは国や社会によって、従って（社会的な）文化によって異なる。ということはつまり、それは文化を反映しており、それによって文化が判断できるということである。

われわれは普段、日常生活ではあまり意識しないが、じつは「近さ」は文化人類学や比較文化の研究対象に十分なるようなテーマであり、アメリカのエドワード・ホールにはこの問題を扱った『隠れた次元』という古典的な名著もある。会話するとき、相手からどのくらい距離を置くか？ 相手の体にどの程度触れるか？ 確かにこれは国や文化によってかなり違う。一般的に言えば、日本人は相手からかなり大きな距離を置き、アメリカ人の場合はその距離がかなり縮まり、ロシア人はそれよりもぐっと「近く」なる。（沼野充義、「日経」〇〇・六・一六）

相手に近づく〔それどころか、（A）で見たように、場合によりボディー・コンタクトする〕必要があるのは、そうしないと親しくならないから、即ち、もともと疎遠だからである。従って、両者の間の距離は「自然的統合」のレベルに比例すると言うことができる。アメリカのように、更にはロシアのように、後者が低ければ、前者は短くしなければならず、逆に日本のように、後者が高ければ、前者は長くてもよいのである。

（D） 売買などの金銭授受の場合のお釣りの数え方・出し方が、日本とはずいぶん違う。日本では暗算で引き算するが（但し、電子レジの普及で今では見られなくなった)、アメリカは足し算である。料金の額にお金を確認しながら足して行って、支払額まで達するようにして渡すのである。むろん、このほうが明白かつ確実ではある。それでは、何故こういうくどいやり方をするのか。一般に暗算が不得意ということもあるが、基本的には、お互いに(この場合は、客が店員等を)信用していないからである。計算および金額をごまかしているかもしれない。信頼関係がないから、そうしたパフォーマンスが必要とされるのである。

(E)酒場における支払い方法は、アメリカ人同士の間の低信頼性・不信感を如実に示している。

客を信用して後で支払いをなどといえるのは身許の割れた者だけがいる社会の話で、正体不明の人間ばかりの世の中では、まずお金を取ってから品物を渡さねば不安である。「ネェちゃん。酒を一杯。カネはあるぜ」といって金貨をポーンと投げだす、などということが本当にあったらしい。今日でもアメリカの大衆酒場では、現金と引きかえに飲みものを出すというやり方が普通だ。ビールを一本持ってくるたびに、料金とチップをジャラジャラと小銭で渡している、という光景は、ごくあたりまえのものである。(松尾弌之・一四二頁)

(F)人々の間に共通の基盤が乏しい場合、当然のことに、意見の不一致が生じ易く、また対立が起きがちである。更に、その解決も容易ではない。そこで、個人や団体の間で何らかの社会関係を成立させる際には、双方の権利義務内容を予め細部にわたって取り決めるということが、必要になる。例えば、企業同士の合併・買収や業務提携において、以後生じうるあらゆるケースを想定した膨大な契約書が作成される(日本では、相互信頼を前提として基本的な覚書だけで済ますところである)。また例えば、大学教員の採用においても、待遇に関する事細かな条件が提示されるのである。

欧米は、仕事の初めにたくさん契約書をつくり、仕事を細分化してそれぞれの責任者をはっきりさせます。(行正り香〔料理研究家〕、「朝日」一二・一・一九)

(G)アメリカ人は基本的に、お互い全く気心の知れないストレンジャー同士である。そのため、誰かを(重要な)公職に任命する場合、その人物の行動や生活情況を徹底的に調べることになる。しかも、それがプロフェッショナルなシステムとして完全に確立されているのである。

米国の首相官邸にあたるホワイトハウスには人事局があり、長官などに空席ができると、まず多岐にわたる視点から候補者を挙げ、その全員に連邦捜査局（FBI）と内国歳入庁（IRS）が徹底的な「身体検査」を行う。通常で三ヵ月を費やす。同時に、人事局は候補者との面談と書面により、家族の詳細、健康状態、二一歳以後の全所得と全収入源、財産、所属機関の詳細、各種支払いの滞納の有無、新ポストに批判的な知人の有無、養育する子供がいる場合の費用延納の有無、さらに家族が大統領を否定する言動を過去に行ったことがないかなどまでをただす。まさに本格的な「身体検査」だ。日本のような会計検査院の指摘レベルではない。

このハードルをクリアした後、候補者は連邦上院司法委員会の公聴会に出席し、議員の質問にさらされる。その上で、本会議場で過半数の賛成を得て承認されなくてはいけない。（堀田佳男、「朝日」〇七・九・二〇）

第三節　「人為的統合」の試み

以上述べてきたように、アメリカは「自然的統合」が非常に弱い。そしてそのような場合には、「人為的統合」によるバックアップを必要とする。*　事実アメリカには、「人為的統合」のためのさまざまな種類の制度や観念が存在している。そこで本節では、それらについて具体的に指摘し、順次説明していこう（なお、その中には、第一節の冒頭に引用した旧著の中で既に言及されている事項も、部分的に含まれている。それらについては、当然旧著におけるより詳しい解説を施すつもりである）。

＊　こうした着想、従って問題意識自体は、既に存在しており、むしろポピュラーである。例えば、

「多人種、多民族、多文化、しかも国として歴史も浅く、人工的（で実験的）な国家であるアメリカ。日本の二五倍の国土に生活する日本の二倍の数の人々をひとつの〝国家〟として束ねあげる吸引力、求心力とはいったい何だろうか。」（大津留智恵子他『アメリカのナショナリズムと市民像』一〇八頁（石井修））

これから指摘し説明する、「人為的統合」の具体的な手段や要因は、四つの項目に大別される。そして各項目ごとに、それぞれいくつかの、おそらく基本的と考えられる例が示されるであろう。

第一の項目は、国家体制や政治形態に関る。それに属する事項として次の二点を取り上げる。

（A）巨大国家の統合には、連邦制が有効である。アメリカは五十の「州」から成る連邦国家であり、この形態的工夫がそのとてつもない広大さをかなり相殺している。アメリカの正式の国名はU・S・A、即ちUnited States of Americaであるが、これはむろん「アメリカ合衆国」などではなく、「アメリカ国家連合」である。アメリカは五十の（「州」ではなく）国家によって構成される、ということは、五十の国家に分かれた、一つの連合組織なのである。*

アメリカ合衆国は、いわば「大なり小なり独立性を有し」た、五〇の共和国から成る連合体だと考えねばならないのである。共和国であるから独自の法律も持っている。独自の裁判所もある。独自の行政府も警察力も持っている。教育制度が独特であるのはもちろん、州兵などという兵隊さえかかえている。（松尾弌之・一九頁）

そして、こうした事態は独立以来の伝統である。

ほとんどの州で、権利章典部分を含めた州憲法が制定されていたのである。当時、各州は州権という名の主権を持つ事実上の共和国、つまり独立国であった。この枠組みは、二十世紀後半からの高度情報化社会の到来で、一定の形がい化現象がみられるものの、アメリカ民主主義、そして市民生活の核として現在にいたるまで頑として定着している。

一七七六年の独立宣言自体が、この事実上の独立国としての州の「連合」として宣言されたものだった。独立宣言の五年後、この「連合」体の規約として批准された連合規約も「連合」体の名称として「アメリカ合衆国」ということばを初めて使う一方で、「各州は主権、自由、独立、および本連合規約によって連合会議に結集する合衆国に対して明文で授権されていないすべての権力、権限、権利を有する」と念を押している。（松尾文夫『銃をもつ民主主義』九二頁。松尾弌之・一九一、一九五、一九八 - 二〇〇頁参照）

＊　このことは何よりも議会（連邦議会）の形態が物語っている。周知のように、それは二院制で、上院は各州二名の選出で定数一〇〇名、下院は州の人口に比例した配分で定数四三五名であり、従って、上院は連邦制の理念（州の対等）を、下院は民主主義のそれ（「法の下の（個人の）平等」）をそれぞれ反映しているが、上院の下院に対する優位性（任期および権限）が存在しているのである。

このように、アメリカ国家の基礎ないし骨格は州にあるが、実は、その州もまた連邦的である。と言うのも、州は数多くの自治的地域の集合体だからである。むろん、例えば日本においても「地方自治体」が存在しているように、地方自治は民主国家の要諦であり一般的であるが、アメリカの場合は、それが非常に高度であり且つ重層的なのである。

州だけが「主権」を主張しているのではない。その下部組織にあたる郡（county：全国に三〇〇〇以上ある）や、一万七〇〇〇にものぼる市町村もまた独自性を主張しているのである。たとえば、それぞれの自治体（州や郡や学校区や市町村など）が独自の考えにもとづいて税金を集めているが、全国では大小一〇万二〇〇〇の自治組織が住民に納税義務を課しているという。＊（松尾弌之・一二三頁）
こうした二重の連邦制、統合の細分化は、国土の広さを実質的に更に縮小せしめるであろう。

＊　その中には、先住民たる「インディアン」の次のような地区も見られる。

リザベーションは、連邦政府が先住インディアンに与えた土地であり、どこの州にも属していない。そこでは、各

部族が独自の統治機構を持ち、いわば自治国家が形成されている。（鈴木透・九五頁）

（B）大統領の存在がある。絶大な権力と高度な権威を兼ね備えた大統領は、「任期制の国王」とか「帝王的大統領制」（有賀他(編)・二三〇頁〔久保文明〕、渡辺靖(編)『現代アメリカ』五一頁〔待鳥聡史〕）と言われているように、「人為的統合」（「政治的統合」）の中核を成している。*

アメリカ大統領は期限がついていることを除けば国王のようなものである。その政治的権威には市民の尊敬が払われなくてはならない。政治的権威の強化についてアメリカほど強く賛意を示す社会は先進民主主義七カ国のなかにない（ちなみに日本ほど強く反対を示す国もない）のである。（猪口・八五頁）

大統領のこうした死活的重要性は、その事故の際の継承順位が法律で副大統領以下（何と）十七位まで定められているという事実にも示されているであろう。

＊　但し、大統領の権力・権威は最初から強かったわけではない。「合衆国憲法が想定していたのは、イギリスと同様に議会が政策決定の中心であり、それを君主ではなく大統領や裁判所が抑制するという連邦政府運営のあり方であった。実際、合衆国憲法において連邦政府の権限として定められていることのほとんどは、連邦議会が法律を制定する権限（立法権）である。合衆国憲法から考えるかぎり、ホワイトハウスはアメリカ政治の中心ではなかったといえるだろう。」（渡辺・四五-六頁〔待鳥〕）ところが、それが後に逆転する。「二〇世紀に入ると、大統領が提唱する政策路線に沿って議会が立法を行う傾向が顕著になり、有権者やメディアの関心も大統領に集中するようになった。」（同四八頁〔待鳥〕）そして二十世紀を通して、その趨勢はますます強まったのである。

なお、こうした大統領と議会の間の力関係は、言い換えれば、連邦政府と州政府の間のそれに等しい。確かに、次のような事実がある。「一九世紀を通じて、統治の実質的部分は、州政府によって担われていた。建国初期のアメリカの連邦政府はきわめて小規模であった。」（有賀他・二一六頁〔久保文明〕。トクヴィル・(中)四〇七-一一頁参照）

前節で述べたように、アメリカ人は王室を好み、大統領とその一家は擬似国王および疑似王室と言ってよい。妻は

「ファースト・レディー」として大きな役割を期待され、子供たちも常に注目の的となる。そして、これも前節で、家族の重要性に関して言及したが、良い家族というイメージが大統領（候補）選挙を勝ち抜く重要な条件となっていることは、よく指摘されるところである。それを象徴しているのは、党大会のクライマックスにおいて候補者の妻や子供がスピーチをするシーンであろう。彼らも選挙レースを戦うチームの重要な一員なのである。

また、これもよく言われるように、大統領はその存在のみならず、その選出過程そのものが国家の統合に大いに寄与している。

現代アメリカの政治は四年周期で大きな熱狂を繰り返すが、政治のしくみを勉強するだけでは、アメリカ人がそのたびになぜあれほど熱狂的になるのかを理解するのは難しいであろう。大統領選挙は、候補者の指名だの受諾だの勝利宣言だのと、手順を追っていくつもの党大会がある。その集会の興奮と熱気たるや、我々日本人にはとてもついていけないと思われるほどである。（上杉忍他（編）『アメリカの文明と自画像』二三頁（森本あんり））

各州予備選挙（又は党員集会）から全国党大会へ、そして党候補者の全国遊説やテレビ討論——こうした一年がかりのお祭り騒ぎ（猪口・一四‐五頁参照）によって、アメリカ人たちは四年ごとに国家意識を高め、統一と団結を再確認し合っていると言えよう。* また、アメリカの選挙は全て「スケジュール選挙」であり、大統領選挙に合わせて（但し「中間選挙」もあるが、しかしその場合も）各種の選挙ならびに（住民）投票がいっせいに行われるから、仕掛けは更に大掛りなものとなる。このようにアメリカ政治には、四年ないし二年ごとに統合のタガを締め直し強化するシステムが組み込まれているのである。**

＊　こうした長丁場の全国的選挙キャンペーン合戦の効用は、むろん他にもある。国民による多角的視点からの慎重な判断を可能にするとか、次期大統領自身の鍛錬になり成長を促すといった点である。

＊＊　これに関して、次のような穿った見方がある。南北戦争とのつながりはともかく、妥当であろう。

大統領選挙を含めた選挙一般が、米国では極めて重大な儀式としての意味を持つ……。この儀式的な意味は、米国の建国史やその背景事情と密接な関わりがあります。

米国で四年に一度行われる大統領選挙は、一八六一年七月から六五年四月までのおおよそ四年間にわたって戦われた南北戦争における「分裂」と「再統合」の模擬再演《シミュレーション》です。……南北戦争の再現《リプレゼンテーション》を行う理由。それは「分裂」から「再統合」へというプロセスを四年ごとに辿ることで、統合の再確認《リコンファーメーション》と共に建国の理念（ないし憲法意思）の再確認を行うためです。なぜそんなことをするのか。理由は、米国が再帰的な人工国家だからだ、ということに尽きます。（宮台・一五七-八頁）

第二の項目は、国民統合のための象徴機能に関る。これについては三点ある。

（A）象徴（シンボル）の利用は「人為的統合」の有力な常套手段であるが、その代表あるいは典型と言えるのが国旗および国歌である（大津留他・一一二頁〔石井修〕、杉田朱行『知っておきたいアメリカ意外史』五四頁参照）。

まず国旗についてだが、確かに、アメリカにおいてそれの果たす役割は絶大なものがあり、そのための教育や（更には）洗脳（！）は徹底している。（山下邦康『変貌するアメリカ 分裂する米国』一六五頁参照）

アメリカをはじめて訪れた日本人の多くは、いたる所に星条旗を見て驚くのではなかろうか。……大学でも小学校でも、いちばん目立つ所に星条旗が揚がっているのが普通である。その学長室や校長室にも、壁に星条旗が掛けてあることが多いと思う。もっと民間色の強い銀行に入っても、どこかに星条旗を見出すだろう。そのほか、図書館でも、博物館でも、あるいは鉄道やバスの駅などでも、およそ人の集まる場所ではたいてい星条旗が目につくようになっている。（亀井『わがアメリカ文化誌』二頁。同二三頁、同『アメリカ文化と日本』六二頁参照）

なぜ、米国人はこんなに星条旗を愛するのだろうか。昔を思い出す。小学校時代の数年間を米国で過ごした。教室では毎朝、一同起立。星条旗に向かい、右手を胸に当てて暗唱した。「アイ、プレジャリージャンス……」〔「私は自由の象徴である旗に忠誠を誓います」という意味〕……そんなことを幼少期に毎日やってしまうと、まさに、三つ子の魂百まで。……大人になった今でもスーパーボウルで登場する星条旗を見てはジーンとしてしまう。外国人の私がそうなのだから、米国人の思いは推して知るべし。（田中光・記者、「朝日」〇二・二・一四）

星条旗が多すぎる。この国で目を開くと、赤いストライプ、青地に白い星のあの旗が、もうしつっこいぐらいに目に飛び込んでくる。車のボディーに星条旗がない車は、少数派なんじゃないか。（近藤・一一一頁）

〔或る〕調査で「国旗掲揚」について一五〇七人のアメリカ市民に聞いたところによると、「普段から星条旗を掲揚している」と答えた人が五八％と過半数に上り、キリスト教信者の間では八〇％にも達した。（斎藤彰・七九頁）

次に国歌についてだが、さまざまの儀式の際に単独または国旗とセットで、しょっちゅう歌われる。

私はここ〔或る国立記念館〕を訪れ、……〔対英戦争の〕攻防の経過をうつした記録映画の上映室では、最前列に座って熱心に見た。最後はスクリーンに星条旗がはためき、国歌が演奏される。終わってからふとうしろを振り向くと、観客は全員起立し、胸に手を当てて不動の姿勢ではないか。（亀井『わがアメリカ文化誌』二頁）

アメリカではいろいろの催しものの初めに国歌を歌う。野球やフットボールが始まる前は必ず国家を歌うし、しかも超有名人にその役を頼む。……一般の参加者は一斉に立って、一斉に歌う。しかも、右手を左胸にあてて、直立不動である。終わった後は一斉に拍手をする。*（阿久津・二六頁。亀井『アメリカ文化と日本』六二頁参照）

＊　国旗・国歌について述べたが、周知の如く、日本はそれらに関してアメリカと全く対照的である。日本においては、戦前における国家主義・軍国主義・天皇主権との結合という歴史的不幸を背負っているとはいえ、それらに対して表敬どころか、その存在自体が問題とされている。即ち、その妥当性・正当性が十分に認知されておらず、尊崇すべき対象として普遍的に確立していないのである。それ故、戦後半世紀以上を経過してなお、ときに起立・拝礼・斉唱が強制されねばならない状態にあり、それを巡る裁判すら珍しくない有様である。そして、「権力は人の心の中には踏み込んではならない」（渡辺雅昭・記者、「朝日」一一・四・日は不明）といった観念的で贅沢な議論が幅をきかせているのである。これはアメリカ人には全く理解の及ばない事態であろうが、その基礎に何があるかは言うまでもない。そもそも日本にあっては、その強固な「自然的統合」の故に、そうした統合のシンボルが必要とされないのである（渡部他・一七七頁〔渡辺利夫〕参照）。その証拠に、例えば次のような事実が指摘されている。

フェントン（明治中期、イギリス公使館にいた軍楽隊長）がヨーロッパではどこの国でも国歌というものがあって、儀礼の時には演奏するものである、日本だけないとまずい、とアドヴァイスしたことが国歌制定のきっかけです。……外交プロトコル上の必要から国歌は制定された。もともとそういうものがあったわけではないし、そういうものがなければならないという考えもなかった。単なる「外圧」の結果なんです。

国旗「日の丸」についてもそうです。私たちは誰もこの図像の起源や意味について問いません。「昔からそうだった」という以上の説明を私は聞いたことがありません。（内田『日本辺境論』一一三、一一六頁。ジョイス『「ニッポン社会」入門』一四五‐六頁参照）

私が子どもだった頃、君が代が国歌だという意識はなかった。小学校で唱歌として習って、運動会で歌っていた。ちょうど今、スポーツの大会で歌うみたいにね。それが、満州事変の頃から性格が変わった。（むのたけじ、「朝日」一一・五・二六）

なお、『広辞苑』には、「君が代」について、「明治二六年、小学校における祝祭日の儀式用唱歌として公布。以後、事実上の国歌として歌われた」とある。

（B）どの国にも、国民的なヒーローというものが存在している。日本の場合で言えば、歴史的には義経と弁慶、太閤秀吉、大石蔵之助、坂本龍馬あたり、そして現代では、オリンピックの金メダリストやノーベル賞受賞者などであろうか。いずれにせよ、日本では、彼らは単なる憧れの対象、言わばアイドルであって、その存在が政治的に重要な機能を果たしているわけではない。せいぜい何らかのイデオロギー的意味が認められるくらいである。ところが、アメリカの場合はそうではない。「将軍や英雄を無条件に礼賛しがちな姿勢」（笹田他・三頁〔笹田〕）が認められると同時に、そのヒーローたちは国家存立という極めて重大な課題に関る存在である。即ち、彼らは国家統合のシンボルとして大きな役割を担ってきたのである。*

アメリカほどヒーロー崇拝熱が盛んな国は、いわゆる先進文明国では少ないのではないか。……アメリカの大統領についていいますと、あれは政治家というよりも、むしろその時代のヒーローでしょうね。政治的能力という点からいったら、本当に第一級の人物はアメリカの大統領にそんなに多くないと思います。もっぱらヒーロー性を誇示して、大統

領になるのだと思います。〔亀井『アメリカ文化と日本』五七頁〕

こういう〔神・自由・民主主義といった〕理念も、しかし、抽象的であることは免れず、それに陶酔できない者には、どこか白々しい。そこで〔文化史家〕ウェクター氏〔『アメリカのヒーロー』（一九四一年）〕は、アメリカの「集団的シンボル」として、もう一つ国民的なヒーローをあげている。つまり、雑多な民衆の夢を幅広く結集して、それを生きた人間の姿に具現し、いわば国民の代表となって活動する人物である。アメリカ人はそういうヒーローを待望し、崇拝する点で、世界の「一等国」だと氏はいう。「アメリカ人とは何か」を理想的に血肉をもって表現するヒーローに、アメリカ人は自分をゆだね、さらには自分を一体化することによって、存在のレストレスさを乗り越えるわけなのだ。〔亀井『わがアメリカ文化誌』八頁。同三、二五、五一、七〇、八三－四頁、同『アメリカ文化と日本』五八、六二－三頁参照〕

＊　むろん、アメリカにもアイドルがいるし、ヒーローと重なっている場合もある〔笹田他・五二－五頁〔山越邦夫〕参照〕。

（C）　アメリカ人には、言わば「歴史コンプレックス」ないし「伝統コンプレックス」が存在しているようである。即ち、自国の歴史の短かさ、伝統の乏しさに対する引け目であり劣等感である。そのため、歴史的遺産やさまざまの古いものをやたら残そうとする。我々日本人から見ると大して価値のないようなものでも、懸命に保存しようとする。しかし、そうした営為が実は統合に寄与しているのである。

アメリカ人は遠くさかのぼる「血や土」の集合的記憶、栄光や悲惨の歴史を共有していない。それだけに、アメリカ人はそれを埋め合わせるかのように、独立戦争、建国以来の歴史的遺産や記念碑、銅像、モニュメントを大切にする。……歴史博物館や公文書館も歴史の短いわりには数多く存在し、歴史文書が大切に保存、維持されている。歴史が短く移民からなる「人工的」国家であり、しかも「理念の国家」であるからこそ、シンボルや遺産を表面に押し出す。〔大津留他・一一二頁〔石井修〕〕

続いて第三の項目は、イデオロギーや国民精神・国民意識といったものに関る。これについては、次の五点を指摘する。

（A）　アメリカにおいては、社会の存立そのものが基本的に「人為的統合」、即ち政治に依拠しており、政治の果たす役割が非常に大きい。そのため、国家は政治家を厚遇し、最大限の便宜を計るし、また他方、人々も一般に政治を信頼し、政治に期待している。かくして、政治家は尊敬の対象であり、その社会的地位は高い。前部第一章で、日本の政治（家）について論じたが、日本とアメリカにおける政治の意義や政治家に対する評価は、まことに対照的である。その現れを若干紹介しておこう。

米国の場合は、議員一人あたり数十人の専門スタッフがつく。議員に情報や知恵を提供するので、政治家の質が高くなる。日本では、衆参合わせ七二七人の議員にそれぞれ一人ずつの政策秘書がいるだけだ。（中村敦夫〔俳優・元参議院議員〕、「朝日」〇五・三・二六）

若者が政治に期待を抱けない日本と、変革への期待が高まる米国――。日米の大学生が参加し、二〇日に開かれたテレビ会議で、両国の違いが鮮明に浮かんだ。「政治に参加すれば変えられる」。そう繰り返す米側をうらやむ声も、日本側の参加者から漏れた。……日本の若者は政治への関心が薄く、政治家を「格好悪い」と思いがちだという日本側の報告に対し、米側からは「なぜ政治家がクールじゃないと感じるのか」といぶかしむ声が上がった。（松下秀雄・記者、「朝日」、日付不明）

アメリカでは勉強のよくできる少年がいると近所の人が言う、「あの子、将来セネター（上院議員）になれるかもしれないよ。」（寺澤芳男、「日経」一一・一一・二二）

（B）　アメリカには、統合を確保し強化するための精神的・内面的な装置、つまり、大多数の国民の共有する強固な信念またはイデオロギーが存在している。そうした「普遍的価値や共通の目標という文化の力」（上杉他・二頁〔上杉〕）が、統合の達成に大きな役割を果たしてきたのである。

理念を高く掲げ、それに反する意見は完璧に否定する。そうしなければ、今も残る差別の傷口から血が噴き出す。理念を取り下げると崩壊するのが、米国という国なのだ。*（真鍋弘樹・記者、「朝日」一三・六・一一）

＊　理念とは、言い換えれば、「共通の過去」（それをもつのが「民族」）を欠く人々を統合する「共通の未来」である（有賀他・二五四頁〔森孝一〕）。

それは二つの要素から成る。宗教的なそれと政治的なそれである。即ち前者は、事実上の国教とも言える、キリスト教を中心とした「市民宗教」の信仰であり（ハーツガード・一四八‐九頁、渡辺・一四八、一五〇‐一、一五四頁〔藤原聖子〕、坂本多加雄『国家学のすすめ』八五‐六頁参照）、後者は、自由主義ならびに民主主義、従ってリベラル・デモクラシーの理念である。よく言われるように、アメリカは先進国には珍しい「宗教国家」であり（有賀他・二五三頁〔森孝一〕参照）、同時にまた「民主主義（リベラル・デモクラシー）の母国」なのである。

アメリカ連邦では、すべての宗派はキリスト教に大同団結していて、キリスト教道徳がどこでも同一である。……アメリカ連邦では、主権者は宗教的である。……アメリカは、世界中でキリスト教が人々の魂の上に真実の力を最もよく及ぼしているところである。……今日キリスト教が最大の支配力を発揮している国……（トクヴィル・㊥二五二頁。同二五六、二六七頁、㊦六一‐二頁参照）

アメリカではある種の崇高な理念が、くり返し、声高に唱えられ続けてきた。これらの理念もまた、アメリカをまとめる現実的な力となってきたように思われる。

アメリカのすべての貨幣には“In God We Trust”（神をわれら信頼す）という句が書かれている。……アメリカ人くらいあらゆる機会に「神」を口にする国民は、先進文明国の間では少ないのではなかろうか。……それから、「自由」とか「平等」とかいった理念も、圧倒的な力を振るってきた。……「デモクラシー」という政治制度をあらわす言葉ですら、しばしばその実態以上に、理念として活用されてきた。……

てんでんばらばらのアメリカを束ねるには、この種の強力な理念が必要であ〔る。〕（亀井『わがアメリカ文化誌』七頁。同一二九–三〇頁参照）

アメリカで暮らすと、あらゆる場面に神がついて回る。大統領演説には必ずと言っていいほど神が登場する。天国を信じる国民の率は先進国でも飛び抜けて高い。……信仰に加えて、この国には自由主義という信念がある。信仰と信念が結びつくと強い。アメリカ原理主義とも呼ぶべき行動原理となる一面もある。（伊藤千尋・記者、「朝日」〇一・一二・二〇）

米国の学校では授業の前などに生徒が起立して星条旗に向かい、「私は合衆国旗と、それが表している共和国、すべての者に自由と正義があり、神の下で分かつことができない一つの国への忠誠を誓います」と誓いの言葉を述べるのが慣例になっている。*（同〇二・六・二八）

＊　但し、「〝神の下〟という文書は冷戦下、反共主義の時代に下院決議で付け加えられた」（同）。また、全てのコインに刻まれている、「我々は神を信ずる」という言葉も同様である（有賀他・二六四–五頁（森孝一）参照）。しかし、このことはアメリカ人の宗教意識の変化、伝統的な宗教性の否定を意味するものではない。

これら二つの要素の論拠をそれぞれ一つずつ追加しておこう。前者（宗教）については、アメリカ国民の実に九〇パーセント以上が神の存在を信じているというデータがある*（安岡・四一–二頁）。また後者（政治的イデオロギー）については、アメリカにはリベラル・デモクラシーの二大政党以外にめぼしい政党がなく、特に左翼政党が無力だという事実がある。（ハーツガード・一四八、一五九–六〇頁、内田『街場のアメリカ論』二〇六、二二四頁参照）

＊　更に付け加えると、こうした広汎な宗教的風土が、先に指摘した、大統領選挙の政治的なお祭り騒ぎの基盤を成しているら

しい。

大統領選挙……の集団的熱狂の背景には、植民地時代以来培われてきた宗教的な伝統がある。それが、一八世紀以降繰り返し訪れた「信仰復興」（リヴァイヴァル）の波である。……アメリカ人は、つくづく宗教的熱狂の好きな国民である。（上杉他・二三‐四、二七頁（森本あんり））

（C）　アメリカ人は個性と多様性を重んじ、日頃はバラバラだが、国家的な危機の際には一致団結する。個人の人権・自由よりも国家の統一を優先する。それどころか、またたくまに行動的なナショナリスト、熱烈な愛国主義者に変身するのである。（大津留他・一〇八‐九、一一七、一二八‐九頁（石井修）、有賀他・二八九頁（油井大三郎）、斎藤彰・七五‐九頁参照）

リベラルで教養も分別もあると思っていた友達が愛国主義的な発言をするようになったのは、僕にはショックだった。（坂本龍一、「朝日」〇三・二・二三）

いったん仲間のだれかが戦端を開けば仕方ない、アメリカ人は全員、その場に馳せ参じなければならない。……アメリカの若者映画で、よく集団の乱闘シーンがある。そんなとき、男はみんな一人残らずケンカの輪の中に飛び込むが、あれはウソではない。あの心性は、アメリカの男の子文化の中で、徹底して教育されている。ケンカの輪に入らず、あとで「チキンハート（臆病者）」呼ばわりされるのを、死よりも恐れる。……

イラク戦争が始まってすぐ。それまで反戦ムードが盛り上がっていたアメリカの国論が、一挙にまとまった感があった。戦争支持が七〇％にまで達した。……集団的熱狂とは最も遠いはずのアメリカ人が、なぜか急に一色になってしまう。……テロ直後、アメリカの愛国的な熱狂は、本当にすごかった。ブッシュ大統領に対し、あるいは「大統領の戦争」に対して、何か疑問を差しはさもうものなら、八つ裂きにされそうな勢いだった。*職を失いそうな雰囲気があった。実際、ブッシュ批判を書いて新聞を追われたコラムニストだっていた。（近藤・一五一‐二、一七八頁。同一五八頁参照）

＊　因に、アフガニスタン侵攻を承認するアメリカ議会の決議において、反対したのはたった一人であった！

こうした転換は何に起因するのか。一見矛盾したこうした現象は何処から来るのであろうか。それはおそらく「自然的統合」の弱さの反動、危機意識のもたらす反作用であろう。そしてその基礎には、前述した、アメリカ全体を覆う共通の宗教的および政治的な価値意識がある。* このような、マイナスの現実をカバーしようとするプラスは、しばしばお釣りを生ずる。即ち過剰反応である。事実、そのような事例は珍しくない。例えば、「九・一一テロ」後における、スポーツ（この場合は、大リーグのワールドシリーズ）の政治利用がある。

> 第三戦、ブッシュ大統領がヤンキースタジアムで始球式をした。現職大統領の始球式は五六年のアイゼンハワー以来だ。新たなテロが懸念されていた。ヤンキースタジアムは標的になる可能性が高い場所と言われた。自ら危険なマウンドに立つことで、国民にテロと戦う気持ちを新たにしてもらう狙いがあったのだろう。……
>
> 破れた星条旗が、選手を見守っていた。世界貿易センタービルではためいていた旗が、崩壊現場から運び込まれた。ヤンキースのベンチには救命活動で命を落とした救急隊員の顔写真が、何枚も張ってあった。それらすべてが人々の感動を呼び起こす仕掛けとなった。
>
> チームへの応援が、米国への声援に変わる。そこでは勝敗をかけた敵、味方はなくなる。すべての人がテロと戦う米国の応援団と化していた。市民が勇気を与えられたという美談に包まれたヤンキースの戦いには、権力がスポーツを利用して人心を掌握する危うさがあった。あえて言葉にすれば「スポーツファシズム」のような雰囲気が、この国にある気がした。（山本秀明・記者、「朝日」〇一・一一・二〇）

ここにいみじくも表現されているように、ナショナリズム・愛国主義が嵩じて「ファシズム」シンドロームを発症しているのである。

＊　アメリカのナショナリズムについては、その特異性が指摘されている。即ち、一般的な、民族的共通性に基づく「民族的(ethno-) ナショナリズム」ないし「文化的 (cultural) ナショナリズム」に対し、理念や信条の共有に基づく「市民的 (civic) ナショナリズム」だというのである（大津留他・五一頁〔武田康裕〕、一〇九、一一一頁〔石井修〕、三三〇頁〔大津留・大芝亮〕参照）。妥当な見方であると思われるが、後者の基盤および強力な促進剤として、「自然的統合力」の脆弱性の事実が存在して

いるのである。

（D）　このような、非常時におけるファシズム化傾向は、（既に、かの、冷戦時代の「マッカーシズム」という有名な実績があるが）何もスポーツなどを通した間接的な形態に止まらない。驚くべきことに、それは直接的にも現実化している。即ち、政府の判断や方針に懐疑的・批判的な意見および行動が、非愛国的・反米的として糾弾されたり、更には、そのような発言者・行動者が不利益処分を受けたりしているのである。例えば、アメリカのアフガン攻撃の後、それに反対するメッセージ入りのTシャツを着て登校した或る女子高生が、停学処分を受け、おまけに、州最高裁が「困難な時期にふさわしくない」との理由で、それを支持した、と報じられている。

それだけではない。そうした自由・人権の侵害は、特別の言動をする人々に対してだけではない。それは広範囲に、つまり、政府や議会の手によって人々の日常生活にも及んでいる。そしてしかも、それを大多数の国民自身が支持しているのである。

テロ後、二千人とも推測される外国人が逮捕され、拘束の事実も公表されずに国外退去処分に▼米連邦捜査局（FBI）は具体的な容疑がないままアラブ系留学生らにプライバシーに触れる聞き取り調査を実施▼対テロ愛国法で盗聴の権利を広範囲に認める▼運送会社の職員らに「不審な隣人」を報告するよう政府が求める——。新聞報道などによる、最近のアメリカ社会の変容ぶりだ。……

ある世論調査では、「安全のためなら、多少の市民的権利を犠牲にしても構わない」と答えた人が七九％にのぼった。

（近藤康太郎・記者、「朝日」〇二・一二・五。ハーツガード・六二 - 七頁参照）

このように、「ファシズム」（ファシズム的風潮）が国家的・国民的なものである以上、マスコミもそれから自由ではありえない。その態度・論調には、政府批判の自粛、大統領への同調が目立つのである。

米メディアには、アフガニスタンへの軍事攻撃を進める大統領への批判はほとんどなかった。（北野隆一・記者、「朝

日」〇二・八・六）

以上の如き「ファシズム」現象は、世界に冠たる「自由の天国」であり「人権大国」たるアメリカの出来事とは、到底信じ難い。しかし、それは一般的かつ顕著な事実なのである。これは、「自然的統合」の不足を補おうとする「人為的統合」化の動き、そのモーメントの結果としてのみ理解できるであろう。

（E）「人為的統合」のための努力は、日常生活のいろいろな局面や機会において散見される。例えば、種々の行事の中にそのようなセレモニーが組み込まれたりするのである。ちょっと信じられないが、次のような形で。

一〇年ほど前のカリブ海クルーズ体験を、昨年九月一一日以降、何度となく思い返した。乗客は九〇％以上アメリカ人で、旅の最終日はアメリカンナイトと称し、乗務員の服装、料理、インテリアまで星条旗で埋め尽くされていた。司会者は、食堂に集まった約一五〇〇人の客と七〇〇人の乗務員に起立を促すと、「合衆国はナンバーワンだ」「私たちは偉大な合衆国民であることを誇りに思う」「強国である我々が世界のリーダーシップをとらなければならない」と高らかに叫び、一同に復唱するよう求めた。そして、ステージ上の巨大な星条旗に向かい、全員胸に手をあて国歌斉唱した後、隣の人と抱擁。……仲良しの米国人の解説によると、We are number one. というのは We love USA. と同義語らしい。（「朝日」〔投書・大学院生〕〇二・一〇・六）

（F）前述の「ナショナリズム」や「愛国主義」、また「ファシズム」傾向と軌を一にする現象だが、国家に対して献身すること、国家の大義のために貢献し、場合によっては犠牲になること――こうしたことを当然とする精神的風土がある。それを国民としての基本的な義務と考えて、その負担を潔く受け容れる土壌がある。その典型的ないし代表的な事例は、国民の戦争への参加であり、またそれに伴う死傷である。アメリカは戦後「反共十字軍」および「世界の警察官」として多くの紛争に軍事介入してきたが、その結果、アメリカ兵の死傷者はたいへんな数に上っている。例えば、二〇〇三年のイラク戦争とその後の駐留だけでも、死者約四五〇〇人、負傷者約三万人である。

ところが、それにもかかわらず、そうしたアメリカ兵の死傷という事件は、アメリカ国内に深刻な衝撃を与えていない。

その都度、起こりうる事故と見做され、問題視されることはない。遺族の悲しみや抗議の声、国民の不平不満なども、ふだんは報道されない。ニュースになるのは、反戦が一大キャンペーンとなり政治問題化したときのみである。要するに、アメリカ社会は犠牲に対して非常に冷静（否、冷淡！）なのである。

これは驚くべきことである。アメリカ社会はスゴイ!? 国家に対するスバラシイ忠誠心！ 愛国心！ 死傷者が出ても平気だなんて。死者一人の殺人事件やちょっと大きい事故が重大ニュースとなる日本では考えられない。これは基本的に統合の問題から来ている。アメリカはその統合のためにはそのような国民意識を必要としているのである。

最後に第四の項目であるが、これはアメリカ社会の特質・原則・風潮といったことに関る。

（A）強力な大統領の存在もそうだが、アメリカでは、リーダーシップというものが非常に重要視されている。しかも、それは政治においてのみならず、政治以外のさまざまな分野においても同様である。リーダーシップとは「人為的統合力」そのものであるが、その必要性が社会の共通認識となっており、その育成が各方面・各段階で精力的に行われているのである。つまり、良き意味でのエリート主義が当然とされ、自然な形で定着しているのである*（阿久津・四〇頁参照）。従って、その事例には事欠かないが、それを最も端的に示しているのは、「ホワイトハウス・フェロー」と呼ばれる、日本では思いも及ばない制度であろう。それは「米国政府が毎年公募して行っている最高レベルのリーダー育成制度」であるが（「朝日」一〇・八・八）、まさにエリート主義そのものである。

＊　このことに関して、たいへん興味深い事実がある。

共産党一党独裁の中国と資本主義の米国ではビジネス環境は大きく異なるが、意外なことに経営のリーダーシップや個人のリスクの取り方では共通性が少なくない。国有企業での大胆な若手登用、エリート層の起業が先導する情報技術（ＩＴ）革命をみると、中国はビジネス風土で今後、一段と米との距離を縮めるかもしれない。（「日経」〇〇・六・一六）

この要因は明らかに統合にある。即ち、「自然的統合」情況における両国の類似性を考えれば、その謎が解けるであろう。そして、こうしたエリート主義の事実は権威主義のそれによって裏付けられる。エリートおよびその支配は必然的に権威を伴うが、確かに、アメリカ人は権威に弱いのである。

アメリカ人のなかには、権威や階層秩序に驚くほど従順な人が少なくない。自由で、独立心に富み、個人主義が強い人が非常に多いにもかかわらず、逆の側面もそれに劣らず強い。……それは後に留学したときにも時折感じることになる。

研究者になってから、アメリカ人の組織（たとえば、学術誌編集委員会とか社会科学協議会とか学会理事会など）に参加することも増えた。そこでも議論は活発であるものの、結局アメリカ人は組織の覇権勢力に温順だ。（猪口・一三一－二頁）

アメリカの会社の組織は一種の「軍隊」のようなものです。マネージャーは絶対権力者で、部下は彼の命令を素直に聞いて働く、というシステムになっているようです。会社組織においては日本のほうが民主的でした！（カー『美しき日本の残像』一六三頁）

（B）（A）でリーダーシップ、エリート主義、権威主義という傾向を指摘したが、それらは単に精神のレベルに止まらない。社会全般の制度または慣習として実体化してしまっているのである。

アメリカ社会などは、その〔会議が重要視される日本の〕対極で、日本の会議に当たることは行われない。打ち合わせ、ミーティングはあっても、会議はない。アメリカの企業では、ボスと部下との関係が明確に定まっていて、部下はボスの命令に従って行動する。方向性をきめるのはボスであり、部下はそれに従うしかない……。（島田裕巳・九〇頁）

（C）アメリカは自由の国であり、言論の自由も最高のレベルにある。従ってまた、マスコミ等、報道機関も高度に発達している。そこで、人々（外国人）は当然思うであろう――その報道内容、言論の内容も全く自由であり、非常に多様であろうと。議論百出、政府批判も活発であろうと。ところが、意外にもそうではない。実は、マスコミは寡占状態にあり、しかも、その少数の企業が概して政府の御用機関と化している。つまり、マスコミが世論を誘導することによって、「人為的統合」が計られているのである。

アメリカ最大の政治的ジョークは、この国に「リベラル」な報道があるということだ。……アメリカで「リベラル」といえば「左翼」のことであり、反政府、反企業、反体制の含みを持つ。……反政府だって？　アメリカの報道機関が自国の政府について報道する内容の大半は、政府側の見解である。……「われわれがたいていの場合やっていることを考えると、報道機関はまさに一本の伝達ベルトでしかない」と、ワシントンで何十年間もニューヨーク・タイムズ紙の記者をつとめた故ジェイムズ・レストンは認めた。……

幸いにも、アメリカには国営の、あるいは国に統制された報道機関がない。あるのは、国に都合のいい報道機関である。つまりアメリカの報道機関は、国を支配している政治制度、その根本にある前提と力関係、そしてそこから生まれる経済政策や外交政策を支持しているのだ。とうていリベラルではありえない。（ハーツガード・一〇八‐一一〇頁）

（D）アメリカでは何らかの事故が起きた場合、加害責任の認定が極めてルーズであり、「加害者」は常軌を逸した目茶苦茶な（と少なくとも日本人には思われる）賠償責任を負わされる。例えば、（非常に簡潔に述べられているので、月尾嘉男氏のエッセーから引用させていただくと）次の如くに。

アメリカのハンバーガーショップのドライブスルーでコーヒーを買った老女が、自分の過失で太ももにコーヒーをこぼし火傷をした。裁判の結果、コーヒーが熱すぎたということで、そのハンバーガーショップは約六千五百万円を支払うことになった。

アメリカの医師が自分で操縦していたヘリコプターが墜落し死亡した。医師が燃料バルブのレバー操作を誤った結果ということが裁判で証明されたが、一部は設計にも原因があるとされ、ヘリコプターの製造会社は遺族に四億六千万円を支払うことになった。

日本であれば本人の責任とされるようなことでも、アメリカでは巨額の損害賠償が支払われており、賠償費用や裁判費用などの総額は年間八十兆円になると計算されている。（「日経」〇〇・一・一一）

このように額そのものが法外な（「法内」でありながら）だけではない。加害行為が悪質と認定された（且つ無罪を主張して争った）場合には、「懲罰的損害賠償」というオマケまでつく。そしてこれがまた、目が飛び出るくらい大変な額なのである。例えば、いつだったか（地裁の陪審段階の判決だが）、猛スピードで追突され六名が重傷を負った事故に関する裁判で、車の一部欠陥が認定され、メーカーに約六千億円（！）の支払いが命じられたが、そのうち懲罰分は五千八百億円（！）であった。もっとスゴイのもある。よく知られた裁判だが、

大手たばこ会社フィリップ・モリス社のたばこを吸い、肺がんを患ったとして、米ロサンゼルス市近郊に住む女性……が損害賠償を求めていた裁判で、カリフォルニア州の上級裁判所の陪審は四日、懲罰的賠償として二八〇億ドル（約三兆四六〇〇億円）を支払うよう命じる評決を出した。（「朝日」〇二・一〇・四）

但しこの件については、その後上級裁判所の判事が賠償額を千分の一に減額する決定を下したが（これもまたスゴイ）、それでも二千八百万ドル（約三十四億円）である。

以上のように、アメリカの賠償制度は我々の理解を超えているが、何故そのようなことが行なわれているのか。そのウルトラ厳罰主義はいったい何処から来るのか。それはやはり「人為的統合」の一つの手段と見るほかないであろう。つまり、アメリカ社会はその「自然的統合」の低水準の故に、その存立のためには、そうしたとんでもない強権発動や威嚇を必要としているのである。


たしかアメリカは自己決定・自己責任ということを金科玉条にしていたはずです。そこで「熱いコーヒーを股にはさんでふたを開ける」とか「肺ガンになるまで喫煙する」人間について、ご本人の自己責任が問われないというのは、な

んだかすいぶん偏った考え方のような気がします。（内田『街場のアメリカ論』二四八頁）

確かに、その通りである。しかし、その自己矛盾は止むに止まれぬ事情による。何と言っても生存第一であるから、「人為的統合」のための厳罰主義への要求は、自分たちの「金科玉条」を曲げざるをえないほどに強力だということなのである。

そして、こうした厳罰主義は必然的に、厳罰の極限たる死刑に行き着く（一部の州を除いて）。のみならず、厳罰主義のモーメントは死刑の運用に対しても作用する。その結果は死刑の著しい多さであり（先進国の中で飛び抜けて多い）、処刑現場の無神経な公開である。アメリカは、次の記事が語っているように、「死刑大国」であり、「見せしめ」の文化をもっているのである。

米連邦ビル爆破事件の主犯ティモシー・マクベイ死刑囚……の刑が一一日執行された。薬物を注射され、息絶える様子が遺族ら二五〇人以上に特別中継された。遺族はテレビ番組に次々登場し、「目を開いたまま絶命した」などと生々しく描写した。まるで公開処刑である。国連や欧州諸国からどんなに「野蛮」と批判されても、米国はなお死刑大国の道を行く。……米国では、死刑に遺族や記者ら数人が立ち会う。……一般向けの公開処刑は三六年が最後だが、戦後も南部州の一部では、罪を犯した人物を近隣の人々が取り押さえて処刑する「私刑」の伝統が続いた。現在でも、裁判官が時おり、見せしめ色の濃い刑を自分の裁量で言い渡す。テキサス州には、「私は性犯罪者」と大書したステッカーを家や車に張るよう婦女暴行の被告に命じることで知られる裁判官がいる。

開拓時代、街の治安はしばしば法でなく力で守られた。死には死で報い、人々の目にさらす。そんな見せしめの伝統が米社会には今も息づく。*（山中季広・記者、「朝日」〇一・六・一二）

＊「アメリカ人の熱狂的な死刑好き」（ハーツガード・一四二頁）というのも、あながち誇張ではあるまい。なお、一九七二年、連邦最高裁で死刑違憲の判決が出たが、四年後に取り消された。

アメリカの死刑に関しては、他にも驚愕すべき事実がある。

俺たちの国は、精神障害者や少年犯罪者にまで死刑を適用している、世界でも珍しい国だ。未成年者に死刑を適用しているのは、世界でもたった六カ国しかない。合衆国と、イラン、ナイジェリア、パキスタン、サウジアラビア、そしてイエメンである。

また合衆国は、ソマリアと共に、子供の権利に関する国連協定に調印していない珍しい国だ。なぜか？　それは、そのなかに一八歳以下の子供の処刑を禁ずる項目があるからだ。俺たちはまだ、子供を殺す自由を望んでいる。

（M・ムーア『アホでマヌケなアメリカ白人』二四二－三頁）

（E）アメリカでは、警察が非常に大きな役割を果たしている。むろん、警察がどの国でも必要不可欠であるのは言うまでもないが、アメリカの場合、その依存度が特別高いのである。

米国は法とかルールを皆が信頼するという意味では、「高信頼社会」（F・フクヤマ）だが、ある意味では法秩序という国家権力の貫徹した警察国家でもある。米国の街には日本よりもずっと多くの警官が目につく。（袴田・一七頁）

しかも、数が多いとか存在感があるというだけでなく、その仕事ぶりもたいへん権力的、つまりは高圧的・暴力的である。それは刑事犯（容疑者）の逮捕劇に最もよく現れている。即ち、（第一節でも言及したが）非常に乱暴であり、極めて簡単に、しかし「合法的に」、射殺してしまうのである。*そのため、例えば次のような出来事すら起こりうる。それは決してレア・ケースではない。

一九九九年、深夜のブロンクス・ウィーラー街で、アフリカから来た移民のアマドゥ・ディアロが連続レイプ犯と間違われ、NYPD〔ニューヨーク市警察〕の四人組に撃たれて死んだ。撃ちも撃ったり、四一発。ハチの巣だ。なかなか倒れないので、足までねらって撃った。……全員、無罪になった。（近藤・一一三頁）

＊　言うまでもなく、この点日本と好対照であり、まさに理論（「統合主義」）通りである。日本の場合、一人でも殺せば大問題となり、（たいがい）全国版トップニュースになること請け合いである。既述のように日本では、発砲が例外的であるだけでなく、発砲するとしても、まず空に向けて威嚇射撃、次に足を狙うことになっているのである。

（F）上述のように、アメリカの統合においては、「政治」「政治家」「法」「刑罰」「警察」といったもの、即ち（国家）権力的なもののウェイトが高い。ところで、権力の根底には、周知の如く、（物理的）暴力、即ち軍事力ないし軍隊がある。そして確かに、アメリカの国家的存立の基礎はそこにある。アメリカは軍事力によって成り立ち、従って、力の論理がアメリカ的思考の一つの特徴を成しているのである。

アメリカの…〔一つ〕の特徴は、「国民軍隊」の国家だという点だ。すなわち、武力によって建国（対英独立戦争）され、武力によって国内統一（南北戦争）を果たし、武力によって発展（第一次、第二次世界大戦、朝鮮戦争）してきた。したがって成り立ちから「好戦国」といってよい。

アメリカ国民にとっての軍隊は歴史的に見て、外敵侵入防止のためのたんなる「手段」というより、国家存立の「目的」そのものを意味する。言い換えると、民主主義大国であると同時に、二一世紀の今日もなお、れっきとした「軍事国家」の体質を持っており、それがまたアメリカ自身の誇りともなっている。……

米ギャラップ社が一九七三年以来、毎年実施してきた国民の「組織・団体」に対する信頼度調査によると、「軍隊」は「大統領」や「連邦最高裁」などに大差をつけてほとんどの年の調査で信頼度一位の座を保持し続けている。……

民主主義と軍国主義が並存する超大国――それがアメリカだともいえる。アメリカ国民にとって戦争行為は、建国史を通じ深く染み込んだ生活体験のようなものであり、「民主主義国家」であると同時に、「軍事大国」であることが何の違和感も矛盾もなく受け入れられている。（斎藤彰・五七‐九頁）

（G）第一節で、暴力社会の現実と非暴力主義の規範という自己矛盾について述べたが、実は、それは暴力に限らず、道徳全般に関して言える。つまり、アメリカ社会は、道徳のタテマエを掲げ社会的な理想を重んじる風潮が強いのである。それは例えば、大衆文化ないし各種の娯楽に現れている。その基調の一つの大きな特徴は道徳主義・理想主義にあり、それによる教育的効果が自ずと意図されているのである。

アメリカの娯楽は、十九世紀のサーカスや演芸から二十世紀の映画にいたるまで、「よき趣味」や「道徳的色合い」

に（少なくとも表面上は）非常な注意を払ってきた。……

大衆文化は、文化の裾野を基盤とし、その価値観を正直に代弁していることが多い。しかも大衆という雑多なもの――アメリカでは、黒人、インディアン、無数の移民とその子孫を含んで、特にその雑多性が強い――に訴えなければならないから、それは独自のテクニックを発達させてもいる。アメリカの大衆文化が、きわめて分りやすく、動的で、おしゃべりで、派手やかな表現をしながら、強固なモラルを主張しているのは、その努力のあらわれである。たとえばアメリカの大衆芸能を見るとよい。サーカス、ミンストレル、ヴォードヴィル、ミュージカルなどから映画にいたるまで、万人むきのにぎやかさと、万人むきのモラルとの調和をはかりながら、一種の総合芸術を作ってきた。……

アメリカにおけるポピュラー文化は、一面でエリート文化に反抗しながら、他面でエリート文化の価値観を懸命に追いかけてきた。娯楽における教育性を（たとえ外面だけでも）重んじ、ピューリタニズム、騎士道精神、道徳主義を（たとえ浅薄にせよ）注入してきた……。（亀井俊介『サーカスが来た！』二一二、三六四、三五一頁）

第四節　個人競争の概念

これまで、アメリカ社会の特質について具体的に分析・検討してきた。それによって、当該社会の根本的な規定条件、従ってまた根本的な存在条件が明らかにされた。それでは、そうした条件・情況は何を生み出すであろうか。十分な「自然的統合」を欠きながら、それ故、強力な「人為的統合」でそれをカバーしながら、しかもハイ・レベルな自由が存在しているという情況、そうした意味で許容限度を超えた自由が認められている情況*――それは何をもたらすであろうか。

＊　このような、弱い「自然的統合」に強い「人為的統合」、および広汎な自由、という三つの要素の並存と結合が、アメリカ文化に

特徴的な二面性・複合性・自己矛盾性のベースになっていると考えられる。「二面性」というのは、具体的に言うと、次のようなことである。

私は、ここで対照的な二つのアメリカ論を紹介したが、おそらくアメリカに関心を抱き、この他の数多くのアメリカ論に触れれば触れるほど、誰もがその対象の複雑さと底深さに唖然とさせられることであろう。アメリカでは、多様な文化の尊重が強調される一方で画一的な大衆文化が市場を支配し、アメリカ人は、個人主義的でかつ積極的にボランティア団体に加わり、最高の知を結集しつつ反知性的で、きわめて合理主義的で信心深く、排他的で寛容で、頑固に原理に固執しつつとらえがたく柔軟であり、アメリカ社会では、機会の均等が叫ばれながらむき出しの差別が蔓延している。アメリカは、反復的な連続性を持ってその特異な特質を現すと同時に、歴史的に変容し続ける。もはやアメリカは単なる国民国家であるだけでなく世界を統べる普遍的価値の体現者の装いを強めていながら、きわめて厳格な出入国管理を実施している。（上杉他・七頁〔上杉〕）

こうした現象は、弱い統合の側面、従って分散的・多元的な諸要素と、逆に強い統合の側面、従って凝集的・一元的な諸要素という相反する二者の存在に由来するのであろう。そして、それらは表面的には対等に見えるが、「統合主義」の示すように、実際には立体的・異次元的な関係にある。それ故、アメリカ文化の「複雑さと底深さに唖然と」するには及ばない。それを理論的に解明することは可能なのである。

「自然的統合」が不足しているということは、人々がバラバラになり易い、従って、対立が起き易いということである。また、自由が存在しているということは、それによって、各個人が自分の欲望をそれぞれの仕方で満たそうとするから、競争が生まれ易いということである。かくして、その結果生ずるのは、一言でいえば、個人主義的な競争社会だということになる。アメリカの統合情況と国民的信念は、必然的にこうした社会を現出せしめるのである。

このように、本書は「統合主義」の観点からアメリカを「個人主義的競争社会」と規定する。それがアメリカ社会の最も根本的な特質であると見做すのである。しかし、それはまだ理論的に導き出された一応の結論であって、その妥当性について十分に説明されてはいない。それは何らかの形の実証を要する。そこで次に、当該規定の妥当性を基礎づけるべく、いくつか具体的な議論を提示しておこう。

「個人主義的競争社会」という捉え方自体は、一般的な見方と言ってよいであろう。表現は違っても、「個人」による「競争」に着目することは、よく行われている。

どのような生活をし、どのような社会的地位に就くかは、個々の人間がどこまで市場競争原理に従って競争に参加できるか、競争のなかでどこまで勝利を収められるか、という個人の能力によって決まる。「最小限の法律的ルールの下で最大限の社会的競争を行う」というのが米国の本当の姿である。（王・一八二頁）

平等に機会を与えて、あとは個人個人が切磋琢磨して大いに競争していくのがアメリカ社会だ。だから、アメリカの平等主義とは、「競争主義」のことでもあり、その競争の激しさから競争社会とも言われる。（柴田・七四頁。同八七‐八頁参照）

また、「個人主義的競争社会」という概念は、言うまでもなく「個人主義」と「競争社会」という二つの要素から成っているので、それらのいずれか一方について指摘される場合も多い。

まず「個人主義」についてだが、その成立基盤に関して次のような議論がある。個人主義的傾向は既にヨーロッパにおいて形成されつつあったが、指摘の通り、アメリカ特有の要因がそれを強く促進することになったに違いない。

アメリカ人はたいてい植民者や移民とその子孫からなる。……まずその意味で、彼らは根無し草になり、「レストレス」だといわざるをえない。……彼らが苦難をおかして渡米したのは何らかの意味で「成功」を求めたからであり、いわゆる進取の気性に富む人ほど、成功の可能性のある土地に移動する傾きが強い。アルヴィン・トフラーは『未来の衝撃』で、アメリカにおける居住地変化の割合、つまり移動率《モビリティ》は世界中のどの国よりも高いといっている。しかも移動は、単に居住地だけではない。職業なども、成功の見込みがあればどんどん変える。……これもまたレストレスな生活や心の状況を生むことにならざるをえない。

さらに、このアメリカには世界中の人が集まってきている。彼らの肌の色も、背負ってきた文化的伝統もさまざまであり、生活習慣となるとてんでんばらばらだ。こういう雑多な人間が、高い移動率をもって行動するのであるから、人と人との接触は、つきつめていうと「見知らぬ人《ストレンジャー》」同士といった趣がある。*……

人間関係はおのずから緊張をはらむ。そこから、自己を強く主張する個人主義のたかまりも生じるのである……（亀井『わがアメリカ文化誌』三－四頁、一三－四、五一頁。同『アメリカ文化と日本』五八－六一頁参照）

＊　近藤康太郎氏も、「アメリカは基本的に、〝員数外〟であることが、あまり気にならない国」、「多かれ少なかれ、だれもが〝よそ者〟意識をもっている」、「少数派の集合体としての複雑なアメリカ」と述べておられる（近藤・五－六頁）。

「個人主義」の事実、*そのさまざまな現象に関しては、例えばこういうことがある。

会社勤めをするアメリカ人は、「私はミスター○○に採用されたのよ」「おれを雇ってくれたのは○○さんだ」などと、「自分は誰それによって雇われた」という言い方をよくする。会社と個人の雇用関係というよりも、採用の権限をもつ特定の個人によって雇われたという考え方なのだ。……アメリカ社会では、雇用を個と個の関係として考えるから、たとえばボスが転職すると、秘書をふくむ直属の部下がそれにともなって移るケースも少なくない。……

また日本の会社では、「あの件は、昨日の会議でこう決まった」とあたりまえのように言うが、アメリカの会社では、「あの件は、昨日の会議で○○さんがこう決めた」となる。会議は文字どおり、「会して議する」場であり、ものごとを決めるのは、それを決める責任と権限をもつ個人なのだ。（高木『日本とアメリカのビジネスはどこが違うか』一〇－一頁）

私が行った実験では……、二〇枚の写真を撮ってもらった。そうすると、……アメリカ人はカメラをあまり気にせずに自分自身のありのままを写した。それに対して、日本人はたえず元気に、そして真面目にポーズをとって写した。……他者の視線を内面化していないアメリカ人にとって、写真を撮るというのはただ単に自分の外見であり気にすることではない。しかし、他者の目を内面化している日本人は、「自然に撮ってください」と念を押してお願いしても、どうしても自分のよい側面を写さなければならないと考えてしまう。……

社会心理学では、鏡の前に立つと、欧米人がより「向社会的」になることが数多くの実験によって示されている。欧米人は鏡の前に座らせられると、嘘やカンニングや盗みという反社会的な行動が減り、援助や正直さなどの向社会的な行動が増加することが実証された。たとえば、アメリカ人の子どもが一人でいるところに、「お菓子を一つだけとってください」といわれたとしよう。お菓子が一杯盛られているボールの裏に鏡が設置されると、子どもは指示どおりお菓子一個だけを食べるが、鏡がない場合では一個以上お菓子を食べる子どもが多い。……

私の見解では、欧米人にとって鏡は普段我々が意識しない自分自身の映像を映し返すものである。そして、日本人の鏡の前の行動を調べてみると、日本人は鏡があろうとなかろうと、その行動が変わらないことが示されている（ハイネ氏と園田直子氏とともに進行中の研究）。この結果は、日本人は自分がどのように見えるかということをつねに意識し、普段から鏡の前にいるような状態だと解釈できる。（選書メチエ編集部・一一九‐一二一頁〔武本ティモシー〕）

＊　これはごく普通の事実認識であり、それについての指摘は数多い。例えば、「個人主義という、アメリカ人の最も特徴的な国民性」（ハーツガード・一二二頁、一六、二〇九頁参照）とか、「個人主義を国民的信条として擁護してきたアメリカ」（油井大三郎『好戦の共和国アメリカ』二〇〇頁）など。

次に「競争社会」のほうだが、この見方も常識的であり、やはり数多くの指摘がある。いくつかの例を挙げておく。*

「競争」という点から見れば、欧米の方が日本とは比較にならない競争社会である。（河合『日本文化のゆくえ』六二頁）

アメリカは極端ともいえる「独り勝ち」社会だ。……「先着順」の競争意識が徹底し、「優勝劣敗」と「勝者独り占め」が常識化しているアメリカ社会……（斎藤彰・一五〇、一五九頁）

米国は厳しい競争社会。勝つか負けるかしかない。差別だってきつい。（吉田潤喜〔既出〕、「朝日」一一・六・一二）

そうした文化・社会は「仲間主義」の日本とは正反対である。従って、こういう感懐が吐露される。

日本に住んで長いある米国人が、こんなことを言っていた。アメリカにいる間は、朝起きるといつも緊張感を抱いていた。今日も一日がんばらなくてはならない、と身構えていた。日本に来てからは、そんなことがなくなったと。（茂木健一郎『新しい日本の愛し方』一一〇－一頁）

＊　その他、「若い時からロースクールやビジネススクールで、〝他人の欠点追及〟の猛訓練をやるような文化」「米国型のあまりに激しい闘争社会」「移民が集まってこしらえたアメリカの〝成功崇拝（success-worship）〟文化」（松山・一五〇、一七八、二八二頁）という指摘もある。

「競争社会」には、そのさまざまな事実や局面があるが、それらについてもいろいろ描写・報告されている。

（A）「〝生き馬の目を抜くとはこのことか〟。米国の大学で経営学修士（MBA）取得後に入社した現地の地方テレビ局は、映画やドラマを地でいくような競争社会だった。苦労して練り上げた企画が上司の手柄となり、他人の失敗が自分のミスにすり替わる。〝いかに自分がのし上がるかという集団だった〟。社員同士の足の引っ張り合いは日常茶飯事。〝会社とはこんなもの〟と受け止めた。一年半勤務したものの、特異な企業文化に結局なじめなかった。」（徳永郁子〔PALTEK取締役〕、「日経」〇九・一二・二八）

（B）「ホームランを打った時やインタビューの際に僕がみせるパフォーマンス。はじめは志村けんさんの〝アイーン〟でした。……米国の大リーグでは、試合中のスタジアムでコメディアンの物まねをするなんて、怖くて絶対にできません。相手チームやファンを挑発したことになる。ホームランボールを投げた投手をばかにしたと勘違いされて、次の打席で対戦したとき、死球まがいのボールを彼から投げられかねない。ファンからもモノが飛んでくるでしょうね。＊」（アレックス・ラミレス、「朝日」一四・五・一五）

＊因に言えば、日米のプロ野球の在り方は、両国の文化の違いを反映して、対照的なところが多々ある（次の（C）で指摘されている点もそうである。つまり、日本のプロ野球には「引き分け」がある）。

例えば、オールスター戦についての考え方が全く異なる。アメリカの場合、「試合」即ち真剣勝負であるのに対し、日本の場合は「お祭り」（「祭りの文化」！）即ちショーである。従って、アメリカでは一試合のみであり、メンバー全員が出場するわけではないが、日本では二試合（引き分けが十分ありうる）であり、しかも、全員が必ず（ファン投票選出選手は、投手以外二試合とも）出場する。また、ショーであるが故に、速球派投手は直球のみの力勝負をするとか、長距離ヒッターはフル・スウィングをするといった、不文律のようなものがあったりするのである。

一般の試合に関しても、ずいぶん様子が違う。

捕手を突き飛ばしてでも生還する。二塁ベースカバーの野手の足を払ってでも併殺を阻止する。こうした〝肉弾戦〟は昔、メジャーにかぶれた人たちが「本場の野球はこうだ」といいながら持ち込んだわけだが、日本人には結局、なじまない考え方だと思う。……

武士の情け、惻隠の情というのがあって、日本選手は「相手が傷ついても構わない」というプレーは一般的に好まない。報復が怖いからという現実問題もあるけれど、完全にアウトのときに相手を突き飛ばしてでも、とは考えないのだ。……〈アメリカでは〉自軍の選手が死球を与えられたときに、報復でぶつけかえすという風習もまだ残っているようだ。（豊田泰光、「日経」一三・四・一一）

こういう様子だから、大リーグで対戦する日本人選手同士が試合前に握手したりすると、それがニュースになったりする（摂待卓・記者、「日経」〇七・四・二〇）その他、トラブルの際、日本ではせいぜい小競り合いだが、アメリカでは、お馴染みの乱闘シーンが繰り広げられるし、〈またアメリカでは〉大量リードの終盤にバントや盗塁をすることは認められていない、といったことがある。

（C）「比例配分や〝引き分け〟を受け入れず、つねに白黒の決着を好むアメリカの風習は、選挙のみならず、戦争でも同様だ。朝鮮戦争当時の一九五二年の大統領選挙がよい例だ。……一九五二年一一月に行われた大統領選挙では、トルーマン大統領の後押しを受けて立候補した民主党のアドレイ・スチーブンソン民主党候補が、輝かしい軍歴を持ったドワイト・アイゼンハワー共和党候補に敗北した。このときの敗因は、朝鮮戦争での休戦という〝引き分け〟が国民の間で不評だったためとされている。

ジョージ・H・W・ブッシュ大統領の場合も、湾岸戦争で、クウェートに侵攻したイラク軍を圧倒的軍事力により早期撤退させておきながら、サダム・フセイン・イラク大統領を最後まで追いつめなかったことから〝弱腰大統領〟の烙印を押されることになり、結局、二期目の大統領選挙で再選を果たせなかった。……

こうした〝独り勝ち〟を好むアメリカ国民の性向は、アメリカ・スポーツでも見られる。NLB（プロ野球連盟）、NFL（プロ・フットボール連盟）、NBA（プロ・バスケット連盟）など主なプロ・スポーツのゲームでは〝引き分け〟で終わることはまずあり得ない。試合がどんなに長引いても勝敗の決着がつくまで延々と続けられる。*国民にとっては勝ちか負けかがすべてであり、双方譲り合いの妥協で幕引きとすることなど絶対に受け入れられないからだ。」（斎藤彰・一五一―二頁）

＊　ナイター（本当はナイト・ゲーム）の多い野球の場合、深夜まで続くことも稀ではない。時には午前三時頃までということもある。

（D）「当初、アメリカの流儀に慣れ親しんだ私には、そこ〔オクスフォード大学のセミナー〕での議論がどうにも生ぬるいものに思えた。質問にしてもコメントにしても、批判力の鋭さという点で物足りなさを感じたのである。だが出席の機会も増え、司会なども経験するうちに、違いの意味が見えてきた。アメリカでは、批判の鋭さを優秀さの証しと見立て、参加者がまるで競い合うかのように議論する。それに比べ、セミナーでの質疑は、そこでのテーマの面白さをいかに引き出し展開するかを参加者が（暗黙の内に）共同で作り出していく過程のように見えるのである。競争の雰囲気は薄い。*」（苅谷剛彦、「朝日」一〇・九・一六）

＊　アメリカの比較対象はこの場合はイギリスであるが、既述の如く、同国はヨーロッパ主要国の中では統合の点で日本に近い。その最も基本的な要因は、大陸に面した島国という共通性である。なお、次のような指摘がある。

私の独断と偏見でいえば、この傾向はヨーロッパよりもアメリカのほうが強い。ともかく自分の意見を述べたがるのがアメリカ人。これが民主的ということかと聞いているこちらが感心するくらい、バカバカしいことを積極的に話す場面に何回も遭遇した。

反面、ヨーロッパ、特にイギリスは、日本人の感覚に似ていると思われる。その問題に関して自分が十分な知識がないとわかっている場合、日本同様、黙っている人も多い。（デュラン・二九頁）

（E）アメリカ外交に関する次のような分析がある。

アメリカの「自己中心主義」は、アメリカの外交が法律家、軍人、ＣＩＡの強い影響下にあるからだ、というのが、私の「ワシントン・ウォッチャー」としての実感である。

彼らに共通する短所の第一は、（和ヲモッテ貴シトナス、の反対で）敵の存在を歓迎し、敵を前に闘志を燃やすタイプだという点。……「敵味方症候群」（ally-enemy psychosis）に罹っている法律家、軍人、ＣＩＡが、必要以上に国際関係を緊張させてきた面もないわけではなかったように思う。「敵味方症候群」――他人を短絡的に、敵か味方か、という尺度で割り切ってしまう、あるいは味方でないものは敵だときめつけてしまう病気――（松山・四三頁）

これはなかなか鋭い見方であり、或る程度当たっていると思われる。しかし、これで終わってしまうならば、それは表面的な分析に止まる。「アメリカの外交が法律家、軍人、ＣＩＡの強い影響下にあるからだ」と言われるが、ではそれは何故なのかと更に問わねばならない。そして、それに対する答えはこれまでの考察から既に明らかであろう。即ち、アメリカ自体が「競争社会」（また「暴力社会」「低統合社会」）であり、従って、アメリカ国民自体が「敵味方症候群に罹っている」からである。だからこそ、「法律家、軍人、ＣＩＡ」が影響力をもちうるのである。

なお、アメリカ外交の「敵味方症候群」という現象自体については、心理学者による指摘がある。


アメリカという国は、むやみに敵を作るというか、敵がいない状態に耐えられないというか、とにかく敵を欲しがる傾向があるんですね。……アメリカの傲慢さというか、独りよがり……。アメリカは自分は絶対正しいという信仰を持っています……。……アメリカという国は、アメリカの「正義」が全世界に普遍的真理として通用し、極端なことを言えば全世界がアメリカの支配下に入らないと満足できないのではないかと思います。ちょっとでも反抗する奴がいると、つぶしにかかる。〔岸田他・一三〇－一、一三三、一三八頁（岸田）〕

（F）次の事実は勝利至上主義あるいは勝利絶対主義、逆に言えば敗者切り捨てをよく示している。同時にまた、それとは対照的な日本の「仲間主義」も見て取れる。

日本のマラソンのテレビ中継は世界一だと思う。様々な選手を紹介し、ドラマをいろいろ見せてくれる。米国では、ニューヨークシティー・マラソンの中継でも数人のトップ集団しか映さないので、後方で何が起きているのかわからない。〔ブレット・ラーナー「ランニングクラブ・コーチ」、「日経」一四・九・二二〕

これまで「個人主義的競争社会」ということについて、かなりの事例を挙げ、基礎づけに努めてきた。しかし、まだ少し課題が残されている。というのも、これまでの基礎づけは直接的なそれであったが、間接的なそれが存在しているからである。直接的ということが「個人主義」そのもの、「競争社会」そのもの、および両者の結合そのものについて論証するということを意味しているのに対し、間接的とはそれらの必然的な派生や帰結について論証することを意味している。間接的な論証もまた有益であろう。それでは、「個人主義的競争社会」の派生や帰結としてどのようなことが考えられるであろうか。その存在を論証することが、間接的に「個人主義的競争社会」という規定の妥当性を論証することになるものとは、何であろうか。

そのようなものはいろいろあるに違いないが、さし当たり私が思いつくのは、次の二点である。一つは、カネというものが大変な力をもち、カネに対する崇拝の念が蔓延しているということであり、もう一つは、失敗・挫折にめげず再起・再挑戦を計る気風、そしてそれを奨励する気運が広汎に認められるということである。

まず一つめの「カネ」についてであるが、カネに関するそうした事実は、「個人主義的競争社会」の必然的帰結であり、またそうした社会の一つの証拠であると言えるであろう。何故なら、競争には共通の目標、その勝負の基準となりうるものが存在しなければならず、逆にまた、そのようなものが自ずから生じてくるが、社会的にその条件を満たすものは、カネ以外にないからである。つまり、「個人主義的競争社会」にあっては、カネが唯一頼りになるもの、逆に言えば、(最後まで)頼れるものはカネしかないのである。そして事実、それはアメリカにおいて顕著に認められる現象である。*

アメリカ社会を特色づけているものに「拝金主義」がある。……そもそも、アメリカでは、伝統的に、金は努力と能力と信仰に比例して得られるものであるから、得た富の量がその人の努力と信仰を示す、という考え方が社会の根底にある。だから、金持ちになることにやましさはなく、社会全体も金持ちに敬意をいだき、逆に貧しい者に対する同情は薄い。……アメリカ人にとって、金は家族とともにもっとも大事なものであり、金は力なり、と信じている。金がなければ自分のやりたいこともできないから、自由とは金である、と考えるくらいだ。日本では働かずして儲けることは批判の対象だが、不労所得であろうとなかろうと、金持ちになるのはよいことだと考える、それがアメリカである。(柴田・七五－八頁)

＊　「自然的統合」の点で類似している中国においても、同様の現象が見られる。

金持ちが強い者という感覚には、「お金のことを言うのは卑しい」とか「お金がすべてではない」と考える日本人からすると大きな違和感があるが、中国人は露骨にお金に執着する。「おまえは金をいくら持っている？　オレはこのぐらい持っているからオレの勝ちだ」というようなウソみたいな話で勝ち負けが決まる。中国は弱い者は叩けという世界だから、人々は金持ちになって強いグループに入りたいと考える。(吉田隆『中国人はなぜうるさいのか』一二九頁)

なお、ここにあるように、対照的な日本社会にあっては、カネは逆に否定的な評価を受けている(むろん、現実的・客観的に重要な機能を果たしている点は、米中と変わりない)。

次に、もう一つの「再起・再挑戦」についてである。競争に敗者はつきものである。それどころか、当然のことながら、敗者のほうが勝者よりはるかに多い。従って、それにもかかわらず社会が成り立つためには、即ち、社会の秩序が保たれ活力が失われないためには、敗れた人々が意気阻喪し自暴自棄に陥らないよう励ます必要がある。むろん、人によって競争の程度やレベルはさまざまだが（殆ど参加しない場合もある）、ともかくそうしたケアがなければならない。具体的に言うと、「競争社会」というものを存続させていくためには、敗者の挽回・復活の機会や可能性が、精神的にも実際的にも存在していなければならないということである。それ故、もし或る社会においてそうしたものが認められるならば、それは逆に、その社会が「競争社会」であるという現実を物語っていることになるであろう。そして確かに、アメリカには敗者復活のチャンスが広汎かつオープンに存在しているのである（但しそれは、既述の、敗者を国民的ヒーローとする日本の文化とは異質のものである）。

その具体例だが、敗者を応援する精神風土に関してこういうことがある。

アメリカ人というのは勝つのが大好きな国民だ。とりわけ、いつも負けている落ちこぼれが、突如発奮し、奇跡の大逆転で勝利……そんな筋書きを、ことのほか好む。落ちこぼれを「アンダードッグ」という。負け犬、という意味とは若干違う。たしかに今は落ちこぼれかもしれない。しかし、勝負はどう転ぶか分からない、アンダードッグにだって意地がある……。そんなプラスのイメージを込めて使われることが多い。アメリカ人の好きな言葉だ。

そういえば、二〇〇〇年の大統領選挙でブッシュと争った民主党のゴア候補は、予備選から終始劣勢だった自分自身を、「私はアンダードッグ」と呼んで人気回復につとめていた。スポーツ映画も、アンダードッグ賛歌の宝庫だ。……このての作品は、昔から無数に作られてきた。ハリウッド映画の一ジャンルだ。（近藤・八〇－一頁）

また、単に精神風土、国民性としてだけでなく、社会的な制度やシステムとしても存在している。

世の中のしくみとして「敗者復活戦」を認め、そのチャンスをあたえるという社会慣習が根強いことにたいする安心感、信頼感がある……（髙木『日本とアメリカのビジネスはどこが違うか』一一五頁）

（米国の強みは？）敗者復活戦かな。こちらでは空手の大会でも何でも必ず敗者復活戦がある。1回負けたヤツはすごい顔をして再挑戦していく。あれこそ米国のチャレンジ精神、活力の源泉。ミスした人間、失敗した人間を敬遠する日本の会社や社会とは正反対や。（吉田潤喜〔前出〕、「朝日」一二・六・二）

以上、「個人主義的競争社会」という規定を基礎づけるべく、例証を交えて論じてきた。それによって、その妥当性は一応論証されたと言えるであろう。そこで次に、そうした前提の下、その概念内容を分析しなければならない。そして、その構成要素に内在する性質、或いはそこから必然的に導出される原則について考えてみなければならない。つまり、その規定の具体的な含意を明らかにするのである。

「個人主義的競争社会」とは、むろん、個人と個人が競争する社会という意味であり、「個人」と「競争」という二つの基本概念から成る。だとすると次に、その二つの概念には何が含まれているのであろうか。そこから何が析出されるのであろうか。

第一に、人間の在り方が「個人」だということは、個人が社会の単位であり行為の主体であるということ、つまりは個人中心ということであるが故に、そこからは、個人の自由や独立性、従ってまた個性を重視し尊重するということが出てくる。第二に、「競争」ということから、実力主義・業績主義・成果主義といったことが出てくる。（柴田・六三頁参照）競争とはまさに実力や業績または成果によって競うことであるから、両者は同じことである。第三に、「個人」および「競争」ということから、各個人の間の対等ということが出てくる。競争という場においては、即ち競争者としては、誰もが対等だからである。或いは、対等でなければ競争とは呼べないからである。また逆に、対等だから競争するのであり、競争と対等性とは相即的と言えよう。最後に第四として、同じく「個人」および「競争」ということから、それらはそれぞれ自由な選択の存在と優勝劣敗の容認を内包しているが故に、選択・勝負の結果に対する全面的な自己責任ということが出てくるのである。（同八〇頁参照）

このように、「個人主義的競争社会」という概念規定の具体的な含意として、四つの性質または原則が明らかにされた。しかし、それは理論的な推理の結果であって、現実的な妥当性は確かめられていない。四つの性質・原則は客観的な事実であろうか。以下、これについて具体的に検証してみよう。

第一点の、自由や独立性、それに個性の、重視および尊重ということについては、どうであろうか。次のような指摘がある。

アメリカの教育システム……〔にあっては〕「創造性を見せろ」、「ユニークな人間になれ」という欲求が絶えずある……。（カー『美しき日本の残像』一一〇頁）

アメリカにおいて臨床心理学を学んだときに感じたことは、人間の生きていく目標として、いかに「強力な自我」をつくりあげるか、がかかげられていることであった。（河合『日本文化のゆくえ』一三八頁）

卑近な例だが、サンドイッチひとつ買うのにも、やたらと骨が折れる。パンの種類は何にする？　中身は？　薬味は何を入れる？　払いは？　キャッシュか、クレジットか？　やたらと聞いてくる。*……小さな差異を大事にする。人と同じことよりは、むしろ違うことのほうを尊ぶ。一人一人の個性を大事にする。同じ考えの人間なんていないという前提に立つ——。アメリカは、そんな国なのだと、いたく感動したのである。（近藤・一一三－四頁）

＊　これと同じような体験談はよく聞く。

なかでも困ったのがレストランで食事を注文したときのことだ。メニューを見ながら一つ一つ前菜やメーンディッシュなど、料理を選ばないといけない。加えてウェートレスが肉の焼き加減やサラダドレッシングの種類を矢継ぎ早に聞いてくる。……約十年後にニューヨークに留学したときも小さいデリカテッセンでパンの種類まで決めないといけないのに困った記憶もある。（大野裕、「日経」〇五・一〇・一八）

なお、先に日本の「同質志向」のところで、これと逆の事実を指摘した。即ち、グループで食べに行ったとき、皆が同じものを注文する傾向があるという事実である。

第一点の具体的な事例についてはいろいろあるが、以下の例はいずれも日本と対照させながら、そして日本とは対照的なこととして語られている。

日本人は、仕事の中身に関心を示すのではなく、企業の名前や格に興味を示す場合が、少なくともこれまで圧倒的に多かった。「就職」ではなく「就社」だと言われてきたゆえんである。その点、アメリカでは「職業」とは、仕事の中身のことだ。会社の名前は二の次である。「あなたのお仕事は」と聞かれれば、「ボクは経理マンで、売掛金の管理をしています」「私は物理療法士なのよ」などの答え方が一般的だ。勤務先の名前は、聞けばそのあとに出てくるが、まったく出ない場合も少なくない。（高木『日本とアメリカのビジネスはどこが違うか』九五頁）

アメリカ人は初対面の相手に向かって真っ先に自分の名前を言います。日本人は勤め先の名を言い、自分の名前は場合によっては省略してしまいます。相手も、勤め先の名をまず聞きたがり、それを知って納得し満足します。つまり所属集団優先です……（芳賀・七八頁）

この国には「流行」というものはないんじゃないかと思える……。僕が疎いだけかもしれないが、日本のように、「一斉に同じファッションが街にあふれ出す」という感覚は、味わったことがない。……もちろんアメリカにもはやりすたりはあるの

だろうが、流行というウィルスの感染力は、日本に比べてとても弱い。（近藤・五四頁）

街頭インタビューをするのが本当に難しいのである、日本では。害のない質問にも、答えてくれる人は少ない。名前を教えてくれる人なんか、さらに少ない。ちょっと政治がらみの質問になると、とたんにみな、貝のようになる。「会社の上司や取引先に知れたら……」そんなふうに考えるのだろう。

アメリカで一番楽だったことのひとつは、こういう取材が格段にしやすかったことだ。自分がどんな政治信条、思想をもっていようと、それは会社や組織、ご近所とは、何ら関係がない。とやかく言われる筋合いもないし、他人のことも気にしない。そういう心情が本当に行き渡っている。（同一一八 - 九頁）

その他目立つこととして一つ、幼少のときからの親子別室の習慣を挙げておこう。それは独立性の文化の反映であると同時に、その育成の基礎でもある。そしてむろん、襖と障子の室をもち川の字に寝る日本とは、この点でも対照的である。

第二点の実力主義ということについては、例えばこういうことがある。

米国にはやる気のある者にはチャンスを与えようという精神がある。そして結果を出せば、奨学金など実のある形で認めてくれる。私がハーバード大大学院で学べたのも、そうした米国の精神のおかげだ。（蒲島郁夫、「日経」〇二・一〇・一六）

米国のセールスマンは、会社を渡り歩く。会社を替える時は、自分の得意先を抱えて替わる。得意先が飯のタネだ。今、在籍する会社の政策に従うよりも、顧客の小売店を大切にしておかないと、将来、自分が困ることになるかもしれない。……米国では、新入社員からエグゼクティブまで需給で動く。同じ大学を出て、同じ日に同じ会社を受験しても、会社の必要によって、給与が違う。入社しても、夜学に通って資格を取り、より良い職に就こう、給料が高い会社に移ろうとする。（御手洗冨士夫、「朝日」〇三・六・一五）

大学だけでなく、性別も年齢も未既婚も国籍も問わない雇用制度も、世界中から人材を集めます。もともと移民の力で世界一になった国だし。そもそも僕が米国に住み始めた理由は、カミさんが三〇歳過ぎてこっちの大学に留学して、就職したからです。三〇過ぎの既婚の新卒、しかも子連れの外国人を採用する大企業は日本にはほぼないですから。日本ではオバマみたいな外国人との間に生まれた人は、まだ首相になれないでしょ……*（町山智浩〔映画評論家〕、「朝日」一二・一一・二）

当時は京都の無名の弱小メーカー。できたばかりの零細企業の材料を使うところなんてありません。うちは住友系、三菱系、三井系ですと、系列の壁があって、相手にしてもらえない。日本では、うまくいきませんでした……米国では、良いものは良いと評価してくれた。偶然ではありません。全米を歩き回りましたが、言葉も不自由なのに会ってくれるし、説明したら興味を持ってくれた。繰り返していると「こんなもんをつくれないか」「すぐに試作品をつくってくれ」となる。……米国は、やっぱり実力主義。だからベンチャーが育つんです。（稲盛和夫、「朝日」一四・四・二二）

＊　付言しておくと、日本では想像もできない同種の例として、移民一世のキッシンジャーとオルブライトが（閣僚の中で最も重要な）国務長官に就任したという事実もある。

第三点の対等性についても、それを示すいくつかの事例がある。*

家庭では、両親、祖父母、叔父叔母などを除いて、夫婦、兄弟姉妹、いとこなどのあいだでは、生まれてきた順序に関係なく、おたがいにニックネームで呼び合う。学校でも、生徒が先生を呼ぶ場合には「ミスター・スミス」とか「ミス・クラーク」とかいう呼び方をするが、**学生・生徒同士は、年齢や上級生・下級生の別なく、ニックネームで呼んでいる。職場でも、エグゼクティブなどが自分のほうから求めないかぎり、ふつうは職制の上下に関係なく、ニックネームかファーストネームの呼び捨てである。そして、会話のなかに頻繁に相手のニックネームを入れながら話すことがきわめて多い。初対面の場合でもである。

だから、アメリカ人は、少なくとも言葉のうえでは、先輩後輩の序列とか、長幼の序とかいうものを、まったくといっていいほど感じさせない。というより、個と個の人間としての対等感覚がひじょうに強いと言ったほうがいいかもしれない。（高木『日本とアメリカのビジネスはどこが違うか』一九二―三頁。安岡・五三頁参照）

米国ではノーベル賞学者であっても間違ったことを言えば、若い学生が平気で誤りを指摘する。（小柴昌俊、「日経」〇二・一〇・一一）

セルフサービスの客の行列の中に、料理人よりも年長者・高齢者がいても、コックは「ネックスト・ボーイ！」と呼ぶ、こんなアメリカ社会はいわば年齢秩序無視社会、そして社会的地位の差にもしばられない社会でしょう。日本の大学教授がヨーロッパの学者に自分と同学の新進学者のことを語り、「かれは私の後輩でまだ若いですが大変よく出来ます」と言ったら、先方は、なぜわざわざ「後輩」とか「まだ若い」とか言わなければならないのか？といぶかり、ついに声をあげて笑ったということです。（芳賀・七七頁）

＊　日本からすると、ヨーロッパも対等性の傾向が強い（デュラン・一七六頁参照）。
なお、先に第一部において、日本の伝統的・歴史的な平等性、出自や地位・身分に関りのない平等性ということを指摘したが、それはここでの対等性と同じではない。後者は競争の条件としての対等性であり、対立的な人間関係におけるそれであるが、前者、即ち日本の平等性は、逆に、互いに人間として尊重し合うという意味でのそれなのである。

＊＊　但し、次のような指摘もある。高木氏が述べておられるのは、高校以下についてであるのかもしれないが。それにしても、教師に向かってファースト・ネーム呼ばわりするというのは信じ難い。

アメリカの大学では学生が教授や助教授や講師と友達のように話していることが多い……ポール・スミス先生がいたとしたら、……アメリカの学生はただ〝ポール〟と呼ぶだろう。（選書メチエ編集部・二二一頁〈ピーター・フランクル〉）

第四点の自己責任ということであるが、これについても社会生活全般にわたって徹底している。

アメリカは、何から何まで「選択」で成り立っている。たとえば、サンドイッチ。注文するには、まずはパンの種類、サイズ、それから中身、ソース……と、ものすごいリストをチェックしないと買えない。〔……〕学校も選択、配偶者も選択、宗教も選択、何もかも人生すべてが自己責任による選択です。（橋爪『その先の日本国へ』一二五－六頁）

〔或る国立公園の探訪ツアーで〕水辺には柵も垣根も何もない。ただ一枚の注意書きがあるだけだった。そこには、もしあなたが、ワニにあなたの手を餌として与えたければ、水の中に手を入れパチャパチャとおやりなさいと書いてあった。（内田至〔名古屋港水族館々長〕、「日経」〇二・二・一）

欧米を旅して思うことのひとつに、安全に対する考え方の違いがある。えー、こんな危ないところに、なぜ柵が無いのか。断崖絶壁なのに、なんの防護柵も無い。要は、一事が万事、自分の身の安全は自分が守る、という一言に収斂されることなのだろうが、まことに明快なのだ。

言葉を替えれば、他人のせいにはしない。いや、できない。もっといえば、社会がそれを許さない、大人の国というべきか。（児玉清、「日経」〇六・一〇・六。鈴木『ことばの社会学』一〇三－四頁参照）

米国に取材に出向くたびに、自己責任という社会通念が行き渡っていることを思い知る。きついカーブの連続する山道でも、ガードレールはほとんどない。走るのは勝手だが、事故から身を守るのは自分自身だぞと、ガードレールなしの道が告げているのだ。（山本一力、「天理時報」一三・三・一七）

「個人主義的競争社会」の中に含まれる基本的な四つの要素ないし原則について、その具体的な例を示してきた。それによって、それら四つの要素・原則の妥当性が強化されたと考えられるが、最後に一つ付言しておかねばならないことがある。それはこういうことである。

四つの中の一つに対等性ということがあったが、（先に第三点の例証における註で一言したように）それはあくまで、同じルールに従う競争者同士という意味での対等性、言わば完全に形式的なそれである。その対等性は経済的・社会的な平等はおろか、諸条件や機会の平等でさえない。そうした平等、多少とも実質的な対等性という点では、むしろ反対である。「実力主義」に基く競争は、当然のことながら格差をもたらすが、それは趨勢として次第に固定化し、同時に拡大していくからである。従って、アメリカ社会の階級的性格についての指摘は珍しくない。これはまた、逆に「実力主義」の証拠となるであろう。

アメリカの階級制度の縛りは、日本では想像できない。貧富の格差は途轍もなく大きい。よくいわれることだが、日本は社会主義的平等が達成された国である。アメリカは、成功の夢をつぶす国である。

アメリカン・ドリームとは、成功の夢を実現することではない。成功はあくまでも夢の次元にとどめよ、という意味である。現実の社会はアメリカン・ドリームを決して実現させない。たった一人の成功者の陰には一〇〇万の挫折者がいる。夢を叶えたければ、決してアメリカには行ってはいけない。むしろ、挫折を望む者にこそ、アメリカはフレンドリーなのだ。（島田・六八－九頁。ジョイス『「アメリカ社会」入門』九〇、二一六－七頁参照）

米国人は他国民に比べ、自分が実力主義の社会に暮らしている、と考える傾向が強い。だがこの自己イメージは幻想だ。ニューヨーク・タイムズ紙に先ごろ掲載された報告書が指摘するように、米国は先進国の中でもっとも、両親がだれであるかが意味をもち、社会的に低い地位に生まれた人が最上位、あるいは中間位にすら行き着く可能性が低い国として際だっている。

なぜ米国がほかの西欧諸国より階級に縛られているかというと、米政府が平等な機会を生み出すことに失敗している、というのが大きな理由である。（ポール・クルーグマン、「朝日」二二・一・二二。言うまでもないと思うが、ここでの実力主義の「実力」とは、一個の人間としての純粋な能力を指しており、本書における、現実的な人間の総合的なそれとは異なる。）

第二章　個人競争の諸形態

第一節　総　説

前章において、アメリカ社会の本質が「個人主義的競争社会」と捉えられ、その概念を構成する要素として、自由・独立性・個性の尊重、実力主義、対等性、および自己責任という四つが析出された。それでは、そのような社会はアメリカ国民の社会的行動に関するどのような文化を生み出すであろうか。言い換えれば、そのような社会に生きるアメリカ国民は、どのような社会的行動を採ろうとし、或いは逆に、どのような行動が求められるのであろうか。

「(個人主義的)競争社会」においては、そのメンバー(個人またはその集合体)に対して、競争に勝つ行為とともに、競争の存在を可能にする行為が求められる。前者は当然として、それだけでは、即ち後者がなければ、そもそも「競争社会」は成り立たないからである。「競争社会」のメンバーは個人的に自己の勝利をめざすだけでなく、社会的に「競争社会」そのものの維持・存続を計らなければならないのである。

「競争社会」の行動に関する文化は、このように個人的なレベルと社会的なレベルに大別されるのであるが、その具体的内容は如何なるものであろうか。前者については、既に明らかであろう。個人的には、競争に勝つべく努力しなければならない(殆ど誰でもそうする)。その前提となるのは、根本的な自己肯定、つまり自愛や自信である。

心理学者でなくても、欧米人と話したことのある日本人なら、欧米人、特にアメリカ人が自分自身のことを誉めたり、自慢話をしたりして、非常に肯定的に自己を認識しているのを目にしたことがあるはずだ。アメリカ社会では特に、強い自己愛をもって、自分のポジティブな側面を強調することが健康的で当たり前だと思われる。*（選書メチエ編集部・一一一頁〔武本ティモシー〕）

そしてそれに基き、相手や周りに対して自己をアピールし、あくまで自己を押し通す、つまり自己主張に徹する必要がある。それ故、この徹底的あるいは強烈な自己主張ということが、アメリカ文化の一つの要素となるであろう。**確かに、「米国は目立ってナンボの社会」（吉田潤喜〔前出〕、「朝日」一二・六・二）なのであり、従って、例えば学者同士の間では、「いやらしいくらいの〝知的自己顕示競争〟」（松山・二五六頁）が展開されるのである。以下、いくつかの事例を示しておこう。

いかにも、ここはアメリカだ。こぶしを高く振りかざしつつ、「どうだ、みんな見てくれ。オレはこんなにすごいんだぞ」。始終、そういって自らを励まし、他人を抑止していないと、勝ち残っていけないようなところが、この国にはある。（新聞記事・筆者等不明）

相手の説明をよく聞いて、それを前提に質問するというのが日本の記者会見の暗黙のルールである。米国の記者会見は少し趣が違う。会見者の説明が終わるか終らぬうちにハイ、ハイとわれ勝ちに手を挙げ、説明内容とまったく違うテーマについて質問をぶつける。自分の意見を延々とまくしたてる。説明されたことを聞いていないのか、平気でもう一度同じ説明を求める。もう十年以上も前になるが、ワシントン特派員時代に、米国人記者の徹底した自己中心ぶりにびっくりしたものである。「日本は移動電話の市場を開放していない」と力説するカンター通商代表の姿をテレビで見て、自己主張がぶつかり合うワシントンの雰囲気を思い出した。会見では内容の正確さより自分の主張をいかにアピールするかが大事なお国柄である。（「朝日」夕刊・日付不明）

アメリカで四年間暮らした経験から、彼の国では、大きいことから日常レベルのことまで、自分の権利を自分で主張して獲

得しない限り、権利がどんどん侵害されていくのだと、身をもって知った。（米沢富美子、「朝日」夕刊・日付不明）

アメリカには、闘争本能を背景に、自己本位の主義主張を貫きながら自分のポジションを切り開いていく人間がともかく多い。（堀武昭『反面教師アメリカ』一四一頁）

「日本では fit in（適合）する能力が大事。アメリカでは stand out（目立つ）能力が不可欠」（ホドソン駐日大使）、「アメリカ社会は利害対立処理手段があることで、うまくいっている社会であり、英語は主張、正確、そして誇張の言語である。それに比べて、日本人は対立を嫌悪する傾向がある。日本語にはあいまいな表現が豊かにあり、社会の軋轢の鋭い刃を鈍らせるすばらしい方法が用意されている」（アマコスト駐日大使）、「米国人は、自己の立場を説明し、自己の業績について自らを称賛する気性（強迫観念に近い、と言う人もいる）を持っているのに対して、日本人は一歩前に出て脚光を浴びることを渋る。この態度の差が、傲慢さ対謙遜につながる」（ウィリアム・ワッツ・ポトマック・アソシエイツ社長）といった分析は、それぞれさすがに急所をついている。（松山・八七頁）

誰もゆずってくれない。言わなければ勝ち取ることができない。農耕民族が生きていくため主張しないとすれば、雑多な人種の中で生きる彼らは、生きていくために主張するのです。（井形・一二八頁。柴田・九八－一〇〇、一八四頁参照）

日本の子供が社会に出て行くとき、たいていは、両親や年長者から、人に迷惑をかけてはいけない、それは友達との関係においても、赤の他人との関係においても、最も重要なことである、と厳しく言われます。アメリカ人の子供が社会に出てゆくときは、自己主張をしなさいと言われます。「必ず、自分の言いたいことをはっきり言って、おまえの考えをみんなにわからせるようにしなさい」と。（パルバース・二六〇頁）

毎年一回、クリスマス前に全従業員と給与改定の交渉をしました。米国人は自己主張が強く、「給料を上げてくれ」と目の前で泣き出す人もいた。日本流の奥ゆかしさや以心伝心は通用しません。（宇田川憲一〔東ソー社長〕、「日経」一一・一〇・

一〇）

私はワシントンにいるときに広報を担当していたが、大変厳しい取材を受けた。私の答え方を見て、アメリカ人は「おまえはまだ言い足りない。日本は主張があるならもっとはっきり言え」と言う。日本人からは「言い過ぎだ。おまえは役人だからほどほどにしておけ」といわれ、双方から非難された。（近藤誠一、「日経」一一・一二・二四）

＊ 「日本人は逆に〝自己卑下的な傾向〟がある。例えば、スティーブン・ハイネの実験によれば、アメリカ人のように、成功の原因を自分に、失敗のそれを他人や外部に帰したり、自己の能力・独自性・将来を高めに評価したりすることが、日本人には見られない。」（同一一四頁）

＊＊ むろん、この点も日本人は正反対である。「日本人は強い行動を嫌う。なるべく薄衣を着せて、霞がかかるように動く方が上品で優雅だと思い馴れています。」（大野『日本語練習帳』五九頁） 大野普はこれを「霞主義」と名づけている。

＊＊＊ ここで「農耕民族」ということが出てくるが、農業という生活形態がその協同性や温和性の故に「自然的統合」のプラス要因であることは、確かである（旧著『統合史観』四五頁で指摘した）。

なお、先にも言及したが、「自然的統合」という点でアメリカと中国は類似している（但し、中国のほうが厳しい。中国の「自然的統合」に関しては、『統合史観』二九頁に概説がある）。そのため、次のような現象が見られるのであるが、それはアメリカの「自己主張」文化を間接的に証明しているであろう。

人間関係ではよくchemistryが大事だ、といわれる。「うまが合う」という意味だ。その点、日本人よりも中国人の方が、アメリカ人と個人的には「うまが合う」ように思われる——というのが、日中両国民と接する機会の多いアメリカ人インテリのほぼ一致した感想、といって間違いない。……何故ならば、中国人は自分の考えをきちんと表明するからで、アメリカ人はたとえ意見が違っても、自己主張＊のできる人に好意を持つのである。（松山・二四九－五〇頁）

中国とアメリカは社会体制は異なってはいるが、自己主張＊が強くなければ生き抜けない社会で、その責任が自分に返ってくる割合は日本よりもずっと高い。それに対して日本は自己主張よりも宥和を重んじる平等で優しい社会だ。（吉田・五六頁。同一一、三四－六、三九頁参照）

＊　中国における「自己主張」を示す興味深い事実がある。

中国を訪れたことのある人は気がついたと思うが、人通りの多い都会の道路や公共バスや大きなデパートなどでは、人々が大声で喧嘩をしている風景がよく見かけられる。（王・一四六頁）

（日本の或る店員の話だが、）韓国や台湾、それにタイやフィリピンの方々と比較しても突出してうるさいのは中国の本土からきたお客さんです。……同じ中国人でも香港や台湾からのお客さんはそれほどうるさいということはありません。（吉田・二三頁）

それでは、「競争社会」のもう一方の文化、即ちその社会的レベルにおける文化については、どうであろうか。その具体的内容は如何なるものであろうか。それは「競争社会」の成立を目的とするものであるから、「競争」と「社会」の二つの領域に分けられるであろう。従って、一つは、「競争」を成立させる根本的条件とは何かということであり、もう一つは、「社会」に関する同様の問題である。それに対する答えは何か。前者については、客観的なルールの存在であり、後者については、各人の間の十分なコミュニケーションの存在であろう。

まずルールに関して。喧嘩と違って、競争にはルールないし基準が必要であるから、且つまた、或る程度の統合の下にあるメンバー同士の間の競争であるから、一定の客観的なルールの存在、更にはその明確化と細分化が求められる。そこから、ルールの尊重ということが非常に大切なこととされるようになるのである。*

アメリカでは、ビジネスの場だけでなく社会活動の全般にわたって、さまざまな問題の解決に「法律」を使うことが多い。

人種、民族、風俗、習慣、宗教、文化、歴史などが異なる多種多様の人たちによって構成されているアメリカでは、明文化された法律という社会的ルールしか、判断や行動の妥当性、合理性をはかる基準がない。当然、法の解釈をめぐって議論になるので、法律の専門家である弁護士が幅をきかせるようになる。（高木『日本とアメリカのビジネスはどこが違うか』一八五頁）

アメリカは「移民と競争の国」である。建国以来、世界中から移民を集め、競争させ、能力ある者を見出し、即戦力として取り込み、世界一の国力を得た。競争にはルール遵守が不可欠であり、その点、米国は厳しい。あの国の明朗さも、押し付けがましさも、「移民・競争・ルール」の三点セットの帰結だと私は思う。（藤本隆宏、「日経」〇四・二・六）

米国の「社会特質」は、一言でいうと、「法律社会」であるということになる。つまり、法律こそ米国社会の原点であり、米国社会における至上的な力であって、あらゆる社会関係・社会現象が何よりもまず法律に従って決定されている。（王・一七九－八〇頁）

＊ 先に「自己主張」のところで、「自然的統合」と文化におけるアメリカと中国の類似性について触れたが、インドに関しても同様のことが言える（旧著『統合史観』二九－三〇頁参照）。即ち、インドもまた、「自然的統合」レベルにおいてアメリカと似ているので、そこではルールが大きな役割を果たしているのである。

日本に長く留学していたインド人が、著者に不思議そうに質ねたことがある。「日本人はなぜちょっとしたことをするのにも、いちいち人と相談したり、寄り合ってきめなければならないのだろう。インドでは、家族成員としては（他の集団成員としても同様であるが）必ず明確な規則があって、自分が何かしようとするときには、その規則に照らしてみれば一目瞭然にわかることであって（何も家長やその成員と相談する必要はない）、……」（中根・四一頁）

ここでインドとの対照で、日本が引き合いに出されているが、またこれまでの議論からも導き出されることだが、ルールに関して、日本とアメリカは対照的である。ルールというものに対する見方や態度がまるで逆なのである。そうであるならば、そうした「事実」は本書の理論、「統合主義」的文化論の一つの例証と見做しうるであろう。そこで以下、この第二部はその場所ではないが、また既に第一部において少し触れたが、日本人のルール観について少し論じておきたい。

日本において、ルールというものはどのような位置づけか。どのように見られ、どのように扱われているのか。まず基本的に言って、「仲間主義」の故に、その役割はあまり重要ではないし、概して尊重されているとは言い難い。三点指摘しておこう。

第一に、明確なルールなしで済ますことがあり、明文化および細目化されていないことも多い。例えば、外国にもよく知られた（悪名高い？）ギョーセーシドー（行政指導）である。

第二に、ルール破りが暗黙の了解の下に常態化しているケースがある。例えば、道路の制限速度である。これなど、殆ど全く守られていないだけでなく、そもそも守る必要がない（取締りに引っかかるのは運が悪い）と考えられているし、警察もそれを予め見越して、不必要かつ非現実的な、あまりに遅い速度設定を行い、たいがいの違反を見過ごしている。厳しいルールと役人の裁量という二重基準になっており（野口悠紀雄、「日経」〇四・一・一九参照）、官民一体の共犯としての、ホンネとタテマエの区別と言えよう（その最たるもの、そのような日本を象徴しているのが、「憲法第九条」と「非核三原則」である）。

「ホンネとタテマエのダブル・スタンダード」の使い分けを社会慣習とし、むしろそれを尊重してきた日本の社会では、「タテマエとしてのルールは決めても、実際にはホンネで対処するから無関係だ」とする風潮がいまだに強い。（髙木『日本とアメリカのビジネスはどこが違うか』二二頁）

第三に、アメリカ的ルールの根本内容たる公平性（ちょうど次に述べる）に対して鈍感である。「一票の格差」の一般的容認は、その代表的な事例であろう。その他、如何にも日本的な例の一つに、国民体育大会における開催地有利の得点システムがある。周知のように、主にそのおかげで、ほぼ例外なしに（希望すれば百パーセント）開催地が優勝してきたが、まことにあからさまな不公平である。それが罷り通っている（メデタシ、メデタシ！）ところに、日本人の公平感覚の不全が示されているであろう。

では、そうしたルールはどのような内容をもっているのか。その基本理念は何か。アメリカの場合、それは公平ないし公正（fair：fairness）である。それは何故か。アメリカは、自由を求めた同じような境遇の、しかし同時にさまざまの民族・地域・出身の人々が、互いに協力して新しく作り出した社会であり、自由ということと対等（公平）、その意味での平等ということとは、植民地以来の伝統（まさにリベラル・デモクラシーの母国）だからである。そして、そもそもルールとは人々の（自由のために）自由を規制するものであるから、そこで大切なのは公平性のほうであり、それがルール適用のポイントとなる。アメリカにおいて、至る所で事あるごとに、フェアー又はアンフェアーということが問題にされる所以である。常にそれを意識しチェックし確認しないと、社会が成り立たないのである。

「フェアでなければいけないという考え方は米国人が世界に誇っていい特質で〔ある。〕」（マンスフィールド元駐日大使）」（松永信雄、「日経」〇一・一〇・七）

アメリカ人はフェアであることを好む。公正さを重んじるので、個人や会社の活動についても、客観的な評価がなされやすい。（柴田・九〇頁）

〔入江昭氏の〕長女がアメリカで幼稚園に入った時のこと。どんな英語を覚えてくるかと思ったら、最初が It's mine.（それ私のよ）で、次が That's not fair.（ずるいじゃない）だったという。まず個人があり、その集合体では公正が旨とされる――アメリカ社会を端的に表す話ではある。*（福田宏樹・記者、「朝日」一二・四・二四）

* 一番目の言葉（「それ私のよ」）は、先の「自己主張」の例証となろう。それにしても、これはアメリカ社会の本質を見事に表している、まことに印象深いエピソードである。

次に、コミュニケーションについてである。アメリカのように（かっては「人種のるつぼ」、此頃は「サラダボール」と呼ばれるが如き）極めて多様な国民を擁する国家においては、人々の間に十分なコミュニケーションを計ることが、死活的に重要である。そうでなければ、社会は存立しえず、特に競争は混乱と分裂をもたらすであろう。そして、そのようなコミュニケーションの中核を成すのは、もちろん音声言語であり、発話である。言うまでもなく、それは意志や感情の表明・伝達において他の手段に較べて総合的に（簡便性・明確性・普遍性など）最も優れているからである。かくしてアメリカでは、発話が非常に大きな役割を果たしているのである。またそうであるから、アメリカ人にあっては、内面（精神）と外面（言葉）は一般に分裂していない。むろん、人間である以上、内面即ちホンネの隠蔽（偽善または偽悪）は避けられないが、アメリカ人は相対的にずいぶんフランクでありストレートである。彼らにあっては、ほぼ全ては言葉に現れ、言葉はほぼ全てを物語っている。従って、沈黙は（場合によっては）無知や無念の現れと見做されるのである。*（芳賀・二四一－二頁、デュラン・二九、一〇八頁参照）

たがいにストレンジャーだからこそ、彼らは他人に対し自分の存在を証明しようとつとめる。友情を進んで示し、社交的であろうともする。アメリカ人が誰かれ構わず「ハロー」「ハーイ」と呼びかけることに、日本人ははじめのうち驚き、それを彼らの人の好さとか、あるいは逆に軽薄さのあらわれと受け止めがちだが、かりにそういう要素はあるとしても、彼らの人間関係のあり方に由来する要素こそ大きいように思う。

日本人の場合、……集団的な人間関係のゆえに、たとえば、だまっていても意志を通じあえる部分が少なくない。じっさい、日本人は沈黙によって自己表現する技術を発達させてきたし、また沈黙による表現を読み解く能力も育ててきた。だが、ストレンジャー社会のアメリカでは、それは期待しにくい。自己表現は、直接的かつ積極的でなければ、相手に通じないのである。（亀井『わがアメリカ文化誌』一五頁）

自分の存在について不安であるからこそ、アメリカ人は自分を他人に分かってもらうことに全力をつくす。日本人同士がもつような生活や文化の共通の地盤が少ないから、謙譲の美徳は成り立ちにくく、むしろ積極的に自分を打ち出し、他人との共通の地盤をつくり、示すことが美徳だともいえる。……日本が「沈黙の文化」の国とするなら、アメリカは「おしゃべり文化」の国だと私は思う。（同五一頁）

アメリカでは、……それぞれの風俗、習慣が違う人が一緒になっております。そうすると、黙っていたのでは心が通じない。それで、そういうたがいに違う人の間で、普遍的な共通の感覚や気持をもつようになるには、努力しないといけません。また、努力すれば共通性をもてるのだと信じざるをえません。それで、アメリカ文化について、私はしばしばそれを「おしゃべり文化」だといってきました。自分はこういう者で、今こう思っている、君はどう思うかと、ペラペラしゃべりまくる。私には最初、それは耐えられないほどでした。ちょっと黙っていてくれといいたいぐらいに、あちらはしゃべるんです。しかし、黙っていたのでは自分という人間がどういう人間か先方には分からないから、それで警戒されたり、あるいは軽蔑されたりもしてしまいます。だから、自分の思いを言葉で明瞭に表現するのは、絶対必要なことなのです。また実際、アメリカでは子供の時からそういうふうなことをしつけられるわけですね。自己表現というものが非常に重要視されており、アメリカ人の教養の大きな部分は、自己表現を立派にすることなのです。**（亀井『アメリカ文化と日本』四五－六頁。同『サーカスが来た！』一七〇頁参照）

自分の考え方や趣味など、すべて西洋的だと思っていたので、アメリカに行ってもそんなに困ることはないと思っていた。ところが実際に行ってみて、相当なカルチャー・ショックを受けた。

カルチャー・ショックの内容を端的に言うと、自分がいかに日本人であるか、を自覚させられた、ということになる。アメリカ人がすべてのことを明確にして言語化するのに、なかなかついていけない。何か尋ねられても、反射的に“I don't know.”と言いたがっている自分を見出す。（河合『日本文化のゆくえ』一三七頁）

歴史的背景が異なる多くの人種や民族が混じり合って国家社会を形成してきたアメリカのような国では、人びとは誤解なく意を通じ合うために、なんとしてでも言葉や態度によってコミュニケートする必要に迫られてきたのである。表現を重視する文化は、いまも社会生活の基盤になっている。だから彼らは、日本の多くの人たちのように、「意思や感情は表現しなくても通じ合う」というわけにはいかないのだ。（高木『日本とアメリカのビジネスはどこが違うか』二〇二－三頁）

あえて極論をすれば、米国人はとにかく気持ちや考えを言葉にする傾向があるのに対して、日本人は言葉にならない気持ちを推しはかる傾向が強いようだ。それが日本人的な思いやりでもあるのだと思う。（大野裕、「日経」〇五・一〇・一六）

アメリカは自身の意思を言葉で伝える、あるいは伝えねばならない社会である。（後藤正治、「日経」一三・三・二四）

アメリカで一番最初に気づいたのは、黙っていると馬鹿だと思われるということ……アメリカの大学では、発言しないことは考えていないことと同義だった……。（山岸俊男、「朝日」一四・二・九－一六）

〔ジェフ・バーグランド氏は〕米国は「一を知らせるために十を言う」という発信力中心の文化、日本は「一を聞いて十を知る」受信力中心の文化とそれぞれ分類した。（大峯伸之、「朝日」一四・六・二六）

＊　因に、ブラジルも同様である（日向・一三五、一五〇－一、一六〇－一、一七三頁参照）。

＊＊　因に、十九世紀のアメリカで、「ある種の熱気をおびた文化運動」が展開されたが、それは「講演の流行」、「なにか異常な講演熱」という形をとった。そこには、印刷物ではなく「講演こそ文化の最高あるいは最適な伝達機関と考えるような風潮」が存在していた。（亀井『サーカスが来た！』一一八－九、一六九－七〇頁）これはアメリカにおける発話の中核的な重要性を端的に物語る現象であろう。

以上、「個人主義的競争社会」としてのアメリカの文化、国民的な行動文化について説明してきた。それは「自己主張」「ルール」「コミュニケーション」という三つの要素から成っていたが、それらはお互いにどのような関係にあるのであろうか。わかり易く示すために図式化してみると、上図のようになるであろう。

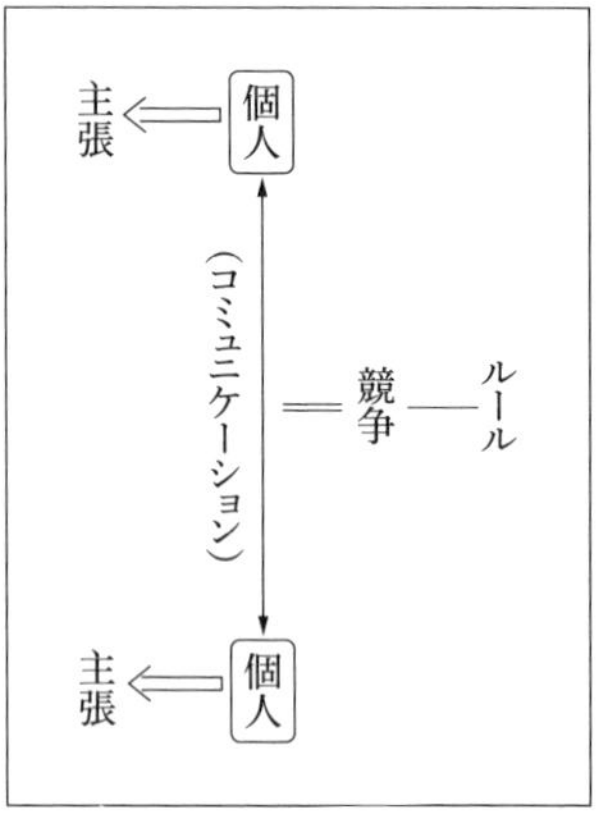

そしてこのようなアメリカ文化、それを一言で表現してみると、どうなるであろうか。そうすることによって、的確なイメージを抱くことが可能になるであろう。先に、日本文化については「和」という言葉を当て、また「祭りの文化」と呼んだが、アメリカ文化の場合はどのように規定されるのであろうか。

これまで見てきたように、「統合主義」の観点からすると、アメリカ文化は日本文化とまことに対照的である。従って、アメリカ文化については「和」の反対、「争」という言葉がふさわしいであろう。競争の争である。しかし、それは無茶苦茶の争い、即ち喧嘩の類ではなく、ルールに則った公正な争いである。そのような争い、それは「ゲーム」（英語本来の意味でのそれ、つまり、日本語の意味する、室内遊戯の所謂ゲームだけでなく、スポーツ等の試合も含む広義の競技）と呼ぶのが適確であろう。アメリカ社会の個人主義的競争はゲームに譬えることができる。そこで私は、アメリカ人の社会的行動文化を「ゲームの文化」と名づけておきたい。*

* ところで、以上のように、日本の「和」（「祭りの文化」）とアメリカの「争」（「ゲームの文化」）とを対比させるとき、或る一つの文明論が想起される。それは安田喜憲氏の「稲作漁撈民の文明」と「畑作牧畜民の文明」であり、梅原猛氏の「安らぎの文明」又は「慈悲の文明」（川勝平太氏の「美の文明」）と「怒りの文明」又は「力の文明」である（川勝他・二六－七頁（安田喜憲）、三一－二頁（川勝）、三八－五〇頁（安田）、五一頁（川勝）、六三－五、二八一頁（安田））。

いま必要なことは、人間存在そのものとその人間が生み出した文明を自然風土との関係のなかでもう一度見つめなおすということではないかと思う。

とくに風土と人間の関係のなかでの重要な中間項は、人間が何を食べるかということである。人は食物をとらなければ生きていけない。その何を食べるかということが、風土との関わりのあり方、文明のあり方を根本において規定し、人間の心のあり方、さらには「神の摂理」にまで大きな影響を及ぼしているのではないか、と考えるようになった。……

家畜を飼いそのミルクを飲みパンと肉を食べることは、森を食べることだった。これに対し、コメと魚を食べることは森を守ることにつながった。ここに人類文明史に森を守る文明と森を支配する文明（拙著『森を守る文明・支配する文明』……）が誕生した。そして森を守る文明は「美と慈悲の文明」を発展させ、森を支配する文明は「力と闘争の文明」を発展させたのである。（同三九、四四頁（安田））

こうした「環境史観」（およびそれに連らなる、又は近しい史観）は、アメリカに関して次のように断じる。

アメリカは、戦後の国際政治の舞台で、これらの悪態に近い敵対的な言葉（「悪の帝国」「悪の枢軸」や「ならず者」「ごろつき」）

を続々となげつけてきた。二十世紀のアメリカは自他ともに認める文明であるが「アメリカは敵をつくる文明である」といわねばならない。……

　イスラムにしてもアングロサクソンにしても、典型的な畑作牧畜民の文明である。彼らが人類の文明の発展に大きく貢献してきた反面、激しく自然を破壊してきたという事実を私たちは知っている。その畑作牧畜民である彼ら同士がいま、戦っているのである。……やられたらやり返す「力の文明」の伝統が、メソポタミアから始まってヨーロッパ、アメリカへと伝わり、結果的に今回の流れ（九・一一からイラク戦争）につながったと私は考えている。（同右、一頁（川勝）、二六－七頁（安田））

このようなアメリカ観（それは直接的には対外的な面、外交や国際政治における姿勢・態度について語られているが、むろん、国内社会にも当てはまる）は、結論的に本書の見方と軌を一にしている。即ち、文明論ないし文明史という異なった見地から、「争」又は「ゲームの文化」と同質的な捉え方がなされているのである。

　我々はこうした見解をどう評価すべきであろうか。それは妥当であろうか。私は「環境史観」（これについては「序説」でもコメントしたが）の基本的な人間観、つまり、人間というものが自然環境によって根本的に規定されているとする見方に賛成である。従って、「環境史観」には共感を覚える。そこで、「統合史観」の立場からそれをどう位置づけるか、両者の関係や如何にということが問題になる。結論的に言えば、「統合史観」は人間性の普遍的な側面（普遍的な人間性）、「環境史観」は人間性の特殊的な側面（特殊的な人間性）にそれぞれ立脚しており、両史観の妥当性の程度については、対象となる社会・国家において人間性のどちらの側面がどの程度勝っているかによって異なってくるであろう。しかしいずれにせよ、「自然的統合」の条件に恵まれた国であっても喧嘩早い国民性であれば、何程か強い権力（「人為的統合」）を要することになるし、逆に、「自然的統合」の条件が悪くても、温和な国民性であれば、何程か弱い権力でもやっていけるということであるから、「自然的統合」の手段・要因のなかに「環境史観」的な人間性の如何を加えれば、「統合史観」は普遍的に妥当する。従って、「統合史観」は理論的に「環境史観」を包摂することが可能なのである。

　こうして、アメリカ文化は検討の結果「ゲームの文化」と規定されるに至った。これまでの説明により、アメリカ文化の特徴および日本文化との相違について、その原因も含めて理解されえたのではないかと思われる。しかし、それは理論的な考察が中心であり、事実による検証は未だ十分になされていない。従って以下、先に析出された三つの要素に関して具体的な実例を挙げておこう。その際もちろん、主要な或いは顕著な実例をできるだけカバーするように努めたい。

第二節　自己主張

アメリカ人の行動文化の主な要素である自己主張または自己表現ということについて、それを実証するどのような事実が存在しているであろうか。具体的にどのような現象が見られるであろうか。

そこで、これからいくつかの実例を挙げていくわけであるが、その際少し整理ないし分類を施したほうがわかり易いであろう。まず第一のグループは、人々または各人の社会的な行動に関る。その種の行動が自己主張的な性格をもっているというのである。

（A）大人のアメリカ人の会話において自分を名のる場合、しばしば名前の前にMr. Mrs. およびMiss（又はMs.）という敬称を付ける。これは日本語で言うと、「私はA氏です」「私はBさんです」と言っているわけで、日本人には考えられない言い方である。こうした表現は「自己主張」の現れと見ることができよう（できるのではないか）。

（B）自己主張から自然に出てくる典型的な傾向として、謝らないということがある。

自分の側の非を認めない、相手にもいくらかは理があるのではないかとは考えないアメリカ人の特性……。……何か自分たちに不都合なことが起こると、すべて相手側の原因で説明し、自分たちは単なる被害者だと思いたがる傾向がアメリカ人は特に強いようです。（岸田他・八〇頁〔岸田〕。同一二三、一二六頁〔岸田〕参照）

死球を与えた松坂大輔投手（レッドソックス）が帽子を取ってぺこり、という写真が「日本ならではの慣習」として米紙に掲載された。痛い思いをさせたら謝るのが日本の美風だ。しかし、大リーグではラフプレーへの報復として投球

をぶつけることもあるくらいで、自分から非を認めることはまずない。(「日経」〇七・五・一一)

アメリカ人はめったなことでは謝罪しない。それどころか、don't worry とか no problem を連発する。[*] アメリカでは、自己の非を認めることは、敗北を意味するのみならず、責任問題・賠償問題に直結するからである。

アメリカ社会の基本的な特徴のひとつは、誰も責任を負おうとはしないことだ。この国では、クルマで人をはねてしまっても、謝ったりしてはいけないとよく言われる。謝罪でもしようものなら、自分の落ち度を認めたことになるからだ。(ジョイス『「アメリカ社会」入門』八四頁)

そして、このような意識ないし観念は子供にも浸透しているらしい。幼稚園児ですら自分の落度をなかなか認めず、盛んに抗弁するそうである。[**]

＊　前章第二節において、アメリカ人は身体的衝突の際に必ず「ソリー」と一言すると述べたが、それと、ここでの謝罪せずとの論述は矛盾しているように思われるかもしれない。これについては第四節で説明する。

＊＊　それに引き換え日本人は、「気配り」から、しばしば「自分は悪くないのに謝る」(パルバース・一八一頁)。そうした風土の故に、日本ではアメリカとは逆に、誠意ある陳謝が罪の軽減や時には帳消しにつながるのである。例えば、司法制度の面でもこういうことがある。「犯罪者の四分の一、いや三分の一近くが、謝罪文をしたためるだけで無罪放免される……。反省の態度を示しさえすれば許される。アメリカの裁判システムとは、なんと対照的なことだろう。」(選書メチエ編集部・一九頁〔ロバート・ホワイティング〕)。

こうした、アメリカ人の謝罪ということに関して、日本人に印象深い一件がある。それは、宇和島水産高校の練習船「えひめ丸」がハワイ沖で米海軍の潜水艦に衝突され沈没した事故(二〇〇〇年二月)の際の米側の対応である。日本人の通念に反して、艦長は謝罪の言葉を口にしなかった。そして軍司令官たちは、「艦長が謝罪すれば、損害賠償問題に発展する」と宣い、「艦長は法的に自分を守る権利がある」と彼を弁護したのである。

確かに、米国人はこの種のことで謝らない。米国を知る人には、それが常識だ。謝ることは落ち度を認め、賠償や処罰などの形で責任を引き受けることに通じる。だから、自分が悪いと悟っていても強弁する。(「朝日」〔「天声人語」〕〇一・二・二三)

米国駐在のころ、家人が車で接触事故を起こした。隣の車がふらふらしながらぶつかってきた。明らかに先方の過失である。車から降りた老弁護士はしきりに恐縮していた。さすが米国紳士、と思いきや、警察官が到着すると態度が一変し、自分に落ち度はないと言い張った。

横転事故多発でタイヤ回収騒ぎに発展したブリヂストン・ファイアストン問題を取り上げたNHKスペシャル「問われた危機管理」を見た。事故原因が明らかになっていない段階で、日本人の会長は遺族に謝罪を表明した。日本なら当たり前と思われるこの行動が、怒りをかきたてる結果になり、批判は全米規模で広がってゆく。

一方でこのタイヤを装備した車のメーカーは、米議会の公聴会で「原因はタイヤだ」と断言することで、危機を乗り切る。罪が己に及ばないようにするためには、公の場では絶対に謝罪したり非を認めたりしない。「自分を守るのは自分」というのが米国。「えひめ丸」沈没の米海軍査問会議を見ていると、日米の価値観の違いに驚かされる。*(「日経」〔「春秋」〕〇一・三・八)

＊　因に、こうした「謝らない文化」は、「自然的統合」レベルの同じように低いヨーロッパ、オーストラリア、中国などでも見られる(デュラン・二一九－二〇頁参照)。

過ってコップを割った時、日本人は「コップを割りました」と言う。ヨーロッパ人を教えるクラスで聞いたら、彼らは「コップが割れた」と言うそうです。(金田一春彦、「朝日」〇三・三・二四)

エレベーター事故が相次いで、欧州メーカーの不誠実な対応が、日本人の神経を逆なでしている。だが絶対に非を認めないのは、彼らの精神文化と言えそうだ。

二十年ほど前に欧州某国で暮らしたが、在留邦人がカルチャーショックの最たるものとしていたのは、問題が起きた時、まず彼らが「私の責任ではない」と主張することだった。現地校に通うある小学生は、級友が平然とそう言い放ったので、人間不信に陥った。（「日経」〇六・七・八）

「何かトラブルがあっても簡単に謝ってはいけないよ。こっちの人はすぐつけこんでくるから」／もう二十五年も前、語学の勉強で初めてドイツに行ったとき、先輩のボン支局長からこう言われた。本当かなと半信半疑だったが、後になるほどと思い当たることもあった。例えば買い物である。店長がときに間違えてお釣りを少なくよこす。日本でなら恐縮して謝るところだが、ドイツではめったにごめんなさいとは言わない。（大阿久尤児・記者、「朝日」〇〇・一一・四）

今住んでいるオーストラリアでは、いったん謝ってしまうと裁判になったとき不利なので謝らない。ゴルフコースの隣の私の家に、一年間で五十個のボールが飛んできた。てっきり謝ってくれるのを期待して抗議をしたら、ここに一〇〇年も前からコースがあるのを承知で越してきたのだから、Your own risk（自己責任）と、全く関知せずの態度だった。この国の政治家も謝らない。マスコミに鋭く追及されながらも何とか難解な表現で、しかも笑顔ではぐらかしていた首相もとうとう辞任した。（寺澤芳男、「日経」一〇・七・二四）

上海万博は大成功を収めたが、万博が開催される1年以上も前に上海市が、万博を迎える市民の心構えとして「市民が守る46ヵ条」を提案した。……その中に「ごめんなさい、と言いましょう」というのがある。ということは、中国人自身が「ごめんなさい」と言わないことを自覚しているのだろう。（吉田・一〇一頁。同第三章（中国人はなぜ謝らないのか）一九〇－一頁参照）

（C）　アメリカは訴訟社会である。何でもすぐ裁判沙汰になる。人口一人当りの民事訴訟件数は日本の二十倍もある。「法廷の廊下で順番を待つ弁護士や原告は押すな押すなで、まさにデパートの大売り出しに押しかけた盛況ぶりだ。」（松原・二一三頁）そして当然その中には、日本人の感覚からして思わず「エッ?」というような、更には目の玉が飛び出し腰が抜けてしまいそうな「行き過ぎ」訴訟が、かなり見られるのである。* また当然、弁護士の数もやたら多い。日本の約二万人に対して、アメリカは何と約百万人。人口（約二・四倍）を考慮しても、日本の二十倍以上も（訴訟件数に符合する）存在しているのである。

＊　例えば、次のようなケースがある。

塀の手入れ　窃盗事件の通報を受けた警官が、容疑者を追跡しようと被害者宅の塀にのぼったところ、塀が倒壊してけがをした。警官は「塀の適切な手入れを怠ったせいだ」と被害者を提訴した。

難しい試験　大学でコンピューターの基礎クラスを受講した一二人の学生が「試験が難しすぎて落第した」と大学側を訴えた。弁護士は「科目案内の際、学生たちはクリックの仕方さえわかれば楽に及第できると説明された」と主張した。

飲酒運転で退部　飲酒運転で検挙された高校生が、バスケットボール部から除名されたことを不服として、高校当局に損害賠償を求めた。弁護士は「少年は過去にも繰り返し酒に酔って間違いをしており、障害者として扱われるべきだ」と訴えた。

盲導犬のしつけ　歩道上で目の不自由な男性につま先を踏まれた女性が、「男性を先導していた盲導犬のしつけが足りなかったせい」として、盲導犬訓練校に賠償を求めた。弁護士は「足先の治療にかかった費用をだれかに請求する正当な理由がある」。

入れ墨のスペル　入れ墨専門店で「villain」（悪党）と彫ってもらうよう注文した男性が、「間違ったつづりで彫られた」と店を提訴。施術当日に「これが正しいつづりだ」と言い張ったのは当の原告で、何年も間違いに気づかなかった。（「朝日」〇〇・一二・九）

ＮＹでひもじい食生活を送っている私だけど、先日友人がイタリアンのフルコースをごちそうしてくれたの。同じ学生の身分の友人からのごちそうというのも気味が悪いと思っていたら、臨時収入が入ったとのこと。なんでも彼女、去年の夏に歩道の数センチの段差に足をひねって足の甲にヒビが入り、一カ月のギプス生活を強いられていたそう。その姿を見逃さなかったのがカフェ仲間の弁護士の友人。頼みもしないのに、あっという間にＮＹ市に損害賠償の請求をしてしまい、賠償金の三分の一は自分への報酬とまでしっかり契約。で、今回、ＮＹ市から＄九〇〇〇！もの賠償金が入ったというわけ。日本だったら、つまずいてケガをしたら、本人の不注意となるのが当たり前だろうけど、ＮＹではなんでも人のせいにできるから恐ろしい。（学生、「日経産業」〇四・四・一四）

（Ｄ）アメリカの履歴書は、経歴のみ記す日本のそれとずいぶん異なり、自己の職歴について非常に詳しい。即ち、個別的な業務経験や仕事上の具体的な実績（成功例）までもが事細かく記されており、自己宣伝の色彩が濃厚なのである。

〔アメリカの履歴書は一般的に〕自己顕示があからさまだ。「こんなにすばらしい人材（自分のこと）を採用しないと損しますよ」というトーンの迫り方をしてくる場合が少なくない。履歴書を送るときにはふつうカバーレターをつけるが、それもまた自分の売り込みに徹している。（高木『日本とアメリカのビジネスはどこが違うか』一二九頁）

これも「自己主張」の社会の当然の現象であろう。

（E）アメリカの代表的な国民文学においては、国民文学たる一つの所以であるが、典型的なアメリカ人の姿がよく描写されている。我々はそこから彼らの特徴をキャッチすることができるが、次のような興味深い事実がある。

マーク・トウェインの「トム・ソーヤの冒険」（一八七六年）は、自由に生きようとする子供を主人公にしながら一般庶民の人情もよく描き出して、アメリカの国民文学となっているものだが、そこに登場する多くの人が「見せびら《ショーイング》かし《・オフ》」に熱心である。サンデー・スクールにサッチャー判事が来臨した時など、先生も、図書係も、生徒も、みんな自分のいいところの「見せびらかし」に熱中する。いや当の判事も、自分の偉さの「見せびらかし」にふける。そしてトム自身はといえば、判事の娘で「恋人」のベッキーに、さかんに「見せびらかし」をする……（亀井『わがアメリカ文化誌』一五頁）

（F）各個人が自己主張的であると、その集合体である諸々の（民間）団体も同様になる。アメリカにおいては、個人のみならず団体もまた、それが自然であり当然なのである。従って、こういった現象も生まれる。

もしも日本の新聞が選挙で特定候補を応援すれば、反対陣営からは取材拒否、一般読者からは「フェアでない」と購読中止、といった動きに発展するに決まっている。ニューヨーク・タイムズ紙が社説で、（レーガン候補でなく）モンデール候補を、（ブッシュ候補でなく）クリントン候補を支持しても、読者がそれに対して少しも違和感、反発を覚えない……（松山・一八七頁）

次に第二のグループだが、これはアメリカ又はアメリカ国民の社会的な理念、理想的な人物像といったものに関る。つまり、そこに「自己主張」が鮮明に見られるのである。

（A）先に指摘したように、アメリカでは、国民的ヒーローが国家統合のシンボルという性格をもっているが、そのヒーローには、一つの著しい特徴がある。それは自己主張の激しさ、自己表現の露骨さということである。

〔ダニエル・ブーンから、デイヴィ・クロケットを経、バッファロー・ビルに至る〕ほとんどのアメリカン・ヒーローが、超自然的なほどの饒舌さをもって自己表現をすることに注目させられる。……さまざまな異質性の集合体であるアメリカでは、日本で美徳とされるような「慎み《リザーブ》」の態度だと、意思も感情も通じさせにくい。むしろ積極的に自己を表現することが、相手のレストレスさを除き、美徳になるようだ。ヒーローはそれを最大限に行なうのである。……ヒーローは、もちろん言葉だけでなく、行動によって自己を表現する。（亀井『わがアメリカ文化誌』八頁）

（B）学校の教科書（文系）の内容のもつ傾向は、その国の文化を反映している。アメリカの教科書は次のような一般的特徴をもっているが、それはまさに「統合主義」を例証しているであろう（なお、その記述は日本と比較する形をとっているが、その日本の部分も「統合主義」に合致している）。

一九八〇年後半、米ワシントンに赴任した経済産業省の今井康夫・地域経済産業審議官……は子どもが通う地元小学校の教科書を見て、日本の教科書が教える価値観との違いに気づいた。小学一年から六年までの国語教科書にある二百強の挿話を比べると、米国の教科書には自己責任や自立心を教える話が五十三もあったのに、日本では七つ。新しいことに挑戦する精神がテーマの話は米国は十四、日本はわずか一つだった。

日本の教科書に多いのは、あたたかい人間関係や自己犠牲をたたえる話。今井氏はこうしたデータから、米国は子どもを「強い個人」に育てようとしていると分析。日本の教育は組織の中の「やさしい一員」を生み出していると結論づ

けた。(「日経」〇二・三・七)

(C)　子育て・教育・訓練などのやり方の基本として、日本の場合は(第一部でも言及したが)、短所・欠点を直す、従ってまた「叱る」というところに一般的特徴があるが、アメリカの場合は、長所・美点を伸ばす、従ってまた「褒める」というところにある。これらは日本の「仲間主義」(それ故「同質志向」や「反個人主義」)とアメリカの「個人主義的競争社会」(それ故「自己主張」)をそれぞれ反映しているであろう。「仲間主義」は各個人に対して外的規制力として働き、集団全体にとって適合的・調和的な人間にしようとするし、また逆に、個人間競争に勝ち抜くためには、自己の力(長所)を強化し、それによって他人を凌駕しなければならないからである。

米国で生活した時のこと。小学校2年生の娘が宿題を持ってきた。課題はある新聞記事について自らの意見をまとめるということ。米国ではこんなに幼い頃から自分の意見を形成することを求められるのかと驚いた。また、小学校のころから、科目によって、属するクラスも異なることを知った。英語で才能のことを「ｇｉｆｔ」と言う。確かに人には一人一人違う「ｇｉｆｔ」が与えられている。日本では満遍なく出来ること、苦手を持たないことが大切だとされている。一方、米国ではその子が持っている強いところを伸ばす教育が行われている。

その学校では日本の学芸会の代わりに「タレント発表会」なるものがあった。ダンスの得意な子はダンスを、ピアノの得意な子はピアノを、数学の得意な子はそのデモを、などと、それぞれの「ｇｉｆｔ」を披露する。子供たちは自分の持ち味を自覚すると共に、友達一人一人の「ｇｉｆｔ」を認識し、尊重するようになる。(「朝日」「経済気象台」〇六・二・二七)

日本は「全員同じ」が原則だが、米国は肌や髪の色からして「違う」が当たり前。幼いころから社会に対し、自分がどう貢献できるかを問われる。他者にない特技があれば積極的に伸ばそうとする。私がピアノを弾けるとわかったら、おだてるだけおだて、人前で弾く機会を与えてくれた。(中道郁代、「日経」一二・一二・一八)

第三節　ルール重視

「ゲームの文化」を構成する第二の要素は、明確なルールの存在とその尊重、およびそれによる公平の実現ということであった。これについては、如何なる実例が見出されるであろうか。それを示す具体的な事実として、どのようなことを指摘できるであろうか。

事実を列挙するに当たっては、いくつかの項目に分類するとわかり易いであろう。まずは、一定の客観的なルール、更には細目化されたルールの存在ということに関して。

（A）大学教員の採用および昇進の際の審査において、業績が全て数値化される。即ち、著書・論文等に点数がつけられ、それらが加算されるのである。（岩井・二九四頁〔水村美苗〕参照）また、その大学の出身者は除外される。これは日本の情況とはずいぶん異なる。日本の場合、公募（単に形だけのものも多いらしい）は少なく、学内を中心とした人脈が基本であり、しかも、その評価基準は厳格ではないのである。

（B）個人種目のオリンピック代表は、国内予選会の一発勝負で自動的に決定される。どんなに有名な選手、どれだけ実力また は実績のある選手でも、そこで負ければ落とされる。結果は一目瞭然であり、誰も文句のつけようがないのである。それに対して日本では、一般にいろいろな要素の総合的な評価によって、しかも競技団体幹部の話し合いに基づき決められる。こうした、主観性に左右される余地のある方式が、それにもかかわらず受け容れられているのである。

このような事実の根底に「自然的統合」の如何があることは、改めて言うまでもなかろう。アメリカは「自然的統合」を欠いているので、話し合いがまとまることはないし、仮に案が決まっても、それで収まることは期待できない。上述の方式が、コンディショニング等の点で難があるにもかかわらず、皆の納得しうる、且つせざるをえない唯一の仕方なのである。

（C）「日本では〝ボトムアップ〟で、アメリカでは〝トップダウン〟で、それぞれ意思決定がなされると言われるが、これはかならずしもあたっていない。日本の企業でも重要な方針などはトップが決定して下におろすことも多いし、アメリカでも具体的な政策や提案などは下から上に上げて決裁を求める場合が少なくないからである。

それよりも、日米で明らかに異なるのは、〝誰がなにを決める責任と権限をもっているか〟を明確にしているかどうかである。日本の企業では、稟議制度に象徴されるボトムアップの合議の一方で、〝根まわし〟と称する合意形成のプロセスも欠かせない。事前の根まわしが不十分だと、稟議書をまわしても、合議部門長、担当役員、役付き役員などの判をすんなり押してもらえないこともある。〝おれは、前もって聞いてない〟というわけだ。しかも、誰に根まわしをしておけばよいかは、その会社の長年のしきたり、そのときどきの役職者の力関係や人間関係など、組織上の立場や機能とはかならずしも関係なく決まる。だから、その会社で経験を積み、人脈に通じ、組織運用上のノウハウを身につけていないと、ボトムアップで意思決定を導きだすことはむずかしい。人間関係の機微に通暁している〝年功〟が、終身雇用制のもとでものをいってきたのだ。

これにたいしてアメリカ企業の場合には、〝ポリシーズ・アンド・プロシージュアス〟と呼ばれる執務規程を定め、誰がなにを決める責任権限をもつかを明文化し、意思決定ルールを明確にしていることが多い。〝ポリシーズ〟とは行動を起こすためのガイドライン、〝プロシージュアス〟とはそのための具体的な手続きのことである。この執務規程によって、チェーン・オブ・コマンド（指揮命令系統）を明確にし、〝誰は誰になにを報告し、またなににについては事前承認を得なければならないか〟とか〝自分はなにをみずからの責任で決めることができるか〟などを取り決めているので、稟議制や根まわしなどの習慣は存在しない。

アメリカでは、企業組織の運営と実務を遂行するうえで、〝ポリシーズ・アンド・プロシージュアス〟とならんで重要なものに、〝ジョブ・ディスクリプション〟と呼ばれる文書がある。一般に〝職務記述書〟と訳されるものだ。個々の従業員が担当する一つひとつの仕事について、その職務の目的と輪郭、責任範囲、権限、社内外の人びととの関係、評価項目とその内容、必要な技能などを明文化したものである。」（高木『日本とアメリカのビジネスはどこが違うか』一一一‐四頁）

（D）「アメリカは自由放任資本主義の典型で、日本経済は過度に規制されていると言われるが、これも神話のひとつだ。アメリカは法律社会なので、あいまいな行政指導より法律が数多く制定される。かつ賢い弁護士が微に入り細にわたり論争を繰り返してきた結果、法律がさらに小刻みになりあらゆる面から取引を見張っている。」（カー・二八四‐五頁）

次に、ルールの厳格性、つまり、ルールは日本におけるタテマエなどとは違って、絶対に守らなければならないものだとする観念が普及し、また、そのルールの遵守をバックアップする精神やシステムが存在しているということに関して。

（A）「右の手首から先を事故で失いながらも大活躍した元大リーガーのジム・アボット選手に対して、米国のバッターたちは、セーフティーバントによってハンディキャップの部分を猛烈に攻撃しました。こうしたプレーは、日本人の感覚ではフェアプレーの精神からはずれるのではないかと思えるのですが、米国人にとってはルールにのっとったプレーを処理できなければ一流ではないという考え方です。」（カー・二八四－五頁）

ルールというものはこれほどまでに神聖・絶対であり、それが唯一の行動規準だということである。なお、そうだとすると、最後の文章「……処理できなければ一流ではないという考え方です」というのは、ちょっとズレているのではないか。「ルールに則ったプレーこそがフェアプレーなのである」とすべきであろう。* それにしても、引用文のような事実は「個人主義的競争社会」を強烈に物語っていますネー！

＊　因に、日米のプロ野球における「フェアプレー」の違いということに関して、非常に印象的な一件がある。それは、日本の場合だが、ペナントレースの終盤になって個人タイトル争いに注目が集まる頃、自分のチームの選手の打撃部門のタイトル獲得を助けようとして（又は監督の選手時代の記録を守ろうとして）、ピッチャーがライバル選手と勝負しないということがしばしば起きる、ということである（監督とは王貞治氏のことであり、記録とは年間最多本塁打数である。選手に任せて何も指示しなかった彼には、失望したぜ！　当然、「気兼ねせず、正々堂々と勝負しろ」と言うべきだったろう。また、マスコミがそれを問題にしなかったのにも、驚かされたなー）。これは「仲間主義」の現れであり、アメリカではありえないであろう。

（B）ルールの尊重ということに直接対応することとして、ルールの体現者である審判の絶対性・神聖不可侵性ということがある。各分野のそれぞれの審判または判定者は、非常に高い権威をもっており、それに挑むこと、その体面を汚すことは、御法度なのである。*

＊　この点でも、日本は対照的である。二十年くらい前であったろうか、日本のプロ野球との交流のために来日したアメリカ・大リーグの審判が、日本人選手の激しい抗議に身の危険を感じて帰国してしまうという「事件」が起きた。これはまことに象徴的な出来事であろう。日本社会は、極言すれば、審判に類するものを必要としないが故に、その地位が低く尊重されないのである。

このことは、「国技」とも言われる相撲によく現れている。

審判役としての行司の立場は必ずしもはっきりしない。勝負の最終決定権は行司の判定に物言いをつける審判員が握る。審判役である行司よりコーチである親方の判断が優先される。相撲が日本文化の集大成だとすれば、そこにはこの社会のもつ審判機能のあいまいさが投影されているようにみえる。（「日経」〈「春秋」〉〇一・五・二四）

そして、行司のこうした性格・立場は実は制度的事実に対応している。驚くべきことに、行司は組織上各相撲部屋に分属しており独立性を欠いているのである。これでは当然、その判定の公正さに疑念が生ずる。アメリカ人には全く信じられない事態であろう。

（C）ルールの遵守を徹底させるために、社会生活全般にわたって監視機能および審判機能がたいへん充実している。即ち、そのための組織や制度が整備されているのである。例えば、だいたいどの国にも、経済分野における市場ルールの遵守に関る組織として、「公正取引委員会、証券取引等監視委員会、銀行検査・監督関係機関」が存在しているが、日米の間の差は比較を絶している。

米国の同様な機関（連邦レベルのみ）の定員を日本と比べると、公取で約三倍、証券関係で約十三倍、銀行関係で八倍強である。その上、米国では被害者からの差し止め請求、損害賠償請求など司法的な救済の道も充実している。さらに、州レベルの監視活動がある。（桐渕利博〔people取締役〕、「日経」〇一・六・一）

最後に、公平ないし公正、即ちフェアということが、社会のあらゆる面において希求され徹底されているということに関して。

（A）雇用における完全な無差別ということがある。アメリカにある企業や団体が人を雇う場合、応募書類に国籍・性別・年齢*など、働き・能力に関係のないことを記入させてはならないのである。

＊ 年齢が要件にならないということは、こういうことでもある。

アメリカでは定年退職は差別であり、法律違反です。個人の能力以外の理由によって仕事がもらえなかったり、辞めさせられたりすることは許されません。（山岸俊男、「朝日」一四・二・二三）

（B）「米国に来て10年。42歳で〔UCLAの〕教授になったとき、フェアな国だなあと思いました。日本じゃ考えられないですから。」（黒川清、「日経」一三・三・六）

第四節　コミュニケーション能力

アメリカ人の行動文化である「ゲームの文化」を構成する第三の要素は、コミュニケーションの決定的な重要性ということであり、とりわけ大きな役割を担うのは、発話であり会話であった。* これについては、どのような事実が存在しているであろうか。具体的にどのような現象が見られるであろうか。

以下、例証になりうると思われる事実・現象を指摘していくが、これまでと同様、いくつかに分類ないし整理したほうがわかり易いであろう。そこでまず第一のグループであるが、それらはコミュニケーション全体の中の、人間関係に関る側面に属する。即ち、人間同士を結びつけるために積極的にコミュニケーションを計ろうとする行為や性格である。

＊　或る企業情報パンフレットに、アメリカ在住日本人の、アメリカのケータイ文化（利用方法）についてのリポートが載っていたが、それによると、アメリカ人は日本人と正反対で、⑴電車やバスの中でも平気で使う、⑵メールは殆どしない、⑶首から下げず、必ずバッグやポケットに入れてもつ、ということであった。このような事実は全て本書の理論を例証しているであろう。

（A）アメリカでは、見知らぬ他人同士が、すれ違ったり目が合ったりしたときなどに、よく挨拶を交わす＊（微笑については、既に前章第二節において指摘した。微笑も挨拶もどちらにも該当するであろう）。

電車や店の中でお互いの距離が近くなりすぎ、他人が自分のいわゆる「個人空間」に入ってくると、アメリカ人はたいてい微笑んだり、ちょっとした挨拶を交わしたりして、気まずさを和らげる。逆に、このように近づいた後、どちらか一方が「個人空間」から出て行くことになったときには、会釈したり、ひと言「どうも」と口にしたりするのがふつうだ。（ジョイス『「アメリカ社会」入門』二一頁）

挨拶というと、米国に留学していたときのことを思い出す。病院の廊下を歩いていると、お互いに知らなくてもすれ違うときに軽く挨拶する。日本ではあまりなじみのない体験だ。（大野裕、「日経」一三・四・一二。安岡・二〇五－六頁参照）

＊　この点はフランス（ヨーロッパ？）でも同様である。ここで紹介されているのは、店での話だが（なお、このことは日本人の「非発話的傾向」のところでも指摘されている）。

レジ係の目をまっすぐに見据えて「ボンジュール！」と一言声をかけ（なければならない。）……フランスでは映画館でキップを買うときも、ファースト・フード店で注文するときも、客と店員はとりあえず「ボンジュール！」の応酬をするのが礼儀になっている。フランスでは、どんな店舗でも挨拶はあくまで相互的・応酬的であ（る。）（鹿島茂、「日経」〇九・五・一九）

僕は父の仕事の関係で約七年間フランスに滞在していました。……フランスでは、買い物でお店に入る時に「こんにちは」と挨拶するのが当たり前でした。（中学生、「朝日」一二・二・二五）

（B）挨拶どころか、声をかけ合ったり話し始めたりすることも、しばしばである。*

とにかく向こうでは、見知らぬ人に気軽に声をかける。映画館でも、デパートでも、目が合った時は「How are you today?」を覚悟しなければいけない。とにかく交わる。ホテルのレストランで、ウエートレスが年配の婦人のテーブルのわきへしゃがみ込んで、ずっと話しているのを何度も見かけた。だれも注意なんてしない。日本じゃ考えられない。ゴルフ場でも同じ。すれ違いざま、「今日のゴルフ、どうだった?」、いきなり来る。「えーっと、君だれだっけ?」などと言ってはいけない。「今日は最低だったんだ」「それがゴルフ、次はきっとうまくいくさ」「そうだね、ありがとう」（小田和正、「朝日」〇〇・七・二一。阿久津・三七頁、山下・九八‐九頁参照）

＊　この点も、アメリカ人に限らずヨーロッパ人にも見られるらしい。

ヨーロッパ人のほぼ全員が……スーパーのレジで並んでいる列の中、待合室、列車の中、さらに道行く方向が同じ人にでも、何かをキッカケにして隣人に話しかけ、すぐに会話を始めることができる。（サワベ・九五頁）

（C）前章第二節において、赤の他人との身体的接触（衝突）が嫌われるが故に、その場合には「ソリー」と言わねばならないと述べた。だが、これは一つの謝罪であり、本章第二節で同じく指摘した、アメリカ人はめったに謝罪しないということと矛盾しているように思われるかもしれない。しかしそうではなく、前者が単なる外見的なエチケットとしての形式的な謝罪であり、それによって一件落着となるのに対し、後者はそうすることによってその後始末が求められる、つまり、自分に何らかの不利益が生ずる場合である。そして、前者のようにその場限りのケースにおいては、逆に「ソリー」が連発されるというのである。これは既述の如く「自然的統合」の不足の現れであるとともに、コミュニケーションによるその補強の例でもあろう。

（D）日本語には、「ありがとう」に相当する言葉がそれ以外に（たぶん）ない（昔は「かたじけない」）。他人の好意や協力・助力に対して感謝や嬉しさを表現する言い回しはいろいろあるが、一言で表す言い方は他にないであろう。ところが、英語（従って西欧諸語も）にはいっぱいある。即ち、thank you 以外に、appreciate, obliged, owe, bless, nice of you, grateful, gracious……等々である（むろん、それぞれニュアンスが異なるが）。

これは何を意味しているのか。それがそれぞれの社会の在り方、人間関係を反映しているのは、確かであるが、問題はその中味である。おそらく次のように考えられるであろう。

日本の場合、日本人は（極端に言えば）お互いに家族的、つまり気心の知れた知り合い同士のようなものであるから、改まって、いちいち口に出して謝意を表明するには及ばないのであるが、アメリカ（西欧）の場合には、互いに警戒し合う異邦人同士のような間柄であるから、社会的統合にとって「ありがとう」の言葉は非常に重要なのである。

「すみません」が少ないヨーロッパだが、「ありがとう」は日本の二倍か三倍か、ともかく多い。（デュラン・一二〇頁）

そして、そのように重要な言葉であれば、その種類や表現方法が当然多くなる。こうした推理が成り立つのであり、従って、多くの「ありがとう」が存在しているという事実は、コミュニケーションによる統合の一例と言えるであろう。

（E）「どうやらアメリカでは、〝ありがとう〟と言われれば、必ず返礼をしなければいけないらしい。これには、ぼくは相当困惑した。ある人に親切にしてあげたら、その人がお礼を言うのは当たり前だというのが、僕の考えだ。そうしないと、バランスが取れないだろう。特別な事情でもないかぎり、〝ありがとう〟に対して、お礼の言葉を述べたりすると、そのぶん相手への〝貸し〟が多くなってしまうのではないか。」（ジョイス『「アメリカ社会」入門』一九頁）

「返礼」とは、「どういたしまして」に相当する You are welcome とか Sure, No problem, Not at all, It's my pleasure, Don't mention it といった言葉を指している。確かにアメリカでは、Thank you で終わらず、それに対してまた返答しなければならない。こうした事実は、会話コミュニケーションによる統合への努力の一例と言えよう。

（F）「米大リーグで活躍している日本の野球選手で、実績とは別に、米人記者たちに好かれているのは断然吉井（当時、ニューヨーク・メッツ）だ、という話を現地日本人特派員から聞いたことがある。何故か？ ニューヨーク・タイムズ紙の彼についての紹介記事の書き出しが、その答えを示している。〝He talks and jokes.〟（彼はよくしゃべり、よく冗談をいう。）最近では、新庄が人気があるようだ。成績がすべて、というスポーツの世界でさえそうなのだから、〝人間関係〟の比重が大きい政治、行政、ビジネスの社会では、〝あたりのよさ〟は、しばしば潤滑油以上の働きをする。

　日本のエリートに吉井、新庄型が少ないのは、そうした気質が出世とはなんの関係もない、という文化のせいであろう。〝有能〟〝忠実〟であれば、〝しんきくさい表情、振る舞い〟であってもかまわないのだ。」（松山・二四五頁）

　アメリカでは、人間同士を結びつけ、更にはその結びつきを強化する、そういった努力が求められ、それが評価される。「あたりのよさ」はその基本であり、類似の性質として、例えば「親しみ易さ」「さわやかさ」「愛想のよさ」「気さく」などがあろう。

（G）会話コミュニケーションによる人間関係の確認と強化の必要性は、何と、最も親密である（はずの）夫婦・親子にまで及んでいる。よく知られている、例の「アイ・ラブ・ユー」*である。夫婦・親子間においてすら、ちゃんと声に出して、しかも毎日言わないと、確信できず安心できないらしいのである。

　米国留学中に感じたのだが、夫婦間でも常に「愛している」と口に出して関係を確認しないではいられないようだ。

（大野裕、「日経」〇二・九・一七）


　アメリカでは、「一日に最低一度は『アイ・ラブ・ユー』と言わなかったら、離婚騒ぎになる」と冗談まじりによく言われるが、これはあながち冗談とばかり言えない。本当に愛しているなら、言葉やしぐさにあらわすのがあたりまえという考え方に立っているから、表現がないのはその気持ちがないことを意味してしまう。彼らには「照れくさい」という感覚がまったくないのではないかと思えるほど、人前でもこの種の愛情表現をしてはばからない。

　夫婦や恋人同士だけでなく、親子のあいだの感情表現も同じように濃密だ。一日に何回も「アイ・ラブ・ユー」のせりふを交わし合っている。言葉で気持ちを表現することは大切なことと、子どもは教えられて育つ。（高木『日本とアメリカのビジネスはどこが違うか』二〇一頁）

＊　他に「サンキュー」もある。

米国人は夫婦でも親子でも、ちょっとしたことでほめるし、「サンキュー」といいます。いわなくても分かるという文化ではないので、具体的にいうことが大切なのです。（ダニエル・カール、「日経」一二・一一・二四）

そして当然、これは夫婦・親子に限らない。親しい間柄全てに当てはまる。日本人の感覚からすれば、親しい間柄であるにもかかわらずだが、アメリカ人にすれば、逆に親しい間柄であるからこそいっそう、強く、はっきりと、繰り返し、表現さるべきなのである（日本人の場合は、そんなことをすれば、「他人行儀」「水臭い」「しかつめらしい」などとして斥けられる）。また、それは「アイ・ラブ・ユー」およびその同義・類義の言葉に限らない。彼らは、いろいろなケースで、相手が喜ぶことをしょっちゅう言い合うのである。

次に第二のグループだが、それは話し方、更にはより一般に、コミュニケーションにおける表現方法に関る。つまり、お互いによく理解し合い親密度を高めるにはどうすればよいかということである。

（A）　アメリカでは、ジョークなどのユーモアが極めて重要であり、社会生活という機械に欠かせない潤滑油の如きものである。日常会話でもそうであるが、とりわけパーティーや集会におけるスピーチでは、ジョークを省くことは考えられない。それはもはや犯罪に近いという共通感覚、またジョークの善し悪しが人物評価につながるという共通認識が、存在しているのである。（阿久津・八三－四頁、井形・一七八、一八〇－一頁、山下・七四－六頁参照）

アメリカのパーティーでは、例外なくスピーチがしゃれていて、楽しめる。（松山・二四七頁）

ロシア人やアメリカ人はいつもジョークを言い合っています。政治ジョーク。宗教ジョーク。セックスのジョーク。他民族についてのジョーク。日本人はふつうジョークを言い合ったりしません。ぼくがユダヤ人の親類や友人に久しぶりに会ったら、まず最初にするのは、最新のジョークを披露しあうことです。日本人の友人（日本人の親類は当然いないので）を相手に、そんなことをしたことはありません。……

欧米では、すべての時と場所が、ユーモアを見せてよい時と場になります。たとえば政治家は、きわめて深刻な雰囲気のときでも、ジョークを言ってかまわない。真面目な会議の出席者も、面白いコメントを言っていい。教会のミサや、税務署に税金の相談をしているときにジョークを言ってもかまわない。日本では「悪いとき」に面白いことを言うのは社会のマナーに反することになります。（パルバース・一八五、一九〇頁）

そして驚くべきは、また象徴的なのは、大統領がこうした風潮の先頭に立ち、それを助長していることである。即ち、大統領はときどき大掛りなコメディー・ショウを上演したりするのである（ということは国家事業⁉）。例えば、エイプリル・フールや何かのイベントの際にである。最近では、わざわざそのためのビデオ映画まで作るらしい。これは一体何なのか。何故そんなにユーモアにこだわるのか。言うまでもなく、それは統合のための涙ぐましい努力、必死の演技なのである。因に、アメリカ社会におけるユーモアの重要性、従ってまた、大統領とユーモアとの少なからぬ結びつきからして、次のような推測は当たっているのではないか。だとすれば、ユーモアの如何は大統領選挙の結果すら左右するのである。*

カミソリ一枚の差にも例えられた大接戦を、結局ものにできなかったゴア米副大統領。酷な言い方だが、その敗因をあえて一つあげるなら、「ユーモア不足」ではないだろうか。エリート街道まっしぐら。知的で能弁で、行儀がよくて、けれども、感情のないサイボーグのようで親しみがわかない。ときどきジョークを口にしても、何となくぎこちない。（「朝日」〔「窓」〕〇〇・一二・一五）

＊　以上のようにアメリカにおいては、ジョーク又はユーモアというものが、人間関係の緊張感をほぐし一体感を醸し出すことによって統合に寄与している。即ち、それによって「自然的統合」の不足をカバーしているのであるが、このことから、日本に関して当然予想されることがある。それは、「自然的統合」の強い日本では、ジョークに対して逆の評価が見られるのではないか、更には、より一般的に笑いそのものについてもそうなのではないかということである。果たせる哉、確かにその通りなのである。

日本人に比べ米国人相手の落語はやりやすい。様々な人種が共存する社会で、笑いは重要なコミュニケーションの手段なんやと思う。日本の寄席ではむすっと腕を組んでいるお客が目立つが、米国人は最初から笑う気満々で好意的。（桂かい枝、「日経」〇八・一〇・二八）

同じように外国語落語をやる三遊亭竜楽（こちらは七カ国語！）が、やはり同様の見方をしている（直接言及されているのは、ヨーロッパ人に関してだが）。

欧州人は全体によく笑う。敵対心がないことを相手に示すために日頃から笑いが必要なのでは、とみる。外国語落語で実感したのは、「世界で一番笑わないのは日本人」。（井上秀樹・記者、「朝日」一二・七・二五）

（B）日本人にあっては、社会常識や暗黙の了解が広範囲に存在しており、いちいち説明しなくても、お互いにわかり合えることが多いが、アメリカ人の場合はそうではない。彼らが会話をするときには、誤解を生じないよう、あくまで精確に自分を表現しなければならないのである。*

アメリカ人は、……意見や感想を述べるのにも、ストレートで、討論するときと同じような言葉遣いです。……大ざっぱなアメリカ人には、本当は日本人のように、もっと曖昧な言葉遣いのほうが似合うと思うのですが。現実は反対で、言葉の国民と言われるくらい厳格で細かいのです。

ところで、日本語の言い回しの中に、とても気に入ったものがあります。「ちょっと用事があるから」という表現です。これはいつでも使えて、とても便利です。アメリカだと、何を断るにしても、いちいち理由を説明しなければなりません。（桐谷エリザベス、「朝日」〇二・三・二四。阿久津・二三-四、四七頁参照）

＊　因に、「自然的統合」の諸条件をアメリカと共有する中国だが、中国人もまた「ストレート表現を好む」（植田均「日本語講義」五八頁。同六三頁参照）。

（C）同様の事情で、単なる言葉だけでは意思疎通に不十分であり、同時にさまざまのジェスチャーやアクションによって補完する必要がある。従って、彼らの会話は、我々から見て派手であり目立つのである。*

移民国家のアメリカではすべてがオーバーです。喜び、悲しみ、怒りを民族の違う者同士が理解し合うとき、言葉は唯一のツールで、これを補強するのがオーバーアクションだからです。「オー・マイ・ダーリン！」と人目をはばからず夫婦が抱き合うのも、「イッツ・ノット・ユア・ビジネス！」――おまえの立ち入る問題じゃないと人を指さし叫ぶのも、オーバーに表現しないと自分の意図が伝わらず、不利な状況に追い込まれるからです。（井形・一二六－七頁）

＊　第一部二章五節および本章第一節でも類似の註記をしたが、日本人はこの点でも正反対である。

日本人のしぐさの一つの特徴は、しぐさ、身振りがほとんど見られない、貧弱である、あるいは抑制されているということである……それ〔身のこなし〕はなるべく目だたず、控え目なのが良いとされる。なぜ控え目がよいのか。誇示をきらい遠慮を良しとする文化の中にひたされているからである。（多田・一〇九、一一頁）

言葉にはそれぞれの言葉に適した動きというものがあ〔る。〕……日本語はいろいろな言語の中でも、特に身体を動かさない言語〔である。〕（齋藤孝・一四一－二頁）

（D）　日本人は会話するときに相手の目をあまり見ず、チラチラ見るといった風であるが、アメリカ人は（ヨーロッパ人もだが）相手の目をじっと見つめ、決して逸らさない（デュラン・二〇七頁、多田・八二頁参照）。これはもともと警戒心から生じたものであろうが、しかし、相手を理解しようと真剣である、集中しているということでもあろう。つまり、日本人とは異なり、それだけコミュニケーションが重要ということなのである。

続いて第三の、しかしこれはグループではなく、第一・第二のグループとカテゴリーを異にするものが、一つ存在している。それは、コミュニケーション能力向上のための教育や訓練が徹底しているということである。既に幼児期から、学校および家庭で、スピーチ〔原義〕、ディスカッション、プレゼンテーションなどの指導と練習が盛んに行われているのである。

彼らは子供の時から、立派に話すことをしつけられる。日本なら「おだまり！」とたしなめられるところを、「はっきりおしゃべり！」と叱られる。学校時代を通して、スピーチの能力はきわめて重要視される。会議の席などになると、「しゃべるが勝ち」的な様相さえ呈する。（亀井『わがアメリカ文化誌』一五頁）

アメリカの大学の教育方針で日本と決定的に違うのは、判断力と同時に発表力を重視している点である。だれもが高校、というより小学校時代から、しゃべる猛訓練を受けているうえ、たいていの大学では、入学直後に簡潔な発表力の訓練がある。授業中の発言は期末試験同様、成績に大きく響くから、私から見ればどうかと思うくらい、争って手を挙げる。／実際「発言に魅力ないインテリ」は「四角いダンゴ」のような形容矛盾、とされる社会なのだ。（松山・二六〇頁）

米国では小学生のレベルから、相手になるほどと思わせる論理や、説得するための意気込みを持つことをとても重視する。学校の演劇や音楽の演奏会などもそうした訓練の場になっている。（猪口孝、「日経」一二・一・二一）

そして、コミュニケーションの根本的重要性は、社会人になればますます増大するから、その能力向上のための努力は生涯求められるのである。

政治学を専攻するアメリカ人の大学教授が、講演の準備をする場面に立ち会ったことがある。テーマは時事問題で、一般の人が対象だった。この知人は実に細かい草稿を作った。ここで、どういうことばを使ったら、自分の主張をうまく理解してもらえるか。ここでは、どんな言い方が効果的か。東西の哲人のどの語句を引用するか。聴衆を笑わす個所まであらかじめ設定する。そのために何冊ものジョーク辞典も用意していた。こうして完成した草稿を繰り返し覚えるのだった。アメリカは演説の国だ。*（「朝日」〔「天声人語」〕日付不明）

＊　因に、アメリカの大統領はずいぶん前から演説の際にプロンプター（あたかも原稿なしでやっているように見せかける装置）を使用している。これは先述の、統合における大統領の決定的役割と、今述べているコミュニケーションの重要性の二つを共に示している一つの事実である。そして、日本の首相はめったに使用しないが（今の安倍氏はよく使っているようだが）、これが何を物語っているかは言うまでもなかろう。

以上で、第三のカテゴリー（グループ）とともに本節、同時にまた第二章の論述を終える。そこで最後に、この第二章全体、即ち「自己主張」「ルール重視」「コミュニケーション能力」という三つの要素を全て含む、或いはそれらが全て現れている、或る一つの具体例を紹介しておこう。そうした事実または現象に、アメリカ社会の行動文化が凝縮されているのである。

米カリフォルニア大学で、ある医学部教授と学生の会話を聞いた。その教授は遺伝子治療の分野では世界的な権威だが、ほとんど技術を知らない学生の質問に丁寧に答えていた。会話は白熱し、はたで聞いていると対等にケンカしているようにも聞こえた。

二人の会話を聞いて思ったのは、日米の根本的な文化の差だ。……〔米国は〕徹底的に議論をして理解を求めようとする文化がある。（村井深〔ベンチャーモール社長〕、「日経産業」〇〇・一一・二八）

引用・参照文献

阿久津英『常識・非常識 日米こんなにも違う』、近代文芸社、二〇〇一年。

阿部謹也『日本社会で生きるということ』、朝日新聞社、一九九九年。

荒井一博『文化の経済学——日本的システムは悪くない』、文春新書、二〇〇〇年。

有賀夏紀・油井大三郎（編）『アメリカの歴史』、有斐閣アルマ、二〇〇三年。

井形慶子『日本人の背中』、サンマーク出版、二〇〇八年。

井沢元彦『誰が歴史を歪めたか——日本史の嘘と真実』、祥伝社、二〇〇〇年。

井上忠司『「世間体」の構造——社会心理史の試み』（一九七七年）、講談社学術文庫。

井上ひさし『日本語教室』、新潮新書、二〇一一年。

猪口孝『アメリカ大統領の正義』、ＮＴＴ出版、二〇〇〇年。

岩井克人『資本主義を語る』（一九九四年）、ちくま学芸文庫。

上杉忍・巽孝之（編）『アメリカの文明と自画像』、ミネルヴァ書房、二〇〇六年。

植田均「日本語講義——外国人留学生の日本語学習のために」、『奈良産業大学紀要』第二六集、二〇一〇年。

内田樹『街場のアメリカ論』（二〇〇五年）、文春文庫。

——『こんな日本でよかったね——構造主義的日本論』、バジリコ、二〇〇八年。

——『日本辺境論』、新潮新書、二〇〇九年。

宇野正人（監修）『祭りと日本人』、青春出版社、二〇〇二年。

梅棹忠夫『近代世界における日本文明——比較文明学序説』、中央公論新社、二〇〇〇年。

王雲海『「権力社会」中国と「文化社会」日本』、集英社新書、二〇〇六年。

大田弘子「審議会の〝論争の作法〟」、『書斎の窓』（有斐閣）一九九七年三月号。

大津留（北川）智恵子・大芝亮（編）『アメリカのナショナリズムと市民像――グローバル時代の視点から』、ミネルヴァ書房、二〇〇三年。

大野晋『日本語練習帳』、岩波新書、一九九九年。

大野晋・森本哲郎・鈴木孝夫『日本・日本語・日本人』、新潮選書、二〇〇一年。

岡崎久彦『重光・東郷とその時代』、PHP研究所、二〇〇一年。

小川仁志『アメリカを動かす思想――プラグマティズム入門』、講談社現代新書、二〇一二年。

小熊英二『市民と武装――アメリカ合衆国における戦争と銃規制』、慶應義塾大学出版会、二〇〇四年。

オフチンニコフ、V『一枝の桜――日本人とはなにか』（一九七一年）、早川徹・訳、中公文庫。

カー、アレックス『美しき日本の残像』（一九九三年）、朝日新聞社。

――――『犬と鬼――知られざる日本の肖像』、講談社、二〇〇二年。

金谷武洋『日本語は敬語があって主語がない――「地上の視点」の日本文化論』、光文社、二〇一〇年。

金子勝「グローバリゼーションの中の責任」、同氏他『グローバリゼーションと戦争責任』、岩波ブックレット、二〇〇一年。

亀井俊介『サーカスが来た！――アメリカ大衆文化覚書』（一九七六年）、平凡社ライブラリー。

――――『アメリカ文化と日本』、岩波書店、二〇〇〇年。

――――『わがアメリカ文化誌』、岩波書店、二〇〇三年。

河合隼雄『中空構造日本の深層』（一九八二年）、中公文庫。

――――『Q&A こころの子育て――誕生から思春期までの48章』、朝日新聞社、一九九九年。

――――『日本文化のゆくえ』、岩波書店、二〇〇〇年。

川勝平太・安田喜憲『敵を作る文明 和をなす文明』、PHP研究所、二〇〇三年。

川勝平太『文化力――日本の底力』、ウェッジ、二〇〇六年。

岸田秀・小滝透『アメリカの正義病・イスラムの原理病――一神教の病理を読み解く』、春秋社、二〇〇二年。

キーン、ドナルド『果てしなく美しい日本』（一九五九年）、足立康・訳、講談社。

――『私が日本人になった理由――日本語に魅せられて』、PHP研究所、二〇一三年。

クライン孝子『お人好しの日本人 したたかなドイツ人』、海竜社、二〇〇一年。

黄文雄・呉善花・石平『帰化日本人』、フォレスト出版、二〇〇八年。

小林寛道「〝足が速くなる〟ということ」、『本』（講談社）二〇〇四年一〇月号。

駒井洋（編）『日本的社会知の死と再生――集団主義神話の解体』、ミネルヴァ書房、二〇〇〇年。

小室直樹『日本国民に告ぐ』（一九九六年）、ワック出版。

小谷野敦『日本文化論のインチキ』、幻冬舎、二〇一〇年。

近藤康太郎『朝日新聞記者が書いたアメリカ人「アホ・マヌケ」論』、講談社プラスアルファ新書、二〇〇四年。

斎藤彰『アメリカはカムバックする！』、ウェッジ、二〇一一年。

齋藤孝『日本人は、なぜ世界一押しが弱いのか？』、祥伝社新書、二〇一二年。

坂本多加雄『国家学のすすめ』、ちくま新書、二〇〇一年。

作田啓一『恥の文化再考』、筑摩書房、一九六七年。

――『〈一語の辞典〉個人』、三省堂、一九九六年。

佐々木瑞枝『日本語を「外」から見る』、小学館、二〇一〇年。

笹田直人他（編）『アメリカ文化 55のキーワード』、ミネルヴァ書房、二〇一三年。

ザルーム、E・アンソニー「日本の企業 今昔」、『書斎の窓』（有斐閣）二〇〇三年四月号。

サワベ、カイ『ヘンな感じの日本人』、講談社、二〇〇九年。

塩澤修平「国家戦略の必要性と意志決定メカニズム」、『創文』（創文社）二〇〇二年九月号。

『司馬遼太郎対談集』（日本人を考える）、文春文庫、一九七八年。

柴田治呂『もうアメリカ人になろうとするな――脱アメリカ 21世紀型日本主義のすすめ』、ディスカヴァー・トゥエンティワン、二〇〇九年。

島田裕巳『無宗教こそ日本人の宗教である』、角川oneテーマ21、二〇〇九年。

島田雅彦『徒然草in USA――自滅するアメリカ 堕落する日本』、新潮社、二〇〇九年。

清水幾太郎『戦後を疑う』、講談社、一九八〇年。

清水馨八郎『侵略の世界史』、祥伝社、一九九八年。

シャルマ、M・K『喪失の国、日本――インド・エリートビジネスマンの「日本体験記」』、文春文庫、二〇〇四年。

ジョイス、コリン『「ニッポン社会」入門――英国人記者の抱腹レポート』、谷岡健彦・訳、NHK出版、二〇〇六年。

――――『「アメリカ社会」入門――英国人ニューヨークに住む』、日本放送出版協会、二〇〇九年。

白幡洋三郎『花見と桜――〈日本的なるもの〉再考』、PHP新書、二〇〇〇年。

杉田米行『知っておきたいアメリカ意外史』、集英社、二〇一〇年。

鈴木孝夫『閉された言語・日本語の世界』、新潮社、一九七五年。

――――『ことばの社会学』（一九八七年）、新潮文庫。

鈴木透『実験国家 アメリカの履歴書――社会・文化・歴史にみる統合と多元化の軌跡』、慶應義塾大学出版会、二〇〇三年。

選書メチエ編集部（編）『ニッポンは面白いか』、講談社、二〇〇二年。

髙木哲也『謝らないアメリカ人 すぐ謝る日本人』、草思社、一九九六年。

――――『日本とアメリカのビジネスはどこが違うか』、草思社、一九九九年。

高際弘夫『日本人にとって和とは何か――集団における秩序の研究』（一九八七年）、白桃書房。

高島俊男『漢字と日本人』、文春新書、二〇〇一年。

高野陽太郎『「集団主義」という錯覚――日本人論の思い違いとその由来』、新曜社、二〇〇八年。

竹田恒泰『日本はなぜ世界でいちばん人気があるのか』、ＰＨＰ新書、二〇一一年。

多田道太郎『しぐさの日本文化』（一九七二年）、講談社学術文庫。

田村理「フランス便り――placeを探しに」、『創文』（創文社）二〇〇一年七月号。

千葉康則『「快脳」論――人はなぜ〝快〟を求めるのか』、芸文社、一九九三年。

デュラン・れい子『一度も植民地になったことがない日本』、講談社プラスアルファ新書、二〇〇七年。

土居健郎『「甘え」の構造』、弘文堂、一九七一年。

――『続「甘え」の構造』、弘文堂、二〇〇一年。

トクヴィル、Ａ『アメリカの民主主義』（一八三五・一八四〇年）、井伊玄太郎・訳、講談社学術文庫。

戸部良一他『失敗の本質――日本軍の組織論的研究』（一九八四年）、中公文庫。

中島義道『哲学の教科書』、講談社、一九九五年。

――『うるさい日本の私』（一九九六年）、新潮文庫。

――『たまたま地上にぼくは生まれた』、講談社、二〇〇二年。

中西進『日本人の忘れもの』、ウェッジ、二〇〇一年。

中西輝政『日本人の本質』、日本文芸社、二〇一一年。

中根千枝『タテ社会の人間関係――単一社会の理論』、講談社現代新書、一九六七年。

芳賀綏『日本人らしさの構造――言語文化論講義』、大修館書店、二〇〇四年。

袴田茂樹『現代ロシアを読み解く――社会主義から「中世社会」へ』、ちくま新書、二〇〇二年。

橋爪大三郎『政治の教室』、ＰＨＰ新書、二〇〇一年。

――『その先の日本国へ』、勁草書房、二〇〇二年。

ハーツガード、Ｍ『だからアメリカは嫌われる』（二〇〇二年）、忠平美幸・訳、草思社。

林房雄『大東亜戦争肯定論』（一九六四・一九六五年）、夏目書房。

パルバース、ロジャー『もし、日本という国がなかったら』、集英社インターナショナル、二〇一一年。

日向ノエミア『悪いけど、日本人じゃないの』、柏書房、二〇一三年。

『福田恆存対談・座談集』第三巻、玉川大学出版部、二〇一一年。

——第四巻、玉川大学出版部、二〇一二年。

船橋洋一・他二名〈座談会〉「〝戦争責任〟の着地点を求めて」、『中央公論』二〇〇三年二月号。

船曳建夫『「日本人論」再考』、NHK出版、二〇〇三年。

フランクル、ピーター『美しくて面白い日本語』、宝島社、二〇〇二年。

フロイス、ルイス『ヨーロッパ文化と日本文化』（一五八五年）、岡田章雄・訳注、岩波文庫。

ベネディクト、R『菊と刀』（一九四六年）、長谷川松治・訳、現代教養文庫。

堀武昭『反面教師アメリカ』、新潮社、一九九九年。

『本多勝一集』第九巻（極限の民族）、朝日新聞社、一九九四年。

マクブライト、H・F『日本再発見録——ヘンリー君の現代日本ウォッチング！』、林望・訳、PHP研究所、二〇〇二年。

松尾弌之『不思議の国アメリカ——別世界としての50州』（一九八八年）、講談社学術文庫。

松尾文夫『銃を持つ民主主義』、小学館、二〇〇四年。

——「未だに〝アメリカという国〟を捉えていない日本——銃乱射事件はなぜ後を絶たないのか」、『環——歴史・環境・文明』第51巻、二〇一二年。

松原久子『言挙げせよ日本——欧米追従は敗者の道』、プレジデント社、二〇〇〇年。

松山幸雄『自由と節度——ジャーナリストの見てきたアメリカと日本』、岩波書店、二〇〇一年。

三島由紀夫『日本人養成講座』、平凡社、二〇一二年。

道上尚史『日本外交官、韓国奮闘記』、文春新書、二〇〇一年。

宮城音弥『アメリカ人の性格、日本人の性格』、山手書房新社、一九九二年。

宮台真司『日本の難点』、幻冬舎、二〇〇九年。

ムーア、マイケル『アホでマヌケなアメリカ白人』(二〇〇一年)、松田和也・訳、柏書房。

茂木健一郎『新しい日本の愛し方』、新潮新書、二〇一三年。

森嶋通夫『なぜ日本は没落するか』、岩波書店、一九九九年。

安岡章太郎『アメリカ感情旅行』、岩波新書、一九六二年。

山内昌之『政治家とリーダーシップ――ポピュリズムを超えて』、岩波書店、二〇〇一年。

山折哲雄『日本文明とは何か』(二〇〇四年)、角川ソフィア文庫。

山岸俊男『心でっかちな日本人――集団主義文化という幻想』(二〇〇二年)、筑摩書房。

山下邦康『変貌するアメリカ 分裂する米国』、講談社ビジネスパートナーズ、二〇一三年。

山本七平『日本教について』〔イザヤ・ベンダサン・著、山本七平・訳〕、文藝春秋社、一九七二年。

――――『存亡の条件――日本人を動かす原理』(一九七五年)、ダイヤモンド社。

――――『「空気」の研究』(一九七七年)、文春文庫。

――――『「日本人」原論――日本社会の見えざる規範』(一九八〇年)、ダイヤモンド社。

湯浅赳男『日本を開く歴史学的想像力――世界史の中で日本はどう生きてきたか』、新評論、一九九六年。

油井大三郎『好戦の共和国 アメリカ――戦争の記憶をたどる』、岩波新書、二〇〇八年。

吉田隆『中国人はなぜうるさいのか』、講談社、二〇一一年。

與那覇潤『日本人はなぜ存在するか』、集英社、二〇一三年。

ヨンパルト、ホセ『私の中の日本』(一九九三年)、高橋早代・訳、新潮社。

ライシャワー、E・O『ライシャワーの日本史』(一九八一年)、國弘正雄・訳、講談社学術文庫。

鷲田清一・内田樹『大人のいない国』、㈱文藝春秋、二〇一三年。

渡部昇一他『日本通――お国自慢・13の視点』、育鵬社、二〇一〇年。

渡辺靖（編）『現代アメリカ』、有斐閣、二〇一〇年。
和辻哲郎『風土』（一九三五年）、和辻哲郎全集・第八巻、岩波書店。

人名索引〔引用・参照に関る人物に限る。〕

サ　行

タ　行

ナ　行

ハ　行

マ　行

ヤ　行

ラ　行

ワ　行

《著者紹介》

平尾　透（ひらお・とおる）

1948年　京都市に生まれる
1971年　京都大学法学部卒業
　　　　同大学院を経て、
1987年　奈良産業大学法学部助教授
1991年　同（現・ビジネス学部）教授、現在、特任教授
専　攻　政治哲学
主　著　『功利性原理』（法律文化社、1992年）
　　　　『エゴイストの共存 —— 人間・倫理・政治』（創文社、1994年）
　　　　『統合史観 —— 自由の歴史哲学』（ミネルヴァ書房、1996年）
　　　　『倫理学の統一理論』（ミネルヴァ書房、2000年）
　　　　『統合主義 —— 政治の基本原則』（ミネルヴァ書房、2009年）

Horitsu Bunka Sha

日米比較文化論
——「統合主義」的理論化

2015年9月10日　初版第1刷発行

著　者　平　尾　　透

発行者　田　靡　純　子

発行所　株式会社　法律文化社
〒603-8053
京都市北区上賀茂岩ヶ垣内町71
電話 075(791)7131　FAX 075(721)8400
http://www.hou-bun.com/

＊乱丁など不良本がありましたら、ご連絡ください。
　お取り替えいたします。

印刷：西濃印刷㈱／製本：㈱藤沢製本
装幀：仁井谷伴子

ISBN 978-4-589-03689-6